Das Marbeck Inn

Ein Roman

Harold Brighouse

Writat

Diese Ausgabe erschien im Jahr 2024

ISBN: 9789359947587

Herausgegeben von
Writat
E-Mail: info@writat.com

Inhalt

KAPITEL I
DER AUSGANGSPUNKT

Manchen fällt es zu, mit einem silbernen Löffel im Mund geboren zu werden, wie sie sagen, und die Witzigen haben mit dem Gedanken gespielt, dass das weise Kind reiche Eltern wählt.

Sam Branstone fehlte die Vollständigkeit dieser Weisheit. Er wurde in einer dieser trostlosen Straßen von Manchester geboren, in die der Fremde blickt und schaudert, wenn er mit der Straßenbahn eine Hauptstraße entlangfährt, die kaum köstlicher ist als ihre Abzweigungen. Aber er wurde mit diesem Unterschied zu den vielen geboren: Er war der Sohn von Anne Branstone , einer bemerkenswerten Frau, und man kann ihm Weisheit für die Unterscheidungskraft seiner Wahl zugestehen.

Wenn es jedoch Anne war, die ihn zur Welt brachte und ihn ins Leben brachte, war es Herr Ratsmitglied Travers, der ihn von der schwierigen Straße seiner Geburt auf den Weg brachte und seine Karriere begann, und die Umstände, die zu der Intervention von führten Mr. Travers war nicht Anne zu verdanken, sondern der Besetzung von Tom Branstone .

Sams Vater Tom war Träger am Bahnhof Victoria Station in Manchester, und zwischen der Vormittags- und der Nachmittagsschule hatte der junge Sam gerade noch Zeit, sich selbst eine Mahlzeit zu holen und ihm das Abendessen seines Vaters in einer Schüssel, die er mit einem Kopftuch umwickelt hatte, zu tragen. Damals war Victoria ein offener Bahnhof und ein beliebter Speiseraum für Jungen aus dem benachbarten Gymnasium. Die Attraktionen waren teils die Züge, teils die großen Automaten, die gegen einen Penny eine Packung süßer Kekse auslieferten. Zuerst aß man sparsam mit Keksen zu Mittag und steckte den Rest seines Mittagsgeldes ein, um Messer und andere lebensnotwendige Dinge zu kaufen, dann genoss man die Romantik eines großen Bahnhofs, von dem aus Züge nach Blackpool und in die Moore von Yorkshire fuhren. In den Durchgangszügen von Liverpool nach Newcastle sah man oft Matrosen. Man fand abgelegene Bahnsteigenden und veranstaltete Rennen mit Gepäckwagen. Man war ziemlich lästig, vor allem, wenn man hart am schwindelerregenden Rand des Bahnsteigs rang und ein Zug einfuhr.

Sam befand sich als Sohn eines Gepäckträgers auf der anderen Seite des Zauns. Er scherzte nicht auf der Victoria Station und übernahm seine Meinung über diejenigen, die es taten, von seinem Vater, wobei er vielleicht einen Hauch von Eifersucht gegenüber diesen gecharterten Wüstlingen hinzufügte, die die silberne Eule auf ihren doppelt blauen Mützen trugen.

An diesem Tag hatte er ihm Toms Abendessen im Zimmer des Gepäckträgers gebracht und war gerade dabei, den Bahnsteig hinunterzugehen, als er sah, wie zwei der Gymnasiasten in einem wirren Kampfwirbel auftauchen und hoffnungslos bewusstlos ineinander auf die Reihe zusackten ihr Kampf mit einem ankommenden Zug. Sie erreichten den Rand, taub für alle Warnrufe, und lange bevor Hilfe sie erreichen konnte, stürzten sie in einer verwickelten Masse darüber. Ein Junge, der sich der gemeinsamen Gefahr bewusst geworden war, war flink genug auf den Beinen und überquerte die Ziellinie in Sicherheit; der andere, Lance Travers, blieb, wo er hinfiel, mit gebrochenem Bein an der Reling. Wits verließ den ersten Jungen; Er konnte nur heulen, während der Motor unaufhaltsam weiter lief, und erwachsene Hilfe, obwohl aktiv, konnte nicht rechtzeitig helfen. Sam hatte keine genaue Erinnerung an das, was folgte, und handelte sicherlich aus einem Impuls heraus. Er sprang zur Linie und zerrte den verletzten Jungen hinüber, wobei er dem Tod beider nur knapp entging.

Danach herrschte Verwirrung: ein Krankenwagen; Anfragen; Namen vergeben und so weiter; und Sam kam erst zu sich, als er erfuhr, dass er dafür bestraft wurde, dass er zu spät zur Schule kam. Es kam ihm unfair vor, aber er erkannte erst, dass er ein Held war, als die Abendzeitung es ihm sagte. Er, Samuel Branstone , hatte seinen Namen in der Zeitung! Glory konnte nicht weiter gehen, denn das waren die dunklen Zeiten des Journalismus, bevor das Foto alles illustrierte, und den eigenen Namen in gedruckter Form zu lesen, war damals der Höhepunkt. Wir sind umgezogen seit jenen langweiligen Tagen, als das „Herzensinteresse" noch nicht ausgelebt wurde.

Welche tiefe Befriedigung Anne Branstone in diesem nüchternen Absatz empfand, konnte ihr Sohn nicht ahnen. Sie fand es nicht gut für ihn, es zu wissen, aber sie ging mit sanften Augen durch ihr Haus, und Sam hörte sie mehr als einmal singen; Also vielleicht hatte er geahnt, dass sie mit ihm zufrieden war.

Es war mehr, als sie Mr. Oscar Travers ahnen ließ, er war Lances Vater, ein Immobilienmakler mit einer guten Vorstadtpraxis, und Anne traf ihn an der Tür auf eine Weise, die Sams Zukunft getrübt hätte, wenn Travers nicht gewusst hätte, dass es Frauen aus Lancashire gab neigen dazu, unauffällig zu sein. Sie fand einen beleibten Herrn vor der Tür und fand, dass er eine herablassende Miene hatte. Sie ärgern sich über die Schirmherrschaft in Lancashire.

Tatsächlich war Travers gekommen, um zu sehen, was er für den Jungen tun konnte, der seinem Jungen das Leben gerettet hatte. Das mochte vielleicht eine Gönnerschaft sein, aber er betrachtete es als bloße Anstandssache.

„Guten Abend", sagte er; „Mein Name ist Travers."

„Das ist eine schöne Überraschung", sagte sie, ohne ihn einzuladen, hereinzukommen. „Wie geht es Ihrem Sohn?"

„Es geht ihm sehr gut, danke."

"Oh? Nun, das ist mehr, als er verdient."

Er hat das nicht bestritten. „Ich frage mich", sagte er, „ob Sie mir erlauben würden, hereinzukommen, oder ob es Ihnen lieber wäre, wenn ich zurückkomme, wenn Ihr Mann zu Hause ist?"

„Er ist jetzt zu Hause. Es ist seine frühe Nacht. Er trinkt seinen Tee."

„Soll ich zurückkommen, wenn er fertig ist?" fragte Travers mit viel Fingerspitzengefühl. Er kannte die merkwürdige Zartheit, wenn er von jemandem aus einer höheren Klasse beim Essen gesehen wurde, als wäre diese natürliche Funktion eine Tat der Schande. Aber Anne war für Abkürzungen und hat nie allzu sehr auf Toms Gefühle Rücksicht genommen.

„Wenn Sie etwas sagen müssen", sagte sie, „kommen Sie besser herein und bringen Sie es hinter sich."

„Ich habe etwas zu sagen", sagte Travers, als er eintrat. „Ah", fügte er hinzu, als er Sam erblickte, „das ist –?"

„Er ist es", unterbrach Anne. Sie könnte einen Verbrecher identifiziert haben.

„Darf ich dir die Hand schütteln?" fragte er und schüttelte es herzlich, wobei er Annes gemurmelten Protest ignorierte, dass die Hand seit Stunden nicht gewaschen worden sei. „Ich denke, du bist ein sehr mutiger Junge." Er hätte noch mehr sagen können und fand, dass es als Ausdruck seiner Dankbarkeit hoffnungslos unzureichend war, aber Annes Augen verbot Überschwänglichkeit, und er wollte Anne besänftigen. Er hatte etwas vorzuschlagen, von dem er geglaubt hatte, dass sie begeistert zustimmen würden, aber jetzt war er sich über die Begeisterung nicht mehr so sicher. Aus irgendeinem Grund hatte er sich vorgestellt, dass Sam zu einer großen Familie gehören würde, und war enttäuscht, keine Hinweise auf andere Kinder im Raum zu finden. Eine große Familie hätte dafür gesorgt, dass sein Vorschlag mit größerer Wahrscheinlichkeit angenommen würde.

„Irgendwelche Brüder und Schwestern, Sam?" er hat gefragt; Aber Sam war sprachlos, während Anne Travers schweigend, aber unmissverständlich fragte, was ihn das beschäftigte. Tom kannte jedoch seinen Platz. Travers gehörte zum Trinkgeldpublikum, dessen Fragen man beantwortete.

„Er hat eine ältere Schwester, Sir. Unsere Madge. Sie klappt." Sie war tatsächlich eine Generaldienerin.

Travers spürte, wie sein Selbstvertrauen schnell nachließ, sowohl aufgrund dieser Information als auch aufgrund von Annes strenger Missbilligung von Toms Kommunikationsfreudigkeit. Er hatte das Gefühl, dass ihm suggeriert wurde, sein Besuch sei irrelevant, dass Anne, diese kleine Frau, nicht unansehnlich, mit den Händen in den Hüften und ihrem schwarzen Haar, das hinten zu einem lächerlichen Knubbel gekämmt war, in Wirklichkeit eine … Rock, und dass die Impulse und Wünsche der beiden massigen Männer, Travers und Tom Branstone , in wirkungslosem Schaum gegen ihre unerbittliche Entschlossenheit zerbrechen würden.

Sie starrte ihn furchtbar böse an und hasste „Aufregung", urteilte sie über Travers, der in ihr Haus eingedrungen war, um Aufsehen zu erregen.

„In der Tat", sagte Travers, nahm Zeit und versuchte kaum, seine Bestürzung zu verbergen. Je länger er in Annes Gegenwart verbrachte, desto unruhiger wurde er. Sie schien seine Absicht zu erraten und ihm im Stillen zu sagen, was sie von ihm hielt, weil er eine solche Absicht hatte. Er hatte tatsächlich auf eine große Familie gesetzt; Träger, so war er sich sicher gewesen, seien produktiv, und aus einer zehnköpfigen Familie könne man ohne großen Herzschmerz ein Kind herausnehmen, wohingegen ein einziger Sohn eine ernste Angelegenheit sei. Doch mit der Zeit änderte sich Annes Haltung nicht. Sie ignorierte sogar die heiligen Riten der Gastfreundschaft; Obwohl Tee auf dem Tisch stand, hatte sie ihn nicht um eine Tasse gebeten. Also gab er es auf, Zeit zu verlieren, und beschloss, sein Ziel sofort anzusprechen, bevor Anne ihn völlig inkohärent machte.

„Natürlich", sagte er, „du kennst mich bereits als Lances Vater. Ich weiß nicht, ob Sie darüber hinaus noch von mir gehört haben?" Anne gab nichts zu, und da er zu ihr sprach, spielte es keine Rolle, dass Tom, der natürlicherweise einen Nachmittag voller Klatsch und Tratsch verbracht hatte, zu signalisieren versuchte, dass er die Bedeutung von Travers erkannte. „Ich bin Immobilienmakler, wenn Sie verstehen, was das bedeutet."

Anne nickte grimmig. „Der Mieteintreiber hat große Worte gesagt", erklärte sie.

„Nun", sagte Travers, der eine geänderte Definition vorschlagen wollte und dann darüber nachdachte. "Nun ja. Ich bin auch im Rat, wissen Sie. Nun, Mrs. Branstone , ich bin zufällig Witwer und Lance ist mein einziger Sohn. Er bedeutet mir sehr viel, und wenn ich darüber nachdenke, wie nah ich heute Nachmittag daran war, ihn zu verlieren, wie sicher ich ihn verloren habe, allein wegen der großartigen Geistesgegenwart dieses jungen Helden hier, habe ich das Gefühl, ich schulde etwas, das ich kann Ich hoffe nie, zahlen zu können.

"Herr. Travers", sagte Anne, „das Wenigste, was gesagt wird, ist am schnellsten beglichen, und Schulden, von denen man niemals hoffen kann, sie zu begleichen, vergisst man am besten." Es ist eine freundliche Idee von Ihnen, heute Abend vorbeizukommen und uns zu besuchen, aber ich bin nicht im Rat, und ich bin kein gutes Händchen darin, langen Reden zuzuhören. Mit Ihrer Erlaubnis übernehmen wir den Rest wie gesagt."

„Auf jeden Fall, Mrs. Branstone , soweit ich meinen Dank zum Ausdruck bringe. Aber ich habe einen Vorschlag. Lance ist, wie gesagt, mein einziger Sohn. Er ist ein einsamer Junge, und es wäre ihm besser, wenn er einen gleichaltrigen Begleiter im Haus hätte. Ich habe mich gefragt, ob Sie Sam erlauben würden, bei uns zu wohnen? Ich sollte ihn mit Lance auf das Gymnasium schicken, und ich denke, ich kann versprechen, dass seine Zukunft gesichert sein wird."

Sams Herz machte einen großen Sprung. Er, Sam Branstone, ein Gymnasiast, einer der Auserwählten , der Olympioniken, um deren Spiel er ihn schon von weitem beneidet hatte! Er sah Anne mit glitzernden Augen an, schwach vor Hoffnung.

„Sam", sagte sie, „Mr. Travers möchte, dass du uns verlässt. Er bietet an, dich als seinen Sohn zu adoptieren. Sag ihm die Antwort."

Anne zweifelte nie daran, dass sie die Herrin ihres Hauses war, und vielleicht zweifelte sie auch jetzt nicht daran, aber für Sam, ein Kind mit der schrecklichen Sensibilität eines Kindes, war dieser Moment, als sie im Interesse der Disziplin ruhig und unerbittlich forderte , Die Tatsache, dass er selbst das Urteil über seine aufsteigenden Hoffnungen fällen sollte, war von einer bedauernswerten Bitterkeit, die ihn fast an den Bruchpunkt brachte. In einem Moment in den Himmel der Ekstase erhoben zu werden und im nächsten Moment in die schwärzeste Hölle der Verzweiflung hinabgeworfen zu werden; alles zu versprechen und von ihm zu erwarten, dass er es ablehnt! Er war nicht gefühlloser als jedes andere Kind, und Anne wusste ganz genau, dass ihm ein Land der Herzenswünsche aufgetan worden war. Es war nicht fair, und sie wusste, dass es nicht fair war, ihn zu bitten, das Wort der Ablehnung auszusprechen; aber sie glaubte, dass es gut für ihn sei, und sobald sie durch ihren Ton, wenn nicht durch ihre tatsächlichen Worte, die Antwort angedeutet hatte, die sie verlangte, wusste sie, dass er seine großen Hoffnungen unterdrücken und tatsächlich diesem Haus antworten würde , und sei es noch so bescheiden, war ein Zuhause, und Eltern, welchen Status sie auch hatten, waren Eltern. Er verspürte den wilden Drang, sich ihr zu widersetzen, ihr zu sagen, dass er sie am Samstagnachmittag besuchen würde, dass das Tragen der Mütze mit der silbernen Eule das sehnlichste Ziel seines Lebens sei, aber er wusste, dass es hoffnungslos war. Selbst in einem solchen Moment und mit einem Verbündeten wie Mr. Travers wagte er es nicht,

Anne herauszufordern. Ihre Vormachtstellung war die gleiche, die sie schon immer gewesen war: absolut. Er schlurfte unglücklich hin und her und versuchte tapfer, Mr. Travers in die Augen zu sehen, aber es gelang ihm nur, bis zum zweiten Knopf seiner Weste hochzuschauen.

„Nein", sagte Sam Branstone , der Held, und floh, ein untröstliches, tränenüberströmtes Kind, um sein Gesicht zu verbergen und seine Schluchzer auf seinem Kissen zu ersticken. Und er wurde in der Abendzeitung wegen seiner Tapferkeit genannt!

„Nein", wiederholte Anne, als er gegangen war, und fügte in Erwartung eines Streits hinzu: „Ich bin eine Frau mit wenigen Worten."

Travers wusste, dass er mit einem verlorenen Kampf zu kämpfen hatte, aber er hatte noch eine Chance und war fest entschlossen, sich nicht von Leuten wie Anne Branstone unterkriegen zu lassen . Sein Stolz war groß, ein Stolz, der es ihm, abgesehen von seinem Wohlwollen und seinem Gespür für die Richtigkeit der Dinge, nicht erlaubte, die Rettung des Lebens seines Sohnes auf die leichte Schulter zu nehmen. Travers zählte, der Retter des Sohnes von Travers zählte. Er hatte angeboten, Sam Branstone auf eine Art hochzuheben , und wenn sie ihn nicht auf diese Art tun ließen, würde er es auf eine andere Art und Weise tun. Sam Branstone sollte wohl oder übel entlassen werden.

„Ich nehme an", sagte er und deckte den Rückzug von seinem ersten Standpunkt ab, „dass es keinen Zweck hat, Sie auf die Vorteile hinzuweisen, die mein Vorschlag Ihrem Sohn bietet?" Sie schüttelte den Kopf. „Kommen Sie, Mrs. Branstone ", fuhr er fort, sich bewusst, dass es keinen Sinn hatte und noch dazu banal war, „wir müssen alle Opfer für unsere Kinder bringen."

„Ich mache sie", sagte Anne knapp. Es war wahr.

„Dennoch wirst du das nicht schaffen?"

Sie dachte einen Moment nach und Travers begann zu hoffen, dass er Eindruck machte. „Ich bin mir sicher, dass es Genesis 22 ist", sagte sie, „aber ich erinnere mich nicht an den Vers."

„Genesis", wiederholte er verwirrt.

„Abraham und Isaak", erklärte sie ihre Anspielung. „Manche Opfer werden von uns nicht erwartet, und der Herr hat in jenen Tagen einen Engel gesandt, um dies zu sagen, aber in diesen Tagen muss ich mein eigener Engel sein."

„Aber Abraham", sagte er, „wollte seinen Sohn dem Herrn opfern."

„Und das werde ich nicht", sagte sie und brachte damit ihre Meinung über Travers zum Ausdruck, der versucht hatte, „Gott, den Allmächtigen, über sie zu bringen", wie sie es später Tom gegenüber ausdrückte. Aber Travers ließ sich nicht abweisen. Er war gekommen, um Sam die Vorsehung vorzuspielen (und gab bisher zu , dass ihre Anspielung zutreffend war), aber seine Vorsehung konnte Kompromisse eingehen. Er war kein absoluter Jehova.

„Wenn Sam vielleicht nicht Lances Hauskamerad ist", sagte er, „sollten sie wenigstens Schulkameraden sein. Lassen Sie mich sein Schulgeld für das Gymnasium bezahlen und –" Er wollte hinzufügen: „für angemessene Kleidung", aber irgendetwas in Annes Haltung sagte ihm, dass er weit genug gegangen war, und er hörte mit dem Ende seines Satzes ab in der Luft .

Anne glaubte an Bildung. Sie war nicht davon überzeugt, dass die Ausbildung an einem Gymnasium als Bildung einer Pfarrschule überlegen sei, aber die damit verbundenen Assoziationen waren es. Es bot eine Chance, weiterzukommen, die über alles hinausging, was die Parish School bieten konnte. Es war ein Start ins Leben, der einen automatisch über die untersten Sprossen der Leiter brachte.

„Ja", sagte sie, aber sie sagte es mit einer Schwierigkeit, die Travers bemerkte und tatsächlich applaudierte. Er war selbst Lancastrianer und ehrte sie für ihre Unabhängigkeit. Er kannte den Mutterstolz, den wilden Individualismus, den sie unterdrückt hatte, bevor sie zugestimmt hatte, selbst für ihren Sohn, der ihn verdient hatte, einen Gefallen in Anspruch zu nehmen , und verschwendete keine Worte mehr. „Ich bin froh", sagte er. „Gute Nacht", und mit Händeschütteln war er verschwunden.

„Trink deinen Tee aus, Tom", sagte sie zu ihrem Mann, der während des Interviews den Betrieb eingestellt hatte. „Ich möchte wegräumen." Sie stand einen Moment nachdenklich da. „Ich bin eine schwache Frau", entschied sie.

Tom Branstone aß seinen Tee und reservierte ein Urteil.

Kapitel II:
Wo der Schuh eingeklemmt wurde

ALS Anne Branstone ihre Hand an den Pflug legte, pflügte sie tief, und es war nicht ihre Schuld, wenn die Ernte nicht riesig war. Aber sie hat ihre Energie nicht fehlgeleitet; Sie stellte sicher, dass die Saat gut war, bevor sie ihren Pflug anspannte. Um die Metapher fallen zu lassen: Sie ließ den jungen Sam beweisen, dass er es wert war, sich um ihn zu kümmern, bevor sie Ärger machte – Ärger also, wie Anne das Wort verstand. Natürlich schickte sie ihn „anständig" auf das Gymnasium, und wenn das bedeutete, dass sie und Madge in diesem Jahr auf neue Frühlingshüte verzichten mussten, dann reichten wohl auch die Hüte vom letzten Jahr. Es war keine große Sache, und der größere Stolz verschlang den kleineren. Mr. Travers zahlte das Honorar, damit ihr Sohn mit ihm verkehren konnte, und Anne sorgte gründlich dafür, dass Sam äußerlich würdig war, mit Lance verkehren zu dürfen.

Das war der Anfang, und Sam war bisher ein unerprobtes Metall. Dann, am Ende seines ersten Semesters, schnitt er bei den Prüfungen im Juli in Bestform ab, und danach begann Anne, die Dinge ernst zu nehmen.

Es waren nicht reine Fähigkeiten, die Sam zu dieser stolzen Eminenz brachten, sondern vielmehr die Tatsache, dass er in eine Klasse gebracht worden war, deren Niveau wirklich zu niedrig für ihn war, und dass er im Unterricht nicht zu viel gearbeitet hatte, da er von Natur aus mit anderen Dingen beschäftigt war erste Semester, mit dem Finden seiner Füße. Das war auch nicht allzu schwierig gewesen. Die Manchester Grammar School war eine demokratische Institution. Schuljungen sind jedenfalls nicht alle Snobs, und in diesem Fall erleichterte ihm die Anwesenheit eines Sauerteigs von Stiftungsgelehrten, die oft aus so armen Familien wie Sams stammten, unter den zahlenden Jungen die Eingewöhnung.

Branstone , S." herauskamen. an der Spitze von II. Alpha war: „Natürlich!" als ob jeder andere Ort für ihren Sohn unmöglich wäre; und es entschied sie, dass Sam dafür „bezahlen" würde, dass er sich Ärger machte. Sie begann, sich die Mühe zu machen.

Tom Branstones erste wirkliche Ahnung davon, was in Annes Kopf vorging, kam diesem guten, unkomplizierten Mann, als er erwähnte, dass in vierzehn Tagen sein Urlaub fällig sei.

„Du wirst dieses Jahr Urlaub zu Hause machen, mein Junge", informierte sie ihn.

„Aber warum ist das so, Anne?" er hat gefragt. „Blackpool ist am selben Ort, an dem es einmal war, und ich erhalte am Telefon Privilegienausweise."

„Sam ist allerdings nicht am selben Ort", sagte sie. „Er ist auf dem Gymnasium. Es ist ein Ort, an dem andere Jungen anständige Kleidung tragen, und ich werde dafür sorgen, dass Sam nicht hinter ihnen zurückbleibt."

Tom verbrachte seine Ferien zu Hause, abwechslungsreiche Fahrten auf den Trittbrettern freundlicher Lokführer und stärkte seine Seele mit dem Trost des Tabaks. Es waren Tröstungen, die ihm nicht mehr lange gewährt werden sollten. Tabak kostete Geld, und Anne brauchte es.

Trotz Travers' Großzügigkeit – oder so viel davon sie annehmen konnte – war es für Anne nicht einfach, ihren Sohn am Gymnasium zu behalten. Es war furchtbar schwierig, aber Anne war Anne. Der Junge hatte seinen Fuß auf der Bildungsleiter, und sie wollte, dass er Stufe für Stufe und Stipendium für Stipendium nach oben stieg. Als Sam in Oxford seinen Abschluss mit Auszeichnung machte , entspannte sich Anne; Bis dahin war sie eine Kreuzritterin. Sie hat diesem Ehrgeiz alles geopfert. Sam sollte seine Chance bekommen, egal was es für sie, Tom und Madge kosten würde. Der Junge muss genauso gut gekleidet sein wie seine Kameraden und er muss ihre Spiele spielen. Spiele sind ein wesentlicher Bestandteil des Englischunterrichts, und Anne, die stets die Chance im Blick hat, erkannte die Bedeutung der Spielfelder für die Festigung von Freundschaften mit Jungen, die Sam im späteren Leben nützlich sein könnten. Aber Spiele sind teuer, und Tom gab das Rauchen auf, als Sam in die elfte Klasse kam. Anne hat nichts aufgegeben. Sie hatte nichts mehr zu geben.

Ehrlich gesagt war Sam dankbar. Anne prahlte ihm gegenüber nicht mit den Opfern, die sie alle gebracht hatten, aber mit der Offenheit , die Arbeiterheime auszeichnet, in denen alles andere als das Nötigste die Ausnahme ist, war er sich jeder Bewegung und all ihrer Entbehrungen bewusst und tat sein Bestes, dies auszugleichen Konten. Aber es war keine glänzende Bestleistung, und nach diesem ersten Semester konnte Anne nie wieder die Genugtuung erleben, wie ihr Sohn am Speech Day in der Free Trade Hall einen Spitzenpreis mitnahm. Er war ein Arbeiter, ein sicherer „Streber", der sich durch pures Bemühen einen respektablen Platz in den Listen einbrachte, sie aber nie wieder anführte, und vor allem war er in Mathematik schwach.

Das beunruhigte Anne zutiefst. Mathematik schien ihr der Eckpfeiler der Bildung zu sein, obwohl sie in Wahrheit für Sam kaum von Bedeutung war, der Lance auf die klassische Seite der Schule gefolgt war, wo Mathematik eine unbeachtete Kleinigkeit war . Aber Anne machte sich nichts daraus. Sie hatte die Ferse ihrer Achillesferse gefunden und machte sich daran, diesen verletzlichen Ort zu sichern. Sie sollen sich Anne vorstellen, die vierzig Jahre ihres Lebens als berufstätige Frau hinter sich hat, wie sie sich mit Algebra und Trigonometrie auseinandersetzt und Sam einen Weg ebnet, dem er folgen kann. Es war heldenhaft und, dank irgendeiner Geistesfreaks, erfolgreich. Sie brachte es sich selbst bei, dann gab sie ihm Nachhilfe, und es war nicht Sam, die sich in den Mathematikprüfungen einen durchschnittlichen Platz erkämpfte, sondern Anne in Sam. Tag für Tag, zwischen Kochen , Putzen und Waschen, studierte sie die Lehrbücher, die ihn so verwirrten, und erklärte ihm abends mit wunderbarer Klarheit deren verwickelte Punkte. Sie hatte keine besondere Ausbildung, nichts als allgemeine Fähigkeiten und einen ungeheuren Willen – einen Willen, der das Hindernis überwand, sich in einem Alter, in dem nur wenige lernen können, Wissen anzueignen, und das größere Hindernis, einem Jungen, der einen blinden Fleck hatte, geduldig Unterricht zu geben Mathematik. Sie erhellte seine Dunkelheit, aber vielleicht behinderte sie seine Klassiker und machte ihre Hoffnungen auf Oxford visionär.

Langsam und schmerzhaft, während die Semester vergingen, während Branstone , S. in der Schule stetig aufstieg, sich aber regelmäßig auf seinem mittelmäßigen Platz in der Klasse hielt, erkannte Anne sich selbst, dass ihre Gans kein Schwan war. Das machte sie umso eifriger, das zu pflegen, was sie die soziale Seite nannte; und dadurch erlitt sie eine Niederlage.

Sams Aufstieg in der Welt hatte von Anfang an großen Einfluss auf Madge, seine Schwester, die in einem Alter für Fröhlichkeit und einem Geist war, der von persönlichen oder stellvertretenden Ambitionen unberührt blieb. Als Sam das Gymnasium besuchte, war Madge im Dienst und sehr zufrieden. Anne brachte sie sofort da raus; Sie würde nicht das Risiko eingehen, dass Madge die Dienerin im Haus einer Schulkameradin von Sands wird. Es war ungewöhnlich, aber Madge zog den Dienst, bei dem sie Glück bei ihren Arbeitgebern hatte, dem Webschuppen vor, wo sie freie Abende hatte, aber anstrengende Tage ohne klatschende Besucher an der Hintertür, die ihre Monotonie unterbrechen konnten. Und es wurde für Madge zu einer ernsthaften Frage, ob sie nun in der Lage sein würde, Anne in Sachen George Chappie auszustechen . Anne brauchte einen vorzeigbaren Schwager für Sam.

Wie Madge war George anspruchslos, außer dass er sie wollte, was in gewisser Weise Ehrgeiz war. Madge war klein wie ihre Mutter, stammte aber größtenteils von ihrem Vater ab. Sie hatte Sommersprossen und karottenfarbenes Haar und das Zeug zu einer mürrischen Spitzmaus, aber George sah etwas anderes und wollte, dass Madge sie hatte und hielt, im Guten wie im Schlechten, und erkannte nicht, dass die Chancen sehr schlecht standen, dass es besser wurde. Er war selbst ein Irrer und hielt sich für unternehmungslustig, weil er Fensterputzer war; Fensterputzen war damals ein neues Handwerk. Aber Anne stimmte dieser Meinung nicht zu, und Madge war nicht besonders optimistisch, als George eines Abends mit einem unverkennbaren „Jetzt oder nie"-Ausdruck in den Augen hereinkam. Das Problem war, dass Anne nicht die Art von Mutter war, der man sich ungestraft widersetzte.

Er kam schüchtern herein – ein entschlossener George war ein Widerspruch in sich –, nahm aber sofort Mut zusammen, als er feststellte, dass sie bis auf Sam allein war. Sams Anwesenheit war unvermeidlich, musste aber nicht zur Kenntnis genommen werden. In einem Haus, das zwar nicht aus einem Raum, aber aus einem Feuer und einem Gasstrahl bestand, hatte Sam gelernt, sich zu isolieren, wenn er mit seinen Büchern am Tisch saß. Die Geschäfte des Hauses gingen weiter, ebenso Sams Studien, und keiner störte den anderen. Sam war in seine Überlegungen zu Ciceros *De Senectute* für den morgigen Tag vertieft und war sich Madge und George überhaupt nicht bewusst.

Es war nicht Sam, der George beunruhigte, aber Madge hatte die Wahrheit mit ihr, als sie ihrem Verehrer sagte, dass er besorgt aussah. George deutete mit dem Daumen unbestimmt auf die Straße . „Sie ist es wieder", erklärte er. „Ich kann mir nicht vorstellen, warum Gott Vermieterinnen geschaffen hat. Ich frage dich, Madge, ist eine weitere Decke bei diesem Wetter ein Grund, warum man in Wut gerät?"

„Es ist kalt", sagte Madge. „Gibt sie dir nicht noch eins?"

„Ich weiß noch nicht, ob sie mir eins geben wird oder nicht. Aber sie hatte mein letztes Wort. Noch eine Decke, sonst flitze ich."

„Das hast du schon so oft angedroht."

Er gab es zu. "Ich weiß. Es braucht ein Erdbeben, um einige Leute zu verändern, und ich schätze, ich bin einer von ihnen. Ich bleibe, wo ich hingehöre." Und sein Ton deutete an, dass Konservatismus eine bewundernswerte Tugend sei.

Madge glaubte das nicht. „Das sagt meine Mutter über dich", bemerkte sie ein wenig bissig.

„Es ist auch keine Lüge", stimmte er gelassen zu. „Mir kommt es so vor", fuhr er mit einem leidenschaftlichen, aber flehenden Blick auf Madge fort, „dass es nur eine Sache gibt, die mich von Mrs. Whitehead abbringen wird." Du kannst es doch nicht erraten, oder?"

„Ja, das könnte ich", sagte Madge dreist. Schließlich war sie Annes Tochter, und zwar direkt. Dann zögerte sie wider Willen schüchtern: „Ich schätze, Sie verlassen die Stadt, Mr. Chappie ."

Er war entsetzt über den revolutionären Gedanken. „Nein", sagte er ernst. „Ich bin hier fest verankert und werde nicht freiwillig gehen. Es gibt etwas, das mich dort hält, wo ich bin."

„Ihr Job ist nicht so viel wert", sagte sie und missverstand sie absichtlich .

„Es ist jedoch stabil", verteidigte er es, „und der Handel wächst." Mein Meister bekommt in der ganzen Stadt viele Fensterputzaufträge. Aber es ist nicht mein Job, der mich hier hält. Es ist ——" Er ließ seine Mütze fallen und tastete nervös danach, wobei er irgendwie eine Art Mut darin fand, so dass er ihr, als er aufstand , mit einem Geist entgegentrat, der für ihn ziemlich höflich war. „Nun, du wirst mich doch nicht aufhalten, oder? Ich bin mit Absicht hierhergekommen, um das loszuwerden, und ich habe mich bis zu einem gewissen Grad hochgearbeitet. Ich bin in den meisten Dingen etwas langsam und lasse mich leicht abschrecken, deshalb bitte ich Sie, meiner bescheidenen Bitte geduldig Gehör zu schenken."

Madge sah ihn scharf an und kam zu dem Schluss, dass seine Entschlossenheit stark genug war, etwas zu überstehen, was sie unbedingt sagen wollte. „Mir wäre es lieber, wenn das nicht direkt mit Ihrer Vermieterin passiert", sagte sie.

„Ja", stimmte er zu, „ich verstehe, was Sie meinen, aber das hat mich dazu gebracht, darauf hinzuweisen." Liebe ist für mich wie ein Topf Suppe. Es muss eine Weile köcheln, bevor es kocht. Aber ich bin jetzt am Kochen, und ich bin hier, um es Ihnen zu sagen. Ich habe dich geliebt, seit ich dich gesehen habe, Madge. Eines Tages nach der Sonntagsschule wehte ein Wind, der einem die schönen Locken über die Augen wehte. Ich habe mir immer Gold gewünscht, und du bist doppelt Gold ." Madge war zutiefst berührt von dieser Idealisierung ihrer Haare. Durch die schonungslosen Bemerkungen der Weberei war ihr die Rötung noch verärgerter denn je bewusst geworden, aber sie erkannte nicht, worin sie doppelt so gut war, bis er es ihr erklärte. „Das habe ich am ersten Tag nicht gemerkt. Ich habe nur deine Haare gesehen. Ich hatte nicht den Mut, nah genug heranzukommen, um die Farbe deiner Augen zu sehen. Aber als ich das tat und feststellte, dass sie auch alle goldbraun waren, war ich fertig. Ich war bis ins Mark verliebt. Darin ertrunken, könnte man sagen."

„Du redest eine Menge Unsinn, George", sagte Madge mit einer liebevollen Wertschätzung, die ihre Worte Lügen strafte.

„Ich sage dir, dass ich dich liebe", sagte er, „und ich frage dich, ob du mir im Gegenzug irgendetwas sagen könntest. Ich weiß, dass ich nicht schlau bin, Madge, aber ich würde alles tun, um dich glücklich zu machen. Kannst du nicht sagen, dass du mich liebst, Mädchen? Nicht", fügte er hinzu, „wenn es nicht wahr ist, natürlich." Ich würde Sie nicht bitten, zu lügen, auch nicht, um mir einen Gefallen zu tun."

„Vielleicht ist es keine Lüge", sagte Madge leise, „aber –" Sie hielt inne, sodass er den Rest erraten musste.

„Aber", schlug er vor, „möchten Sie nicht so weit gehen, es zu sagen?"

Er beobachtete sie schüchtern, und der Mut strömte aus ihm heraus. Sie hatte ihm fast Hoffnung gegeben, aber jetzt schien es, als hätte sie nichts mehr zu sagen. „Nun, ich kann es verstehen", sagte er und drehte sich halb zur Tür. „Ich bin kein großer Kerl, und du hättest mich leicht viel härter niedermachen können, als du es getan hast. Aufgrund Ihrer taktvollen Art ist es jetzt ein sanftes Verlassen. Ich werde... ich werde nachsehen, ob Mrs. Whitehead mir noch eine andere Decke gegeben hat."

Er war an der Tür, bevor sie ihn aufhielt. "George!" Sie sagte: „Komm zurück. Du verstehst das alles falsch. Du weißt von meinem Bruder." George lächelte fast. „ Es wäre nicht die Schuld deiner Mutter, wenn ich es nicht getan hätte", sagte er.

„Nein", sagte sie; „Ich nehme an, jeder weiß, dass er aufs Gymnasium geht. Sie wissen nicht alle, was es bedeutet." Madge versuchte, dem Familienideal treu zu bleiben, sie versuchte, nicht verbittert zu sein, aber es war nicht einfach. Es war eine Sache, auf neue Hüte und die gewohnten Dienstgewohnheiten zu verzichten, aber eine andere, auf George zu verzichten.

„Ich möchte, dass Sie verstehen, dass sich diese Familie ein wenig um Sams willen bemüht. Wir glauben, dass er in der Welt weit nach oben kommen wird, und der Rest von uns tut nichts, um ihn unten zu halten. Keiner von uns, egal wie weh es tut. Verstehst du, was ich meine?"

Er sah. „Ich bin nicht klasse genug für dich", sagte er.

Es war ein Teil, aber nicht das Ganze ihrer Bedeutung, und Madge wollte keine Missverständnisse aufkommen lassen. „ Du bist Klasse genug für mich", sagte sie, „aber ich sage dir, wo der Zweifel ins Spiel kommt. Das ist eine Angewohnheit, die wir in dieser Familie haben. Wir denken an Sam." Das machte die Sache klar; Sie liebte ihn, und obwohl er zugab, dass Annes Angewohnheit, alles Sams Interessen unterzuordnen, ein gewisses Hindernis darstellte, sah er keinen triftigen Grund, warum er Madge nicht heiraten sollte. „Ich würde wissentlich nichts tun, um deine Mutter zu verärgern", sagte er, „aber ich habe dir gesagt, dass ich vor Liebe zu dir koche. Ich lasse mich in der Regel leicht von meinem Ziel abbringen. Ich meine damit sagen: Angenommen, ich bitte Mrs. Whitehead um einen Räucherfisch für meinen Tee, und sie sagt mir, Eier seien billig, und sie hat stattdessen ein Ei, dann mache ich kein Lied darüber – solange das Ei nicht besonders altbacken ist . Aber ich gebe zu, dass ich dabei nicht an Sam gedacht habe. Ich dachte, es wäre an dir und mir, uns alleine zurechtzufinden.“

„Sam ist dabei“, sagte Madge dumpf. „Er steckt in allem in diesem Haus.“

Dann kam Anne herein und die Unruhe bei ihrem Eintreten sowie die Tatsache, dass er seine Passage von „ *De Senectute* “ beendet hatte, machten Sam bewusst, dass etwas auf ihn zukam. Er behielt sein Buch diskret im Blick, ließ die Seiten seines Wörterbuchs aber nicht mehr hin und her blättern. Er fand die Jugend fesselnder als das Alter.

Annes schnelle Auffassungsgabe erfasste die Situation sofort. Sie war einkaufen gewesen, und während sie ihre Pakete auf die Kommode legte , überreichte sie Madge einen wortlosen Tadel. Sie konnte viel sagen, ohne den Mund zu öffnen, und sie sagte es auch. Aber Madge würde sich nicht kampflos von ihrem George trennen. Abgesehen von Sam war George berechtigt, und Madge betrachtete dies als einen einzigartigen Anlass – den Anlass, Sam außen vor zu lassen. Zumindest wollte sie es versuchen.

George wurde beim Anblick von Anne ganz feige und schlich zur Tür. „Ich denke, ich komme nach Hause“, sagte er.

„Warten Sie, bis Sie sich beeilen“, sagte Madge hart. „Mutter, George hat mich gebeten, ihn zu heiraten.“

Es war das Maß der Schlacht, denn Anne wusste das bereits. Die Aussage darüber war eine Herausforderung. Sie begegnete dem kühl. "Hat er?" Sie sagte. „Nun, ich hoffe, du hast es ihm sanft gesagt.“

Und da schöpfte George erneut Mut und griff wie ein Mann ein. „ Sie hat mir nichts mit ihrer Zunge erzählt. Nichts Sicheres. Aber ein Blinder auf einem galoppierenden Pferd konnte ihre Gedanken lesen. Frau Branstone , ich liebe dieses Mädchen, als ob sie mich verzaubern würde. Es ist das größte Gefühl, das in mein Leben gekommen ist, und ich bin voll davon, sonst hätte ich nicht das Gesicht, dir meine inneren Gedanken auf diese Weise preiszugeben. Und wenn Sie mir nur sagen würden, dass ich sie mitnehmen kann, wäre der Bürgermeister in seiner Kutsche nicht glücklicher als ich.“

„Du weißt, wie standhaft George ist, Mutter“, unterstützte ihn Madge.

„Das muss er sein“, sagte Anne trocken. „Er ist Fensterputzer.“

„Ich bin von Natur aus stabil, Mrs. Branstone , und ich bin auch handwerklich begabt. Ich trinke nicht. Irgendwie reicht ein Glas Bier aus, um mich skurril zu machen, also trinke ich überhaupt keins. Ich weiß, dass ich in meiner Liebe eine unterwürfige Haltung an den Tag lege , aber ich fühle mich bewegt, dich anzuflehen. Wir würden Sam nicht im Weg stehen. Wir würden so ruhig und gemütlich wohnen, dass man gar nicht merkt, dass wir in der Stadt sind." Anne sah ihn mit einer leichten Spur von Wertschätzung an, die von tiefer Verachtung durchdrungen war. Ein armes Geschöpf, aber er hatte seinen Fingerhut voll Sperma! „Es müsste ruhig sein", sagte sie, „mit zwei, die man von seinem Lohn behalten kann." Bist du damit zufrieden?"

Er war katastrophal. „Es ist ein normaler Job", sagte er und brachte seinen Stolz zum Ausdruck, über den Reihen der Gelegenheitsarbeiter zu stehen. Aus Annes Sicht ein hoffnungsloser Fall.

„Es ist ein ganz normaler Mistjob", erwiderte sie, sprach aber leiser als sonst. „Ich muss über Sam nachdenken, Madge. Du lebst vielleicht ruhig, aber Sams Schwager muss eine bessere Show abliefern, als dass er wie ein Affe auf einem Stock überall auf der Leiter zu sehen ist. Ich bin nicht hart zu dir, George Chappie , und ich habe nichts gegen dich, außer dass du nicht gut genug bist. Wenn du dich verbesserst, wirst du es schaffen. Bleib, wie du bist, und Madge'u wird dasselbe tun."

George öffnete den Mund, um etwas zu sagen, stellte jedoch fest, dass nichts kam. Es *war* ein normaler Job, er befriedigte seine Ambitionen und ihre Einwände waren unerklärlich. Er hatte seinen Bolzen abgeschossen, und da er nichts mehr zu sagen hatte, ging er und verfiel so in eine solche Wirbellosigkeit, dass er, als er feststellte, dass Mrs. Whitehead die andere Decke nicht auf sein Bett gelegt hatte , ihr auch nichts zu sagen hatte, sondern nur eine fadenscheinige Decke ausbreitete Mantel auf der Bettdecke und zitterte unglücklich in den Schlaf.

KAPITEL III
DER HELL-PIKE CLUB

Für einen sechzehnjährigen Schuljungen ist Liebe ein dämliches Gefühl, seine Opfer harmlose Verrückte, und es ist nicht anzunehmen, dass Sams Interesse an der Affäre zwischen Madge und George auf intimem Verständnis beruhte. Sein verschwörerisches Vorgehen war eher ein Scherz: Dahinter steckte vielleicht die Erkenntnis, dass Erwachsene sich auf diese Weise gewöhnlich lächerlich machten, dass seine Loyalität in einem solchen Fall Madge galt, die seiner Generation angehörte, und dass Anne sie behinderte Die Ehe überholte den Polizisten in ihren Forderungen nach Selbstaufopferung für ihn.

Larking, definiert als vergnügliche Einmischung in andere Menschen aus wohlwollenden oder rein egoistischen Motiven, war eine Schwäche von Samuel Branstone , und der Junge war der Vater des Mannes. Er stimmte nicht mit Anne überein, dass die Ehe seinen Interessen zuwiderlief. Gewiss, George putzte Fenster und balancierte tapfer auf schwankenden Leitern, ein prekäres Handwerk, aber sein eigenes. Anscheinend passte es zum georgischen Temperament, und dieser Funambulist trug kein Schild auf dem Rücken, auf dem stand, dass er der Schwager von Branstone von der Klassischen Fünften sei.

Branstone , der in der Welt aufsteigen wollte, hatte zwangsläufig arme Verwandte, und es spielte kaum eine Rolle, wie arm. Je ärmer sie waren, desto billiger konnte er ihnen später Vorsehung gewähren, da ihre Standards niedrig und ihre Erwartungen gering sein würden.

also kein netter, impulsiver Spaß, sondern kaltblütig und kalkuliert, was bei einem Spaß fast genauso verwerflich ist wie bei der Organisation in der Wohltätigkeitsorganisation. Es sind kluge, gute Absichten, die den Weg zur Hölle ebnen.

Er erkannte, dass es einen Unterschied zu den Elopements der romantischen Literatur gab, mit denen er seine entspannten Stunden verbrachte: Manchmal war die Dame, aber immer der Liebhaber, unternehmungslustig, während er wusste, dass George niemals etwas anstiften konnte. Aber das machte die Sache für Sam amüsanter, der die Fäden in der absoluten Gewissheit in der Hand halten konnte, dass seine Puppen niemals aus eigenem Antrieb oder zu einer anderen Melodie als der, die er spielte, tanzen würden; und es ist nicht jedem von uns gegeben, Allmacht für den Preis einer Zehn-Pfund-Note zu sein.

Wie immer hatte Sam Glück. Bei den romantischen Elopements, deren Technik er mit neuem Interesse zu studieren begann, war Geld nie ein

Problem, aber der Gott in der Maschine von George Chappies Elopement musste Geld in seine Handtasche stecken, sonst konnte es kein Elopement geben.

Sam mochte Geld, aber er mochte Macht offenbar mehr, denn als er zu dieser Zeit auf wundersame Weise zum Geld kam, widmete er es diesem Zweck. Er kam zu Geld, weil der Journalismus seit den Tagen vor vier Jahren, als er seinen Lesern in der Abendzeitung kein Foto von Sam Branstone, dem Helden, zeigen konnte, schnell auf dem Vormarsch war und das zivilisierte Stadium der Fotowettbewerbe erreicht hatte .

Sie kauften eine Wochenzeitung, die sechs grobe Holzschnitte druckte, die die Namen (sagen wir) berühmter Schlachten verschleiern sollten, und Sie haben Ihren Verstand nicht angestrengt, als Sie herausfanden, dass das Bild eines Bahnhofs mit „Waterloo" unter der Uhr eine Darstellung darstellen sollte die Schlacht dieses Namens. Aber Pause: So einfach war es nicht. Entflammt von Geiz und der kindischen Leichtigkeit, die Schlachten in der ersten Serie zu identifizieren, kauften Sie die Ausgabe der nächsten Woche und der nächsten, bis der Wettbewerb endete, und Sie stellten fest, dass die Designs immer verwirrender wurden. Es war nicht ganz Geld für nichts. Um die Bilder zu interpretieren, waren einige Kenntnisse der Geschichte und eine Art Gespür für billigen Witz erforderlich. Eine Gartenspritze und ein Bühnen-Ire, der etwas schwingt, das leicht ein Knüppel sein könnte, aber kein Knüppel ist, stellten tatsächlich die nicht sehr berühmte Schlacht von Seringapatam dar, und es gab Bilder, die zwei Interpretationen zuließen.

Letzteres führte dazu, dass Sam eine Partnerschaft mit Lance Travers einging. Beide Partner gaben zu, dass Sams Verstand der schärfere war, daher war es nur fair, dass Lance die Partnerschaft finanzierte und die Papiere kaufte. Und Sam, der zuversichtlich war, zu gewinnen, aber dennoch Geheimhaltung wünschte, zog es vor, dass die Firma auf Lances Namen eingetragen werden sollte, damit, wenn Sam Kapitalist würde, er und nicht Anne über sein Vermögen kontrollieren sollte. Seine Vorstellungen von der Verwendung des Kapitals gingen bereits über die Postsparkasse hinaus.

Das Ziel der Wochenzeitung bestand darin, ihre Auflage zu erhöhen, daher erlaubte und ermutigte sie die Konkurrenz, zahlreiche Versuche einzusenden, und druckte mehrdeutige Zeichnungen, um zur Verschwendung zu verleiten. Es ist zu befürchten, dass die Klassiker in dieser Zeit des journalistischen Unternehmertums in den Hintergrund gerieten. Die Partner hatten andere und ernstere Ziele im Leben. Und sie haben gewonnen! Sie gewannen den zweiten Preis. Es war kein Haus, kein Auto oder einer der fantastischen Preise, mit denen der Journalismus noch später seine intelligenten Leser belohnte, sondern sie teilten zwanzig Pfund, und für sie waren zehn Pfund jeder ein Paradies. Lance kaufte ein Fahrrad. Sam tat es nicht. Er kaufte einen Ehering und unterhielt sich mit Sarah Pullen, die so leidenschaftlich Madges Freundin war, dass sie mit ihr in die Mühle gegangen war.

Sarah empfing ihn kalt; Sie betrachtete ihn als den Grund für das Märtyrertum ihrer Freundin und hielt den Grund für unwürdig.

Sam befreite sofort die Luft. „Ich bin auf Madges Seite. Ich werde nicht zulassen, dass sie um meinetwillen unglücklich gemacht wird", sagte er, und Sarah gab so weit nach, dass sie ihn von persönlicher Bösartigkeit freisprach.

„Aber Sie können viel dafür tun", sagte sie. „Ich *kann* viel tun", antwortete er, „aber", schmeichelte er ihr, „vielleicht kannst du mehr tun." „Siehst du, Sarah", fuhr er vertraulich fort, „Madge vertraut dir und sie vertraut mir nicht. Jetzt unter uns, sie braucht den Rat einer Freundin. Versetzen Sie sich in ihre Lage. Würdest du dich deiner Mutter unterwerfen?"

„Ich würde sie zuerst weiter sehen", sagte Sarah.

„Ich frage mich", sagte Sam, „ob Sie sich vorstellen könnten, Madge Ihre Ansichten mitzuteilen, ohne zu erwähnen, dass ich es vorgeschlagen habe?"

"Du!" sagte Sarah. "Du! Es würde ein Dutzend Ihrer Größe erfordern, um mir etwas vorzuschlagen. Geh nach Hause und spiel Murmeln, oder ich gebe dir eine Ohrfeige, an die du dich erinnern wirst."

In der klassischen Fünften wurde nicht mit Murmeln gespielt, aber Sam gab sich damit zufrieden, ihre Anspielung eher auf Unwissenheit als auf absichtliche Beleidigung zurückzuführen. Er hatte verstanden, worum es ging: Die Atmosphäre, die er schaffen wollte, würde er schaffen.

Er ließ den Topf köcheln und wandte seine Gedanken George zu, der seiner Meinung nach weniger anfällig für die Eingebungen eines Freundes war als Madge. Außerdem kannte er keinen Freund von George und bekannte sich selbst schuldig.

Eines Tages, kurz vor den Pfingstferien, starrte er düster aus dem Fenster oben auf der Treppe vor dem Raum der fünften Klasse und beobachtete die Jungen des Chetham's Hospital beim Spielen in ihrem Garten, den die Grammar School zu verachten vorgibt Aber er beneidet ihn insgeheim, als er hinter sich ein Gespräch zwischen Lance Travers und Dubby Stewart hörte, das sein Gehirn in Aufruhr versetzte. Dennoch war es kein vornehmes Gespräch.

„Wer hat jemals davon gehört, dass in Manchester in der Pfingstwoche jemand zu Hause bleibt?" fragte Lance.

Sam hatte es oft gehört.

„Es ist noch nicht getan", sagte Dubby , der sich diesen bleibenden Namen verdient hatte, als er im unteren Drittel war, und las einmal „zweifelhaft" mit einem kurzen „u" laut vor.

„Aber ich muss es tun", sagte Lance. „Mein Gouverneur ist zu beschäftigt, um wegzukommen. Ein bisschen verdammt, nicht wahr?"

„Tatsächlich", sagte Dubby , „gehen wir auch nicht."

Und es zeigte sich bald, dass von den vierundzwanzig Jungen bis zu sechs in Manchester lebten und nicht weggehen würden. „Es wird die Hölle sein", prophezeite einer der Unglücklichen.

„Das ist nicht nötig", sagte Sam Branstone und wandte sich vom Fenster zu der traurigen Gruppe.

„Du bist daran gewöhnt. Das sind wir nicht", sagte jemand grausam und Lance schlug sich auf den Kopf. Anspielungen auf die Armut von irgendjemandem gehörten zum schlechten Ton.

„Was ist das Rezept?" fragte Dubby und Sam schwieg eine Minute lang. "Beobachte ihn. Etwas dämmert", ärgerte sich Dubby . Es dämmerte nicht, es hatte gedämmert; Aber zuerst schien es ein Risiko zu sein, dann aber schon viel weniger, und Sam lächelte wunderschön, als ihm klar wurde, dass er zumindest alles zu gewinnen und nichts zu verlieren hatte. Er zog die glücklosen Fünf auf geheimnisvolle Weise zurück.

„Das Rezept", sagte er, „ist, einen Urlaub in Manchester zu machen, in einem Ferienhaus." Er ließ das eine Minute einwirken und fügte dann hinzu: „Unser eigenes Haus." „Wir sind zu sechst. Wir schließen uns zusammen und nehmen ein Haus. Ein kleines Haus, und ich schätze, einige von Ihnen werden die Nachbarn nicht mögen , aber da die Nachbarn uns nicht mögen, ist es ebenso breit wie lang. Überhebliche Nachbarn würden uns sowieso nicht ertragen, und je kleiner das Haus, desto geringer die Miete. Etwa vier bis sechs pro Woche ist meine Idee. Das sind neun Pence pro Woche für jeden von uns, und wir haben ein eigenes Haus, in dem wir tun können, was wir wollen."

"Von Jove!" sagte jemand bewundernd.

„Wie sollen wir es nennen?" sagte ein anderer, ein wenig zweifelnd.

"Nennen?" sagte Lance. "Das ist offensichtlich. Der Höllenfeuerclub."

Und wenn noch Zweifel bestehen blieben, war das Problem natürlich gelöst. Wer würde das Meer bereuen, wenn er Mitglied im Hell-Fire-Club sein könnte? Lance wurde beauftragt, mit seinem Vater, dem Immobilienmakler, zu verhandeln, aber es war Sam, der ihr Haus wirklich auswählte. Es war ein Haus, das nach Sams Meinung hervorragend den

Anforderungen eines jungen Ehepaares aus der Fensterputzklasse entsprach. Mr. Travers sagte Lance, dass er den Wert etwaiger Schäden aus seinem Taschengeld begleichen und ihnen unter diesen Bedingungen das Haus überlassen würde. Aber er hätte diese warnende Drohung nicht aussprechen müssen; Sam sah, dass es keinen Schaden gab.

Am ersten Tag der Feiertage versammelte sich der Höllenfeuerclub zu seinem ersten Ausschweifen, und um elf Uhr morgens hatten drei unerfahrene Zigarettenraucher Gelegenheit, den Slopstone als Erbrochenes zu benutzen. Sie fühlten sich dadurch fröstelnd, und Dubby schlug vor, dass eine Einweihungsfeier ohne Feuer selbst an einem heißen Tag ein Kinderspiel sei, also brachte ein verschwenderischer Plutokrat zwei Säcke Kohle und einen Vorrat Chips mit. Feueranzünden ist ein Sport, der zwar eine gewisse Spannung auslöst, aber nur für kurze Zeit, und die gleiche flüchtige Qualität hat auch das Vergnügen, auf nackten Brettern zu sitzen.

„Ich bin zu steif, um glücklich zu sein", sagte Lance. „Ich bin dafür, dass wir diesen Club einrichten."

Getragen, *nem . com* . „Ich fürchte allerdings", sagte Sam, „dass ich nicht viel beitragen kann."

„Warte, bis du gefragt wirst, mein Sohn", sagte Dubby . „Wenn wir fünf mit der Plünderung unserer Häuser fertig sind, wird dieser Ort ein kleiner Palast sein."

Beute ist ein mutiges Wort, das auf die Schätze des purpurnen Ostens hinweist, aber in den meisten Fällen handelte es sich um erlaubte Beute, die Abfälle von Rumpelkammern. Sandy Reed war jedoch der Typ Junge, der mit einem Hammer in der Hand am glücklichsten ist, und Dubby hatte ein Auge für Chintz. Die Reparatur der alten Möbel, die sie mitgebracht hatten, kam Sandy wie eine Männerarbeit vor. Hinter ihm lag seine infantile Vergangenheit mit Laubsägearbeiten und Modellyachten; vor ihm der Vorarbeiter der Reparaturwerkstatt des Hell-Fire-Clubs. Er arbeitete und war die Ursache der Arbeit in anderen. Und es war bereitwillige Arbeit, teils, weil es um eine Idee ging, teils, weil an diesem ersten Tag Langeweile drohte und es definitiv etwas zu tun gab, vor allem, weil es Aufsehen erregte.

Den schlecht sortierten Stühlen, Tischen und Sofas, die sie unter ihrem Dach sammelten, war am Ende gemeinsam, dass sie stabil waren; Und nachdem die Knaben sie aus eigener Kraft stark gemacht hatten, machten sie sie durch ihr Aufruhr nicht wieder schwach. Sie respektierten ihre Handarbeit, und Dubbys Chintz sorgte für eine Art Einheitlichkeit.

Ein Club muss natürlich essen und trinken, und Küchenutensilien, meist seltsam, aber alle praktisch, wurden zusammengestellt, um den Freuden des Essens die Freuden des Kochens voranzutreiben. Es war das Lagerleben in der Stadt, außer dass sie nach Hause gingen, um zu schlafen, und solange die Aktivitäten des „Eingewöhnens" andauerten, genossen sie es in vollen Zügen.

Etwa vierzehn Tage hatte Sam im Geiste als Lebenszeit des Hell-Fire-Clubs eingeplant, und er hatte nicht die Absicht, die Miete länger als etwa eine Woche allein zu bezahlen. Sie hatten beschlossen, dass der Sonntag kein Clubtag sei – es gab zu Hause Schwierigkeiten – und Sam ging mit George Chappie spazieren. „Ich mag diese Straße", sagte er, als sie um die Ecke bogen. „Madge hatte schon immer Lust auf dieses Viertel."

"Hat sie?" sagte George düster.

„Wir gehen hier rein", und Sam holte den Schlüssel hervor und stellte George das Clubgelände vor. "Was denkst du darüber?"

Der Chintz fesselte sofort Georges Blick. "Von Gummi!" er sagte.

„Setz dich", sagte Sam. „Hier wirst du wohnen, wenn du mit Madge verheiratet bist. Es ist noch nicht Ihr Möbelstück, aber es wird eines sein. Ich werde es dir zur Hochzeit schenken. Wie Sie sehen, gibt es darin kein Bett, aber es wird eines geben, und ich frage Sie, George, ist es besser oder nicht besser als das von Mrs. Whitehead?"

„Ja", sagte George, „aber du gehst ein bisschen zu schnell voran für mich."

„Überhaupt nicht", sagte Sam. „Dein Tempo ist tödlich. Das langsame Tempo, nicht das schnelle. Nun, dieser Ort steht Ihnen noch nicht zur Verfügung, aber wenn Sie nächsten Sonntag die Aufgebote aufhängen und so schnell wie möglich nach den drei Sonntagen heiraten, können Sie hier reingehen und Ihren Hut an den Haken hängen. Es ist ein Messinghaken, George. Wir sind in diesem Haus nicht mit Nägeln einverstanden. Ich könnte erwähnen, dass mit den Aufgeboten alles in Ordnung sein wird. Mutter kocht sonntags das Abendessen und geht nicht zum Morgengottesdienst, und heute ist Vaters Sonntag frei vom Bahnhof und er hat die nächsten drei Sonntage Dienst. Also", schloss er, „da sind Sie."

„Du versprichst viel. Gehört dieses Haus Ihnen?"

„Die Miete beträgt vier und sechs", sagte Sam, „das ist nicht mehr, als Sie sich leisten können. Und Sie binden sich an nichts, indem Sie die Aufgebote aufstellen. Wenn ich Ihnen dieses Haus und alles, was darin ist, nicht liefern kann, brauchen Sie nicht zu heiraten. Aber ich habe einen Rat für dich, George. Lassen Sie Madge es zuerst aus den Lippen des Pfarrers in der Kirche erfahren. Sie wird nicht schreien und sie wird nicht in Ohnmacht fallen. In unserer Familie ist das nicht der Fall, und das erspart Ihnen die Mühe, sie zu fragen. Ist es eine Wette?"

George zögerte. „Komm nach oben und sieh dir das andere Zimmer an“, sagte Sam. George sah und staunte . „Ich komme jetzt mit dir in die Kirche“, sagte Sam. „Wir haben einfach eine schöne Zeit, den Angestellten nach dem Gottesdienst zu treffen.“

"Von Gummi!" sagte George Chappie . "Ich werde es tun. Sie können mich nicht hängen. Aber“, fügte er hinzu, während er einen letzten Blick auf die Hausgötter warf, von denen Sam Branstone versprochen hatte, dass sie ihm gehören sollten, „sie könnten dich hängen.“

Sam grinste mild.

KAPITEL IV
DER VOLLSTÄNDIGE ANGLER

Er hatte mit George über alle Erwartungen hinaus Erfolg gehabt, aber dieser leichte Sieg täuschte ihn nicht zu der Annahme, dass sein Kampf gewonnen sei. Madge, hatte er gesagt, würde weder schreien noch in Ohnmacht fallen, wenn sie hörte, wie ihr Verbot verkündet wurde, und er wünschte, er wäre dabei genauso zuversichtlich, wie er geklungen hatte. Vieles, seiner Meinung nach zu viel, hing von der Kraft des Ratschlags von Sarah Pullen ab.

Er ging überall Risiken ein, stellte aber fest, dass es ihm eher gefiel. Es bestand die Gefahr, dass der Höllenfeuerclub nicht rechtzeitig seines Spielzeugs müde werden würde. Die ermutigende Zunahme der Fehlzeiten unter den Mitgliedern begeisterte ihn, aber der unerschütterliche Glaube eines enthusiastischen Paares deprimierte ihn traurig. Er hoffte jedoch, einen Ausweg aus diesem Wald zu finden.

Und es bestand die Gefahr, dass ein Bekannter von Anne ihr gegenüber die Aufgebote erwähnte. Er sah keine Möglichkeit, dem entgegenzuwirken. Es war ein Risiko, das er eingehen musste. Glücklicherweise war der beste Freund seines Vaters, Terry O'Rourke, Katholik.

Aus heutiger Sicht sah er Madge als das schwächste Glied in seiner Kette. Sie brach vor Annes Willen zusammen wie ein Opernhut, und er fürchtete sich offen davor, dass sie in der Kirche eine Szene machen könnte, sei es aus Vergnügen oder aus Zorn, als die Aufgebote vorgelesen wurden. Nicht, dass er aus Prinzip vor Szenen zurückgeschreckt wäre, nur dass die Nachricht davon zweifellos an Anne weitergegeben würde und das Fett im Feuer wäre.

Als er eines Tages in dieser Woche ohne die geringste Kaufabsicht in einem Antiquariat in Withy Grove herumstöberte, wurde er von einem Titel angezogen und verschwendete leichtsinnig sein Geld . Er hatte das Gefühl, dass Intrigen seine Finanzen belasten, aber dieser Titel verschaffte ihm einen zu guten Zugang zu Madge, als dass er Gegenstand von Wirtschaftsthemen gewesen wäre. Der Titel lautete „Die heimliche Ehe", und er wusste, dass Sarah Pullen an diesem Abend da sein würde, um Madge zu sehen.

Als sie ihn anrief, las er das Stück sehr eifrig, obwohl es ihn ziemlich langweilte und er die Handlung im Vergleich zu seiner eigenen für elementar hielt. Sarah war keine Leserin, aber sie bemerkte das Cover, weil das Wort „Ehe" eine unfehlbare Verlockung war.

„Was hat der Junge jetzt erwischt?" Erkundigte sie sich und nahm seinen Köder liebevoll auf.

Er zeigte es ihr. "Wissen Sie was das bedeutet?" er hat gefragt.

„Ich weiß, was Ehe bedeutet", sagte sie.

„Vom Hörensagen", sagte er der Jungfrau scharf. „Aber ich meinte das Mittelwort."

Sie beäugte es genau. „Sie prahlen immer mit Ihrem Wissen. Ich bin selbst nicht in der Grammatik und Griechisch ist für mich Griechisch. Das wäre eine Menge Gutes, es wäre in einer Weberei und so." Sie hatte einen praktischen Verstand.

„Das ist kein Griechisch", sagte er, „das ist Englisch."

„Es ist nicht die Art von Englisch, die wir in Manchester sprechen, entscheiden Sie, wie."

„Ich sage dir, was es bedeutet."

„Warte, bis du gefragt wirst, Frech."

Er wartete nicht. „Es bedeutet heimlich."

„Dadurch bin ich umso weiser geworden. Es wird ein dickes Ohr für dich sein, wenn du nicht aufhörst, mich zum Schulmeister zu machen. Ich bin hier, um mit Madge zu reden, nicht mit dir."

Er zwinkerte Sarah mit dem Auge zu, das Madge verborgen blieb. „Die geheime Ehe, Sarah. Das ist was es bedeutet."

Sarah war jetzt interessiert. „Erklärt es Ihnen, wie man damit umgeht?"

„Das könnte ich selbst machen", sagte er.

„Sprich nicht so dumm, Sam", sagte seine Schwester. „Kommst du spazieren, Sarah?"

„Wenn ich bereit bin", sagte Sarah. „Na dann, junger Sam, spuck es aus."

„Oh", sagte Sam. „Es ist nicht viel. Nur war ich neulich zufällig mit George Chappie spazieren und wir gingen in ein Haus, das ziemlich voll mit Möbeln war."

„George Chappie mit einem Möbelhaus!" rief Madge.

„Ich nehme an, er wird heiraten", sagte Sam. „Er hat dir einmal den Hof gemacht, nicht wahr, Madge? Sein Möbelgeschmack gefiel mir sehr gut."

"Schmecken!" rief Madge voller Elan. „Ich werde ihn schmecken. Dafür werde ich ihn roh essen. Immerhin hat er mir vor nicht mehr als einem Monat gesagt, ich solle mich mit einer anderen Frau einlassen! Wie heißt das Luder?"

"Ihr Name?" sagte Sam. "Mal sehen. Sonntag morgen, nicht wahr? Die Verbote könnten gelten. Wenn ich du wäre , würde ich hingehen und es herausfinden."

„So wahr ich lebe, ich werde ihr jedes Haar aus dem Kopf reißen", sagte Madge.

„Das würde ich nicht", sagte Sam. „Du hast rote Haare, aber lieber rot als kahl."

"Ihr!" sagte Sarah. "Meinst du--?"

„Schau her, Sarah", unterbrach Sam und benutzte eine Formel, die er sich ziemlich sorgfältig ausgedacht hatte. „Können Sie sich vorstellen, dass ich Ihnen eine solche Nachricht zukommen lassen würde, wenn er sie nicht gesendet hätte?"

"Nachricht! Welche Nachricht?"

Dann kam Anne herein.

„Ja, Sarah", hörte sie Sam mit pädagogischer Miene sagen. „Das Wort heimlich bedeutet geheim." Er nahm die Lektüre seines Stücks voller Elan wieder auf und schaffte es, bis zum morgigen Gottesdienst nicht mit Madge allein zu sein, obwohl es sich um ein kleines Haus handelte. Er war an diesem Samstagabend geschäftlich unterwegs – um sich um George zu kümmern, den er voller keuchender Entschlossenheit vorfand, den Angestellten zu fangen und die Aufgebote aufzuheben. Der Glanz dieser Möbel hatte bei George so lange gedauert, aber die schreckliche Gefahr des Sonntagmorgens verdunkelte den Glanz, als er näher kam. George schlief ein, als er daran dachte, dass Madge an ihrer Stelle aufstand und ein festes, unwiderrufliches „Ich verbiete die Banns" auf den Lippen hatte.

Auch sein Besuch im Club schien zu sehr an eine arabische Nacht zu erinnern. Sam war ein wunderbarer Junge und George gewährte ihm eine hohe Überlegenheit; Aber selbst George, der Bescheidene, sah in Sam nicht wirklich einen Wundertäter. Er begann sogar an der Existenz des verzauberten Palastes zu zweifeln, den Sam ihm gezeigt hatte, und dass es in Sams Kompetenz lag, ihm dieses Haus zu übergeben, erschien ihm jetzt lächerlich. Sam kam gerade noch rechtzeitig.

„Möchten Sie", sagte er, „sich Ihr Haus noch einmal ansehen?"

George würde es tun, aber er hatte damals keine Zeit: Er ging; um den Angestellten zu sehen, und bis er den Angestellten sah, war er ein Mann, der von einer Idee besessen war. „Ich nehme an", sagte er skeptisch , „dass es noch da ist?"

„Natürlich", sagte Sam, „und hat noch ein paar Sachen drin, seit du es gesehen hast."

„Nun", sagte George, „es ist ein schönes Haus, aber ich werde zu Ihrem Angestellten gehen und ihm sagen, er solle keine Aufgebote aufstellen."

Sam lächelte, erleichtert zu wissen, dass es noch nicht zu spät war. „Tu das nicht", sagte er. „Madge ist zufrieden."

"Was!" sagte George. "Sag das nochmal."

„Madge ist zufrieden", wiederholte Sam dreist. Er war sich sicher, dass sie es war. Er vertraute jetzt Sarah Pullen.

„Hat sie es dir gesagt?" fragte George.

„Glaubst du, ich würde dir eine Nachricht wie diese zukommen lassen, wenn sie sie nicht geschickt hätte?"

George nahm seine Mütze ab. „Wenn das so ist –", sagte er.

„Es ist so", sagte Sam, ohne zu definieren, was so war.

Die Banns wurden erhöht, und Sam konnte seine ganze Aufmerksamkeit den Clubangelegenheiten widmen, wozu ihm aus der Langeweile, die er beim Lesen von „The Clandestine Marriage" verspürte, eine Idee kam. Diese Spende war eine lohnende Investition.

Ein nasser Tag kam und mit ihm, was mittlerweile selten vorkam, eine volle Besucherzahl im Club. Aber da ihre Reparaturen und Dekorationen abgeschlossen waren, blieb nichts anderes übrig, als auf ihren zuverlässigen Stühlen zu sitzen und ihre Zuverlässigkeit zu bewundern.

„Für einen Höllenfeuerclub", sagte Sandy, „fehlt uns die Hölle."

„Lance hat uns einen Namen gegeben", sagte Dubby . „Er sollte Vorschläge machen."

„Von einem neuen Namen?" fragte Sandy. „Nennen wir es die ausgeweideten Entmannungen."

„Nennen Sie es einen verdammten Misserfolg", sagte ein anderer und wurde darauf gesetzt. Sie begrüßten die Ablenkung, aber der Gedanke hatte sie erreicht.

„Was los ist", sagte Sam, als die Ordnung wiederhergestellt war, „ist, dass wir es nicht ernst genug meinen."

"Meine Güte!" sagte Lance.

„Ich meine es ernst, Lance. Wir sind keine Gruppe von Kindern aus der Unterstufe. Wenn wir es wären, könnten wir herumsitzen und Chums and the Boy's Own Paper lesen." Zwei Männer des Classical Fifth und des Hell-Fire Club sahen ihn schuldbewusst an, kamen aber zu dem Schluss, dass er keine persönlichen Anspielungen machte. „So wie es ist, haben wir höhere Interessen. Nun sind wir zu sechst hier und das reicht, wenn man die Verdoppelung berücksichtigt, um in einem Shakespeare- Stück mitzuwirken . Ich bin dafür, dass wir ein Theaterstück lesen. Tatsächlich habe ich einige heruntergebracht."

Das passte zu Lance, der Ambitionen in Richtung Bühne hegte. „Taschen I Romeo", sagte er.

Sandy war weniger begeistert, aber „In Ordnung", sagte er, „wenn Sie sich für ein Stück mit vielen dicken Teilen entscheiden."

„Wir werden auf keinen Fall", sagte Sam, „eine Ausgabe lesen, die für den Gebrauch in Mädchenschulen erstellt wurde . "

„ Also *die lustigen Weiber von Windsor* ", sagte Dubby . „Lance kann Romeo aus seinem Schlafzimmerfenster spucken, um einen Streit zu verhindern."

Sam hätte eine Tragödie vorgezogen; Er befürchtete, dass es ihnen Spaß machen würde, Die lustigen Weiber zu lesen, und das taten sie im Großen und Ganzen auch, aber es gab nur fünf Zusagen, am nächsten Tag zu erscheinen, und zwei davon waren an die Bedingung geknüpft, dass es nass war. Sam war nicht unzufrieden und entschied sich als Komödie für „ *Viel Lärm um Nichts* ", weil er es zeitweise langweilig fand und auch aus einem ganz eigenen Grund. Er wollte sicherstellen, dass er als Intrigant aus einem berühmten Fall von Heiratsvermittlung nichts lernen konnte. Er stellte fest, dass er es getan hatte.

Obwohl es regnete, hatte *Much Ado* bei der Eröffnung nur vier Leser und am Ende nur zwei. Lance schickte an diesem Abend Postkarten an die Mitglieder, in denen er *Hamlet* für morgen ankündigte. Er wollte Hamlets Teil lesen, aber wenn man *Hamlet* ohne den Prinzen nicht haben kann, kann man ihn auch mit einem anderen Teilnehmer nicht zufriedenstellend lesen.

Lance und Sam mühten sich durch eine Nummer, dann gab Lance nach. „Ich habe diesen Club langsam satt", sagte er. „Die Mitglieder haben kein Gehirn."

„Es regnet nicht", sagte Sam.

"NEIN. Lancashire schlägt auch. Lass uns Albert Ward und Frank Sugg im Old Tafford besuchen ."

Am nächsten Tag war der Club unbewohnt, bis auf den Hauch von Sams breitestem Lächeln, der eine Woche lang der einzige Mieter war. Das Einfrieren war abgeschlossen, und sein Ingenieur hatte genug

Selbstvertrauen, drei Pfund seines Kapitals für ein Bett und Bettzeug auszugeben, „um vor der Lieferung Anweisungen abzuwarten". Dann traf er Lance Travers und machte ihn darauf aufmerksam, dass neun Pence pro Woche besser genutzt werden könnten, als sie für einen Schläger zu verschwenden, den niemand benutzte.

„Allerdings Ärger wegen der Stühle und so", sagte Lance und deutete damit an, dass er damit einverstanden war, dass der Club gescheitert war.

„Ich kann sie nicht wieder hier haben, weil ich unseren Dachboden in eine Voliere umbaue. Deshalb hatte ich keine Zeit, in den Club zu gehen", erklärte er mit einer leisen Entschuldigung und nahm Sam mit nach oben, um seine Vögel zu sehen.

„Was sollen wir mit all den Möbeln im Club machen? Schade, dass der fünfte November noch so weit entfernt ist."

„Ich werde versuchen, mir etwas auszudenken", sagte Sam, ziemlich verängstigt über Lances aufrührerischen Vorschlag. „Auf jeden Fall muss es in einer Plenumssitzung besprochen werden. Rufen wir die Mitglieder zusammen."

Eine dringende Peitsche führte zu einem vollen und leicht beschämten Publikum. Niemand versuchte zu bestreiten, dass der Club eine Leiche war; die einzige Frage war, was mit seinen Knochen geschehen sollte. „Nun", sagte Sam, „wenn keiner von euch einen Vorschlag zu machen hat, mache ich einen. Niemand hat Lust, das Zeug dorthin zurückzubringen, wo es herkommt. „Nun", fuhr er offen fort, „ *könnten wir es an einen Händler verkaufen, aber ich bin dagegen, weil Händler Diebe sind und uns für das Los etwa dreißig* Bob geben würden ." Aber meine Schwester heiratet und es macht mir nichts aus, dem Club fünf Pfund für sein Eigentum anzubieten. Das", deutete er an, „ist ein Pfund pro Person für Sie fünf."

„Bargeld auf dem Nagel?" fragte Dubby , dessen Vorfahren aus Schottland stammten. Er misstraute Sam in der Rolle des Kapitalisten.

„Oh ja", erklärte der offene Sam. „Sehen Sie, als ich Lance gestern traf , sagte ich, ich würde mir einen Ausweg aus der Schwierigkeit überlegen, und ich war vorbereitet."

„Ich bin dafür, dass wir es annehmen", sagte Sandy. „Für ein Pfund kann ich viele Werkzeuge kaufen."

„Ich verstehe nicht, warum wir deinen Lastern nachgeben sollten", sagte Lance. „Wir sind immer noch ein Club und das ist Clubgeld."

„Der Club ist tot."

"Noch nicht. Nicht, bis wir es am Fünfer von Sams Schwester glorreich erledigt haben. Die fünf Pfund haben einen gewaltigen Zuwachs und wir müssen auf die Gesundheit der Braut trinken. Champagner ist mein Getränk."

Das war nicht der Fall, aber es war viel zu oft das seines Vaters, und Lance war nachgiebig, und da er ein wenig Angst vor seinen eigenen Einflüsterungen hatte, trug er die Dinge nun in Eile voran. „Wir sind der Hell-Fire Club", sagte er, „und Champagner ist der Tau der Hölle." Jedes Mitglied, das sich scheut, wird eine halbe Stunde lang unter Wasserhahn gehalten." Sie trotzten ihm, die meisten von ihnen voller Gewissensbisse, und der Hell-Fire-Club hätte seinen Namen in der Stunde seines Aussterbens fast verdient. Die Dinge hätten ernst werden können, wenn Sam nicht durch einen gut getimten Stoß dafür gesorgt hätte, dass Lance eine volle Magnumflasche auf dem Boden zerschmetterte.

So kamen fünf Hangdog-Mitglieder spät, aber vorzeigbar nach Hause. Aber sie waren äußerst unglückliche Jungen. Der sechste Junge war glücklich. Er hatte auf Kosten anderer Leute eine nüchterne und interessante Mahlzeit zu sich genommen, war zum ersten Mal auf mehrere köstliche Speisen gestoßen und hatte jene menschliche, aber verwerfliche Erregung erlebt, die aus dem Gefühl resultiert, man sei ein kluger Kerl.

Die Entfernung verlieh dem Hell-Fire-Club natürlich seinen Zauber. Als die Schule wieder zusammenkam und Jungen, die frisch vom Meer kamen, versuchten, die Eifersucht der Daheimgebliebenen mit Geschichten über Land und Meer zu erregen, wurden sie hochmütig in die Schranken gewiesen und von Legenden über das schneidige Laster der Hölle in stumme Bewunderung versetzt. Feuerwehrverein. Es lebte in der Geschichte, wie es in der Realität nie gelebt hatte.

Sam besuchte die Räumlichkeiten am Tag nach der Auflösung des Clubs, um das Chaos zu beseitigen, um sparsam ein paar unberührte Esswaren für ein bevorstehendes Hochzeitsfest aufzubewahren, und indem er das Bett in Empfang nahm und aufstellte, um das Haus einer besseren Nutzung zu widmen. Dann steckte er den Schlüssel in die Tasche und brachte ihn zu George. Er hatte seine Abmachung eingehalten und nun war es an George, seine Abmachung einzuhalten.

Es blieb noch die Frage nach Anne, und als Vorstufe zu ihrer Lösung hatte Sam Madge empfohlen, gestärkt auszusehen. Madge, die von Natur aus zu diesem Zustand neigte, hatte keine Schwierigkeiten, sein Aussehen durch den Einsatz der Essigflasche zu betonen, bis sogar Anne, die kleine Schwächen nicht tolerierte, zugeben musste, dass Madge unglücklich und unwohl aussah.

In der Nacht vor ihrer Hochzeit schloss sich Madge in ihrem Schlafzimmer ein, von wo aus die Geräusche einer wahren Ekstase des Kummers bis in die Küche drangen. Doch ihr Leid war nicht ekstatisch und kaum ein Leid. Sie weinte, weil sie am nächsten Tag heiraten wollte, denn wenn man am nächsten Tag heiraten wollte, weinte man. Man ist voller undefinierbarer Emotionen und bricht in Tränen aus.

Aber Anne, die aus der Küche, wo sie mit Sam saß, zuhörte, war von ungewohnter Sanftheit berührt. „Das Mädchen macht sich traurige Sorgen", sagte sie. „Es ist eine Menge Ärger, einen Verschwender wie George Chappie zu übernehmen ."

„Mutter", sagte Sam nachdenklich, „ich frage mich, ob du jemals über den Einfluss der Materie auf den Geist nachgedacht hast?"

„Ich denke über den Einfluss von etwas nach, das keine Rolle spielt", antwortete sie. „Der Einfluss von George Chappie ."

„Angenommen", sagte Sam, „angenommen, George Chappie lebte in einem anständigen eigenen Haus mit Möbeln, auf die er stolz war, und nicht in seinen schrecklichen Unterkünften." Glaubst du nicht, dass er seiner Umgebung gerecht werden würde? Glaubst du nicht, dass es ihn zu einem Mann machen würde?"

„George Chappie ist von einem anständigen Haus ebenso weit entfernt wie davon, unsere Madge zu heiraten."

„Das stimmt", sagte Sam, „so fern – und so nah."

„So nah?" fragte Anne misstrauisch. „ Sithee , Sam, hast du etwas vorgehabt?"

„Wirst du mir zuhören, wenn ich dir eine Geschichte erzähle?" er hat gefragt.

„Wird es mir gefallen?" Sie zäunte vorsichtig. „Ich hoffe", sagte er fromm, „auf Ihre Vergebung. Es ist eine Frage des Glücks."

Er erzählte ihr, was er getan hatte und wie und warum er es getan hatte. „Die Hochzeit ist morgen", endete er, „und ich hoffe, du kommst." Er erzählte seine Heldentat ohne Arroganz und ohne Abschwächung, und es ist nicht anzunehmen, dass Anne sich darüber im Klaren war, dass ein netter Moralist daran viel zu kritisieren gefunden hätte, aber Sam hatte die Nase vorn, und das entschuldigte für Anne die seine fast Methoden. Es entschuldigte fast, dass er sich auf sie stürzte.

„Ich werde zur Hochzeit gehen", sagte sie, „und ich werde ihnen vergeben. Sie sind nicht mehr als ein Paar Naturtalente in den Händen eines Intriganten." Sam grinste anerkennend. „Aber ich werde dich nicht so einfach im Stich lassen", fuhr sie fort und das Grinsen verschwand. „Du bist schlau, mein Junge, aber du bist ein Schuljunge, und der Ort, an dem du deine Klugheit zeigen kannst, ist die Schule. Es ist zu lange her, seit du mir einen Preis mit nach Hause gebracht hast, und wenn du mir verzeihen willst, dass du mir so auf die Fingerknöchel geklopft hast, dann bringst du mir diesen Mittsommer einen Preis. Ist das ein Schnäppchen, Sam?"

„Ich versuche es immer", sagte er, und das stimmte.

„Gib dir mehr Mühe", sagte Anne Branstone trocken.

KAPITEL V
LETZTE SCHULTAGE

S AM hatte keine Chance, den Formpreis der klassischen Fünften zu gewinnen, und das wusste er auch. Er lernte mit Mühe und behielt das Gelernte; Aber der Prozess war langsam und seine Form wurde von der Brillanz zweier Jungen überschattet, die leicht und schnell lernten.

Es ärgerte Sam zu wissen, dass er gegen diese beiden keine Chance hatte. Die poetische Gerechtigkeit schrie, dass er, der Sohn des Eisenbahnträgers, Bull besiegen sollte, dessen Vater Professor an der Universität war, und Adams, Sohn eines Kaufmannsprinzen, dessen „Hong" den Herrschern Shanghais ebenso bekannt war wie sein Name in „Prinzessin". Straße und weiter 'Ändern; aber es war hoffnungslos. Der Preis lag unweigerlich zwischen diesen beiden, die sich Klassikern wie Enten im Wasser widmeten und Homer (so sagten sie) zum Vergnügen lasen, während ihre Klassenkameraden sich in anerkannter Qual mit Euripides abmühten. Sie waren beide unbeliebt, beide Idioten, aber unangreifbar überlegen; und es waren zwei. Wäre es nur Bull oder nur Adams gewesen, hätte Sam vielleicht heldenhaft daran gearbeitet, dass sein Rivale zum Untersuchungszeitpunkt krank sein würde, aber es war zu weit hergeholt, zu hoffen, dass beide gleichzeitig krank sein würden.

Er war längst über Annes Unterrichtskompetenz hinausgegangen. Es war keine „solide kaufmännische Ausbildung", die man auf der klassischen Seite erhielt, und Mathematik spielte in seinem Studium keine Rolle mehr. Er ging zur klassischen Seite, weil Lance dort war, und blieb wegen Annes goldenem Traum von Oxford. Sie wusste, dass das Gold jetzt getrübt war, aber wenn sie in Sam nicht mehr den Gewinner eines offenen Stipendiums an der Balliol sah, hatte sie die Hoffnung nicht aufgegeben, dass er eines der engen Stipendien erhalten würde, über die die Schule verfügte. Sam selbst stand selbst diesem qualifizierten Ehrgeiz skeptisch gegenüber.

Aber er musste einen Preis gewinnen, um Anne zufriedenzustellen, und wenn er den Preis, an den sie dachte, nicht gewinnen konnte, würde er versuchen, einen zu gewinnen, an den sie nicht dachte. Es war sicherlich ein Preis, und zwar ein stattlicher Preis, der nicht nur einer Klasse, sondern der ganzen Schule offen stand – ein Preis für das Lesen.

Er hatte auch einen sekundären Ansporn in der Tatsache, dass Lance, dieser leidenschaftliche Redner, diesen Preis als seinen eigenen ansah, und der Gedanke, Lance auf dem von ihm gewählten Boden zu schlagen, reizte Sams Fantasie. Nicht, dass er selbstsicher gewesen wäre. Dafür kannte er sein Handicap zu gut, aber er hatte es immer gewusst und vom ersten Tag seines

Schullebens an gelernt, seinen Akzent zu korrigieren. Er gab sich bis heute nicht dem Slang hin, auch wenn man ihn für pedantisch halten würde. Lance, vielleicht weil er aus einem mutterlosen Elternhaus stammte, vielleicht aus dummer Tapferkeit, spickte seine Rede mit albernen Blasphemien und den üblichen Vulgarismen, und tatsächlich tat er es mit Miene; aber Sam musste seine Zunge hüten. Es gibt einen allzu leicht zu erkennenden Unterschied zwischen korrektem Slang und falschem Englisch: Man muss zuerst richtig sprechen, bevor man es erfolgreich wagen kann, falsch zu sein, und Sams Handicap bestand darin, dass er aus einem Elternhaus kam, in dem man, um Sarah Pullen auszudrücken, „ die Art von Englisch, die wir in Manchester sprechen;" Die andere Art war eine fremde Sprache und galt als Affektiertheit des Unaufrichtigen.

Es gab ein Standardstück – die Eröffnungsrede im *Comus* –, bei dem die Ineffizienten ausgesondert und die Auserwählten an „ Unsichtbaren " getestet wurden. Es waren die „ Unsichtbaren ", die Sam Angst machten: Er probte *Comus* , bis ein falsch platzierter Aitch physisch unmöglich war, und er war sich seines Rhythmus und der Intelligenz seiner Darbietung sicher; Aber er wusste, dass es bei Nervosität kaum zu Krämpfen kam. „Dann seien Sie nicht nervös", lautete der Ratschlag der Vollkommenheit: Die Tortur der „unsichtbaren" Prüfung schüchterte ihn ein.

Aber er übte und schonte sich nicht. Wenn Schweiß und Blut diesen Preis gewinnen würden, würde Sam beides ausgeben. Er las stundenweise vor – Klassiker waren natürlich leidvoll –, mit einer Nadel in der Hand, mit der er bei jedem Stich, den er fallen ließ, zielstrebig Blut absaugte; und beim Lesen hatte er Glück. Er las *„The Spectator"* , das er sich rein zufällig aus der Schulbibliothek ausgeliehen hatte, und die Richter überreichten ihm eine Passage aus „ *The Spectator"* , die er bei der unsichtbaren Prüfung vorlesen sollte, sowie eine der großartigen Reden von Marlowes „ *Tamburlaine"* , deren donnernde Musik so viel Anziehungskraft ausgeübt hatte Sam, dass er den lila Fleck auswendig kannte.

Er gewann den Preis; gestaffelt über die Plattform der Free Trade Hall mit einem Gibbon in sechs prächtigen Bänden, in Kalbsleder gebunden, mit dem Schulwappen gestempelt; er ritt „triumphierend durch Persepolis" und fand es „süß und voller Prunk"; Dann, als es vorbei war und das letzte „Gaudeamus" dieses Redetages gesungen und die letzten Jubelrufe für die Feiertage (immer die herzlichsten) ausgesprochen worden waren, suchte er in der Menge nach seiner Mutter.

"Also?" sagte Sam, der diesen Ruhm als Überraschung für sie aufbewahrt hatte.

„Ja", sagte Anne, „aber es könnte besser sein. Du hast einen Preis gewonnen und dir wurde vergeben, aber du weißt genau, dass du mich betrogen hast. Ich wollte einen Preis, um zu zeigen, dass Sie die Gabe des Lernens haben, und Sie haben einen gewonnen, um zu zeigen, dass Sie die Gabe haben, etwas zu lernen. „Ich wusste es schon", schloss sie trocken, „und du bist nicht einmal der Zehnte von vierundzwanzig in deiner Klasse. Werden sie dich nach oben befördern?"

Sie verbarg den echten Stolz, mit dem sie gesehen hatte, wie er das Podium überquerte und seine gewaltige Beute entgegennahm, denn sie hatte das Gefühl, dass das größte Talent, das Sam bewiesen hatte, ein Talent zur Täuschung war. Dies war ein Preis, aber sie hielt ihn für zu wenig im Sinne der Tat: Er entsprach dem Wortlaut seiner Abmachung und entzog sich dem Geist.

Sie wurde ihm nicht gerecht. Der Durchschnittsschüler kam mit Englischkenntnissen zur Schule; Sam musste es lernen, und hier war der Beweis, dass er seine Lektion gut gelernt hatte, in einem Preis, der gegen die ganze Schule und nicht nur gegen eine Klasse gewonnen wurde.

Ihre Herabwürdigung deprimierte ihn. Er hatte nicht erreicht, und mit einer Mutter wie Anne konnte er in seinem Alter nicht erreichen, wie die gesunde jüngere Generation die Meinungen der Älteren verachtet. Er fühlte sich in seinem Glauben an den sozialen und wirtschaftlichen Wert eines anständigen Akzents geschwächt und wurde unvorsichtig, ihn zu bewahren. Sein Gibbon lag ungelesen auf seinem Regal, eine leere Pracht, und am Ende sollte seine Beute zu einem Unglück führen. Dies sollte indirekt zum Tod von Tom Branstone führen .

Sam befand sich nach den Ferien im Transitus und war der letzte Junge, der von der Fünften dorthin gebracht wurde. Er war sich nicht sicher, ob es ihm gefiel. Im Fünften hätte er ein Triton unter den Elritzen sein können; im Transitus war er unverbesserlich ein Elritzen. Aber er entdeckte dort eine Atmosphäre, auf die er vielleicht besser reagiert hätte als er. Die Disziplin war nachlässiger; einer hatte den Vorraum zur Sechsten erreicht und man nahm an, dass er es ernst meinte; man hatte das Privileg, über einen Unterrichtsraum zu verfügen, der in der Mittagspause geöffnet war, so dass man nicht mit kleineren Kindern auf den Fluren warten musste; und vor allem war der Formmeister sowohl ein Gentleman als auch ein Gelehrter.

Er war gegenüber diesen Vorteilen nicht blind, aber irgendwie kam er mit seinen Klassikern nicht „durch." Die schreckliche Leichtigkeit von Bull und Adams war eine ständige Entmutigung: Bloße Beharrlichkeit wurde von natürlichen Fähigkeiten übertroffen und zog ihre bleierne Last hinter sich her. Er wusste, dass er nicht in der Lage war, in dieser Firma zu glänzen, und gab einen verlorenen Kampf umso bereitwilliger auf, als die Semesterferien eine neue Abwechslung und eine Chance zum Leuchten brachten.

Er wurde als Gewinner des Lesepreises für das Weihnachtsstück gecastet. Er, Sam Branstone , sollte Shylock bei der Conversazione spielen, während Lance Travers Bassanio erhielt – Salz auf der immer noch blutenden Wunde seiner Niederlage. Die griechische Tragödie interessierte Sam nicht mehr. Er sah Irvings „Shylock" in der Galerie des Theatre Royal und zu Vergleichszwecken auch Bensons. Er spukte in Cheetham Hill herum und beobachtete jüdische „Typen". Er kam zur ersten Probe wie jeder andere Novize, kannte jede Zeile seiner Rolle – und musste unter der Anleitung des flotten kleinen Mathematikmeisters, der das Einspielen übernahm, mühsam umlernen und neu lernen.

Anne zeigte ihren Stolz über diese Auszeichnung. Die Schauspielerei war auf jeden Fall fragwürdig und zu neu auf respektablem Stand, um vorbehaltlos akzeptiert zu werden. Aber insgeheim beschloss sie, dass sie zu Sams Publikum gehören würde und Tom zu den anderen.

Eltern wurden zur Conversazione eingeladen – dafür waren Conversazione da –, aber Anne und Tom hatten die Einladung noch nie angenommen. Es implizierte Abendkleidung.

Sie entschied, dass sie mit ihrem Sonntagskleid und zwei Metern Spitze „zurechtkommen" würde; Aber auch Tom muss da sein, und Tom darf Sam nicht beschämen. Sie glaubte, einen Weg zu sehen.

„Nein, nein", sagte Tom, „ich konnte es nicht tun, Mädchen. Ich würde es nie wagen."

„Das hättest du bedenken sollen, bevor du Sams Vater geworden bist", antwortete sie. „Ich werde ihn sehen und nicht alleine gehen. Du kommst mit mir. Ich gehe davon aus, dass Mr. O'Rourke heute Abend wie üblich da sein wird."

„Aye", sagte Tom und ahnte nichts.

Eine Grundlage seiner Freundschaft mit O'Rourke war, dass ihre freien Abende zufällig zusammenfielen, Toms in der Victoria Station und Terrys in dem altmodischen Geschäftshotel in der Mosley Street, wo er eine Institution war. Terry war Kellner, aber Tom hatte den Zusammenhang zwischen dem Beruf seines Freundes und der Grammar School Conversazione noch nicht erkannt. Er war nie sehr klug.

Terry hatte einen harten Kopf und einen professionellen Stil, der eher an die Art eines erfolgreichen Arztes am Krankenbett erinnerte, der Geschäftsreisenden mehr Trinkgelder abschwatzte, als sie in jedem anderen Hotel auf ihren Visiten gaben, aber er hatte eine versunkene Ader des poetischen Aberglaubens und, wann Anne unterbrach sie, er erklärte Tom, dass er das Royal Hotel toleriere, weil er von dessen Fenster aus das Grün des Grases vor der Krankenstation sehen könne. Manchester war Manchester, weil es an Gras mangelte. Die „guten Leute" konnten nicht auf Granitplatten tanzen: Nur auf Gras fand man Feenringe und nur dort, wo es viel Gras gab, wurden Menschen gesegnet.

„Ich schätze, Sie werden nächsten Mittwochabend Ihre Abendgarderobe nicht brauchen", sagte Anne und unterbrach sich ohne Entschuldigung.

„Nein, Mrs. Branstone ", sagte er. „Mittwoch ist der Abend, an dem ich mich wie die Öffentlichkeit kleide. Ich bin in ein fremdes Hotel gegangen und wurde an einem Mittwochabend für einen gewöhnlichen Gast gehalten."

„Dann hast du vielleicht nichts dagegen, Tom nächste Woche deine Kleidung zu leihen. Ich möchte, dass man ihn für einen Kerl hält."

„Sie haben einen Glanz", wandte Terry ein, „in dem man sein Gesicht sehen kann."

„Feste Kleidung", erklärte Anne, „sind elegant, wenn sie glänzen." Wenn du Nieten und ein sauberes Hemd dazusteckst, bin ich dir dankbar und schicke das Hemd gewaschen zurück."

„Aber Anne –" protestierte Tom.

„Halten Sie den Mund", sagte sie. "Es ist festgelegt. Erzähl doch mal von den Feen, Terry."

Feen schienen Anne als Gesprächsthema für diese Kinder, Männer, durchaus geeignet.

Terry brachte die Kleidung selbst mit und half persönlich bei Toms Verwandlung vom Eisenbahnträger in einen „Swell". Seine Krawatte war jedenfalls gut gebunden, aber „Ich komme mir wie der unbeholfenste Idiot der Welt vor", sagte Tom, so gut er konnte, mit Kleidung, die dort passte, wo sie sich berührten; Hätte Anne ihre innere Verzweiflung gestanden, hätte sie zugeben müssen, dass es ihr selbst nicht besser ging, aber ein Geständnis lag ihr fern: Sie musste für zwei dreist sein. Doch selbst Annes großer Mut ließ sie in der Damengarderobe im Stich: Sie kam so demütigt über die Pracht , die sie enthüllt gesehen hatte, heraus, dass sie auf ein Wort von Tom den Rücken gekehrt und geflohen wäre.

Aber Tom hatte die Fassung gefunden. Mr. Travers, der ihn auf der Treppe traf, hatte sich um ihn gekümmert und fügte nun Anne zu seinem Konvoi hinzu. Es war ein freundlicher Takt, gesteigert zur Kraft des Heldentums: Er redete hart und schützte seine Kinder davor, die neugierigen Blicke zu spüren, die selbst in dieser gemischten Gesellschaft peinlich auf sie gerichtet waren. Er ignorierte einen ruhigen, bekannten Stadtrat, der offensichtlich mit ihm sprechen wollte. Er begleitete sie zu ihren Plätzen im

Hörsaal, setzte sich zu ihnen und vollbrachte die unglaubliche Leistung, Tom Branstone inmitten des Trinkgeldpublikums in Ruhe zu bringen.

Travers erlangte an diesem Abend mehr Verdienste als alle seine Zahlungen von Sams Schulgebühren, und Sam selbst leistete hervorragende Arbeit, nicht nur auf der Bühne, von wo aus er vor Anne auftrat und sich vor Anne verbeugte, sondern auch danach, als er, immer noch in seinem Kostüm, mit ihr vorführte Er trank Kaffee mit ihr und begegnete jedem Blick mit shylockischem Hass, was darauf hindeutete, dass er keinen allzu großen Grund hatte, stolz auf seine kleine Mutter zu sein. Und was er für sie tat, taten Lance und Mr. Travers für Tom.

Zweifellos ein großer Erfolg: eine Nacht der Nächte, eingemeißelt in goldenen Buchstaben auf den Tafeln der Erinnerung: niemals, nicht einmal durch einen zweifelhaften Hinweis, mit der Krankheit von Tom Branstone in Verbindung zu bringen . Das lag natürlich an der Weihnachtsüberlastung am Bahnhof. Es hatte und konnte nichts damit zu tun haben, dass Tom, als er in Ekstase aus der erhitzten Schule in die kalte Dezembernacht kam, sofort seinen Mantel abwarf und jubelnd auf dem Bürgersteig tanzte: ein Verhalten, das so völlig beispiellos, so völlig untypisch für Tom war. so, als ob er zehn Minuten lang fröhlich herumgelaufen wäre, bevor Anne genug Kontrolle über ihn erlangt hatte, um der schändlichen Leistung ein Ende zu setzen. Außerdem hatte sie fünf der zehn Minuten lang Hand in Hand mit ihm getanzt. Auch sie jubelte, aber keiner von ihnen erwähnte jemals wieder ihre heidnischen Machenschaften.

Armer Tom! Er hatte in seinem Leben noch nicht so viele Nächte des Triumphs erlebt, dass dies seine letzte gewesen wäre, aber schon bald sollte er sich auf eine Reise begeben, von der selbst Annes gebieterischer Wille ihn nicht zurückrufen konnte. Sie half ihm, er kämpfte hart gegen eine Lungenentzündung und kämpfte besser mit dem Tod als jemals zuvor mit dem Leben, aber sein Kurs war beendet und die Schule hatte nach den Ferien noch nicht wieder geöffnet, als Tom Branstone aufhörte zu kämpfen. Es schien, als hätte er in der Nacht der Conversazione seine Stunde gehabt, und

> „ Männer müssen aushalten
>
> Sie gehen von hier weg, genauso wie sie hierher kommen:
>
> Reife ist alles."

Für Sam war es nicht die Zerstörung seiner Welt – das hätte nur der Tod von Anne bewirken können –, sondern sicherlich ein schwerer Schlag. Es war das erste Mal, dass er dem Tod so nahe kam, und er vermisste die Schönheit und den Frieden des Todes. Er erkannte nur zu gut die Hässlichkeit und die Einzelheiten einer Beerdigung. Es tat weh, nicht weil Tom Branstone wenig Lebensfreude gehabt hatte, sondern weil er zu früh starb, um den Ruhm seines Sohnes zu sehen. In späteren Jahren hätte sich Sam Branstone gerne daran erinnert, wie Toms Tod ihn weicher gemacht hatte, wie er vor diesem wächsernen Gesicht in Tränen ausgebrochen war und liebevoll Blumen gekauft hatte, um sie in den Sarg zu legen.

Das würde nicht gehen. Es entsprach nicht den Tatsachen. Er wusste, dass er ehrlich gesagt wütend auf seinen Vater gewesen war, weil er gestorben war, besonders weil er in den Ferien gestorben war. Es verdarb die Feiertage und raubte Sam den Urlaubstag, den er für die Beerdigung gehabt hätte, wenn Tom den Mut gehabt hätte, während der Schulzeit zu sterben. Er ärgerte sich über den Tod seines Vaters, so wie er es über eine ungerechtfertigte Prügelstrafe von ihm verärgert hätte – falls Tom Branstone jemals jemanden verprügelt hätte. Tom war vorzeitig gestorben, während er Sam noch nützlich war. Er hatte Sam beschimpft und Sam war wütend.

Tom war nicht nur zu früh gestorben, um den Ruhm seines Sohnes zu sehen, sondern der Ruhm seines Sohnes wurde durch den Tod des Ernährers auch ernsthaft gefährdet. Sam hatte in seinem tiefsten Inneren den Gedanken an Oxford aufgegeben; er war nicht begabt genug in den Klassikern, aber er war weit davon entfernt, es jetzt zuzugeben. Es war allein Toms Tod, der ihn dieser Krone beraubte.

Anne spürte es tief. Sie hatte Tom sowohl mit Mutterliebe als auch mit Ehefrauenliebe geliebt. Wenn sie hart zu ihm gewesen war, dann zu seinem Besten, und er wie sie wussten, dass ihre Härte der Härte eines Krabbenpanzers glich und darin eine empfindliche Stelle verbarg. Jetzt, da er tot war , konnte sie ihre Trauer verbergen, wie sie ihre Liebe verborgen hatte, und ging nüchtern ihrer Arbeit nach. Nüchtern bezog sie ihr Geld von der Sick and Burial Society und gab es nüchtern für „Schwarzes" für Sam, für George, Madge und sich selbst aus, indem sie die Dinge tat, die Tom erwartet hätte, um seinen Tod zu würdigen, aber nichts dazu beitrug würde seine Beerdigung zu einer Beerdigung der Nachbarn machen raree -show.

Sie kam mit trockenen Augen vom Friedhof zurück und leitete nüchtern die unvermeidliche Mahlzeit (bei der sie einen tränenüberströmten O'Rourke trösten musste) und machte sich am nächsten Morgen nüchtern auf den Weg, Mr. Travers zu besuchen und ihm das zu sagen Natürlich konnte sie Sam jetzt nicht in der Schule behalten. Travers konnte aus dieser stoischen Haltung kaum ahnen, dass dies das Ende ihres Traums für Sam war und dass mit Toms Tod die Grundlagen ihrer Welt ins Wanken geraten waren. Und ihr Stolz blieb auf dem gleichen Stand wie vor fünf Jahren: Genauso wenig wie damals würde sie von Travers Geld annehmen, um ihre Ausgaben zu bezahlen.

Sie schüttelte trotzig den Kopf. „Der Junge muss arbeiten", sagte sie.

Travers erkannte Adamant, als er es sah. „Dann lass ihn wenigstens herkommen und in meinem Büro arbeiten." Anne starrte sie fast an. „Ich möchte ein faires Feld und keinen Gefallen . Er muss als Bürojunge anfangen, mit dem Lohn eines Bürojungen."

„Oh, kaum das, Mrs. Branstone . Denken Sie daran, er kommt vom klassischen Transitus zu mir."

„Ja", sagte sie, „und das ist für einen Immobilienmakler von großem Nutzen." Er kann keine Zahlenreihen zusammenzählen."

Sie machte sich keine Illusionen über den praktischen Wert einer öffentlichen Schulausbildung.

„Ich denke jedoch, dass wir es für etwas zählen lassen müssen", antwortete er, und Anne, die wider den Strich ging, stimmte zu, es für fünfzehn Schilling pro Woche anrechnen zu lassen, „bis wir sehen", fügte Mr. Travers hinzu, „wie." er formt." Er wollte es sehr bald sehen.

Anne nickte grimmig. „Ich werde sehen, wie er sich formt", sagte sie, und Sam, stille Zeugin dieses schwangeren Interviews, war kaum überrascht von Annes ersten Worten, als sie nach Hause kam. „Holen Sie Ihre alten Rechenbücher hervor", sagte sie, „und schlagen Sie nach, wie man Messungen durchführt. Ich habe es nicht vergessen, falls Sie es getan haben."

KAPITEL VI
DER NEST-EI

T OM Branstone hatte einen Lohn von einem Pfund pro Woche bezogen, und die Trinkgelder beliefen sich vielleicht auf durchschnittlich zehn Schilling, wahrscheinlicher aber nicht; Ihr Sixpenny-Tipper ist ein seltener Vogel in Manchester.

Doch Anne hatte stetig gespart und sie hatte nicht zugelassen, dass eine lebenslange Gewohnheit durch eine Kleinigkeit wie die Notwendigkeit, Sam mit Büchern und Kleidung für die Grundschule zu versorgen, unterbrochen wurde. Ich sage nicht, dass es bewundernswert an ihr war, sondern nur, dass es heroisch war. Es war eine unglaubliche Leistung, aber es ist machbar: Es wird jeden Tag von Menschen geleistet, für die das Wort „Sparsamkeit" eine Bedeutung hat. Vielleicht sind sie in ihrem Leben oft unschön, oder vielleicht haben sie die starke Befriedigung derer, die für eine Idee leben: Die Meinungen darüber, ob das, was sie tun, es wert ist, getan zu werden, gingen immer auseinander, und die moderne Meinung neigt stark zu der Überzeugung, dass dies nicht der Fall ist. Für diese Bilderstürmer scheint das Leben wichtiger zu sein als der Lebensunterhalt.

Für Anne schien es sich absolut zu lohnen , und der Beweis lag jetzt vor, als sie feststellte, dass die Zinsen für ihre Ersparnisse sich auf drei bis vier Pence pro Woche beliefen. Sie konnten von Sams Verdienst und Annes „Mitteln" leben, ohne zu kneifen. Ihre Voraussicht machte jetzt den Unterschied zwischen zu wenig und genug.

Das schien natürlich nur Anne zu genügen: Sam hatte einen größeren Blickwinkel, doch die Bedingungen, die er im Büro von Mr. Travers vorfand, beeinträchtigten seine Sicht für einige Zeit. Sicherlich hatte diese großzügige Seele nicht die Absicht, Sam zu demütigen; er wollte nicht, dass Sam als Bürojunge anfing; aber was auch immer seine Absichten waren, die Angestellten in seinem Büro besiegten sie. Sam war ein Neuankömmling, der jüngste Neuankömmling, in einer Minderheit von einem gegenüber den alten Bewohnern; war außerdem offensichtlich da, um zu tun, was ihm gesagt wurde. Ihm wurde aufgetragen, morgens den Boden zu fegen, Briefe abzuschreiben und Briefmarken abzulecken. Er tat diese Dinge rebellisch, im Herzen verbittert darüber, dass von einem ehemaligen Mitglied des Classical Transitus solch untergeordnete Dienste verlangt werden sollten, überzeugt, dass es sich um einen Fehler handelte, dass er Mr. Travers nur ins Auge fallen musste, als er so schändlich beschäftigt war dass dieser Herr sofortige und drastische Maßnahmen gegen die Angestellten ergreift, die ihn schlecht beschäftigt haben.

Mr. Travers' Blick missbilligte unerwarteterweise nicht, obwohl Sam ihn für einen günstigen Moment hielt, während Sam Briefe kopierte. Er schien weniger mit Sams Angelegenheiten beschäftigt zu sein als Sam. Tatsächlich betrachtete er Sam aus der Ferne und nahm dies leider ziemlich schwül auf. Travers hatte den Mangel seiner Qualität. Als großzügiger Mann war er sich selbst gegenüber auf die schlimmste Weise großzügig, und Sam lernte bald die Bedeutung eines im Büro üblichen Euphemismus: „Mr. Travers nimmt an einer Immobilienauktion teil." Es stimmt, dass Immobilienauktionen normalerweise in lizenzierten Räumlichkeiten stattfinden, und ob Mr. Travers nun an einer Auktion teilnahm oder nicht, er war mit Sicherheit häufiger in lizenzierten Räumlichkeiten, als es seinem Unternehmen oder ihm selbst nützte.

Und es war schlecht für Sam, nicht weil er dadurch im Büro selbst Fuß fassen und ohne Unterstützung seiner Vorgesetzten kämpfen musste (was in der Tat gut war), sondern weil er Travers von weitem als fürstlichen Gentleman wahrgenommen hatte. ohne Vorwürfe, und die Entdeckung seines Versagens führte Sam weit auf dem Weg zum Zynismus. In der Jugend stirbt der Glaube schwer, und wenn man tot ist, wird er schnell korrupt.

Das Geschäft war ausgezeichnet und verfiel langsam von Grund auf, und Sam empfand das Büro als einen bemerkenswerten Ort, um Wissen über die Welt zu erwerben. vor allem, da es ihm an einer guten Anleitung zu den zwielichtigeren Wegen der Welt mangelte. Er hatte das Gefühl, dass er an Status verloren hatte: Seine Schulfreunde, die ihm ebenbürtig waren, waren entweder an die Universitäten gegangen oder, mit Einfluss dahinter, in die Berufe gegangen. Wenn sie Geschäfte machten, dann als Söhne ihrer Väter. Sie waren keine Scratch-Männer, und Sam hatte das Gefühl, dass er an der Scratch-Linie anfing.

Travers hatte wirklich nicht die Absicht, dass Sam sich unterschätzt fühlen sollte. Der Junge musste das Geschäft erlernen, und der Weg zum Verständnis führte von unten nach oben. Aber Sam kontrastierte erbittert mit Lance, zuerst in der Schule und dann in Cambridge. Darin fand er tatsächlich ein Minimum an Trost. Es war nicht rational, aber für Anne und folglich auch für Sam bedeutete die Universität Oxford, und der Gedanke, dass Lance schließlich „nur" in Cambridge war, tröstete ihn.

In der Zwischenzeit wuchs sein Wissen über seine Welt, und Bildung erlangte Sam nicht in der klösterlichen Freiheit der Isis, sondern dort, wo er in Manchester ging, um Mieten einzutreiben: an Landgerichten, wo strenge Gesetze kaum galten: und im Büro, wo Männer einander nicht mit einem freundlichen Lächeln begrüßten, sondern stattdessen den „Konkurrenzblick" zuwarfen. Es war keine freundliche Schule, in der er seine Entwicklungsjahre verbrachte, sondern eine, in der gelehrt wurde, dass das Ich der Mann ist und Großmut ein Fehler ist. „Steig ein oder verschwinde", und Sam fuhr mit einer Art cholerischem Eifer fort, der kein Pardon gab und auch nichts erwartete.

Aber er kam nicht schnell genug voran, um sich selbst zu gefallen. Er war, dachte er, aus den Tagen des Gymnasiums zurückgetreten, wo er zu der Kaste gehörte, die regiert oder zumindest verwaltet, die Kaste, die auf Samt sitzt und die Menge überblickt. Jetzt saß er im Cockpit, zusammen mit der Meute, die um den Aufstieg kämpft, und für Sam war ein Lohn von dreißig Schilling pro Woche im Alter von zwanzig Jahren ein lächerlicher Aufstieg. Anne empfand es als befriedigend, und es war ihre Zufriedenheit mit seinen Fortschritten, die ihn zum ersten Mal dazu brachte, sie schließlich als eine begrenzte Person zu betrachten. Sie haben Sam Branstone nicht bestochen, damit er sich bescheiden mit dreißig Schilling pro Woche zufrieden gibt.

„Das Problem ist", sagte er zu dem einzigen Mann im Büro, mit dem er auch nur im Geringsten vertraulich war, „dass man sich erst dann versteht, wenn man ein bisschen Kapital zusammen hat." Geld bringt Geld hervor."

Sein Freund schlug Wetten als Mittel zum Wohlstand vor und bot ihm an, ihm von einer absoluten Gewissheit zu erzählen.

Sam nahm die schlaueste Miene eines Supermanns von Welt an. „Die beste Häuserzeile, in der ich die Miete bezahle", sagte er, „gehört Jack Elsworth , dem Buchmacher. Ich verstehe nicht, warum ich ihm helfen sollte, ein weiteres Haus zu kaufen."

„Buchmacher gewinnen nicht immer", sagte der Optimist.

„Nein", sagte Sam. „Es ist möglich, mit Wetten Geld zu verdienen, und es ist möglich, von einer Hure ein Kind zu bekommen, aber dafür ist die Hure nicht da und auch nicht der Buchmacher."

Zu dieser Zeit waren Huren die Pflöcke, an denen Sam seinen Witz aufhängte. Er hatte keine andere Verwendung für sie, hatte aber herausgefunden, dass eine grobe Ausdrucksweise in seiner Welt von Vorteil war, und nutzte sie deshalb. Aber die Wirkung dieses kleinen Gesprächs war, dass er sein Ziel konkretisierte. Er brauchte dieses „Stück Kapital" unbedingt und hatte nicht die Absicht, dass ihn eine nette Rücksichtnahme auf Skrupel bei Gelegenheit davon abhalten sollte, alles anzunehmen, was die Götter schicken würden. Er hatte kein endgültiges Ziel, aber das Glück kam zu den Glücklichen und das Geld zu den Reichen, so dass der erste Schritt offensichtlich darin bestand, an Geld zu kommen. Er wollte einen Startplatz; dann würde er aufsteigen.

Opportunity betrat das Büro in der Person von Joseph von Arimathea Minnifie . Das war sein vollständiger Taufname: analog zu den Stilen bestimmter Gesellschaften mit beschränkter Haftung, wie z. B. John Smith (of Newcastle) Limited, um diesen Smith von anderen Smiths zu unterscheiden. Minnifies Mutter hatte dem Pfarrer erklärt, dass sie eine Frau aus dem Neuen Testament sei. Ihren Vertrauten gegenüber hatte sie erzählt, dass sie den Namen Joseph wählte, weil er ihr gefiel, aber sie mochte es auch, wenn ein Mann ein Mann war. Daraus wurde geschlossen, dass sie davon ausging, dass der dritte Joseph in der Bibel in der Affäre mit Potiphars Frau anders gehandelt hätte als der erste.

Sams Akzent war seit den Tagen von Shylock und dem Lesepreis degeneriert. Es hatte schlechte Gesellschaft gehabt, und man könnte es eher an der Gesellschaft erkennen, die es heute hatte, als an der, die es früher in der Schule hatte; Dennoch konnte er ohne großen Aufwand eine wohlerzogene Rede halten und wurde oft mit einem potenziellen Käufer geschickt, um alle möglichen Häuser auf Mr. Travers' Liste vorzuführen. Weil es für ihn üblich war, solche Besorgungen zu machen, und nicht, weil irgendjemand annahm, dass Feinheiten der Sprache irgendwelche Auswirkungen auf Mr. Minnifie haben könnten oder würden , wurde er mit ihm in einem Taxi zu einer Tour durch die Vororte geschickt, in denen Travers das Eigentum verwaltete .

Minnifie wahrscheinlich nicht beleidigen , der zwei Wochen zuvor noch Marktportier in Shude Hill gewesen war, jetzt aber von seinem Onkel, einem Gastwirt, zu Geld gekommen war, das gut in die besten Wertpapiere der Brauerei investiert war. Minnifie hatte einen Teil der Anteile verkauft, weil er nun einen langen Wunsch erfüllen und in seinem eigenen Haus leben konnte. Er schlug vor, sagte er Herrn Travers, sich aufs Land zurückzuziehen.

"Das Land?" fragte Travers, dessen Praxis in einem Vorort lag.

„Nun", sagte Minnifie , „ es ist ruhig und gemütlich. " Ich hätte gerne eine Abwechslung zur Rochdale Road. „Ich dachte", fuhr er eher schüchtern fort, „an Whalley Range." Es ist eine gute Nachbarschaft ."

Travers verzichtete darauf, darauf hinzuweisen, dass Whalley Range normalerweise nicht als das Land betrachtet wurde, sondern tatsächlich zum inneren Ring der Vororte gehörte, eine Penny-Tram-Fahrt vom Zentrum Manchesters entfernt. „Oh ja, Mr. Minnifie ", sagte er. „Ich denke, ich kann Sie in W'halley Range zufriedenstellen. Ich habe in diesem Bezirk mehrere freie Häuser in meinen Büchern."

„Ich zahle dreihundert Pfund für das, was mir gefällt", sagte Minnifie ziemlich heftig. „Ich habe es jetzt in meiner Tasche." Er war wütend, weil er sich noch nicht ganz sicher war, ob es sich bei seinem Vermächtnis nicht um Phantomgold handelte, und er holte ein Bündel Geldscheine heraus, um sich zu vergewissern, dass sie noch dort waren, wo er sie hingelegt hatte, als auch mit der Idee, ihm seinen guten Willen zu beweisen Travers.

Travers verbarg ein Lächeln. Schließlich ist eine Provision für dreihundert Pfund nicht zu verachten, aber das war auch nicht die Art von Kunde, bei der Travers Gewohnheiten gestört wurden. „Ich muss selbst", sagte er, „an einer großen Immobilienauktion in der Stadt teilnehmen, aber Mr. Branstone wird mit Ihnen gehen, um die Häuser zu besichtigen." Er lächelte Sam freundlich an und fügte hinzu, damit Minnifie nicht denken sollte, dass seine für ihn so wichtige Affäre vom Agenten unterschätzt würde: „Mr. Branstone ist mein Vertrauter. Wenn Mr. Branstone Ihnen etwas über die Häuser erzählt, die Sie sehen werden, ist es, als ob ich selbst sprechen würde."

„Ich verstehe", sagte Minnifie . „Er ist Ihr Vorarbeiter, und Sie brauchen mir nicht zu sagen, dass Sie ihn unterstützen werden. Ich kenne Vorarbeiter."

„Nun, sein Wort ist sicherlich genauso gut wie meines. Ich lasse Sie in sicheren Händen, Mr. Minnifie . Und Travers ging hinaus, um seiner ersten Auktion des Tages beizuwohnen, die normalerweise um elf Uhr morgens stattfand.

Sam und der Kunde fuhren mit dem Taxi nach Whalley Range, wo Minnifie mehrere Häuser besichtigte, die ungefähr zu seinem Preis zu haben waren. Aber es war schwierig, ihn zufriedenzustellen, und was noch schlimmer war, er war offenbar nicht in der Lage, die Gründe für seine Unzufriedenheit zu benennen. Als Sam dies und das über ein Haus lobte, gab Minnifie zu , dass solche Dinge lobenswert seien, aber er würde sich gerne ein anderes Haus ansehen. Sam war ein wenig verärgert und versuchte sein Bestes, freundlich zu sein, da er vermutete, dass Minnifie es ablehnte, mit einem „Vorarbeiter" abgespeist zu werden; und Sams Bestes war sehr gut, so dass das Eis bald aufgetaut war.

Minnifle stand am Erkerfenster eines Esszimmers und blickte die Straße hinauf und hinunter. Bis auf einen Handwerkerjungen war es leer. Von irgendwo um die Ecke war das gedämpfte Rasseln eines Milchwagens zu hören. Minnifle schüttelte traurig den Kopf.

„Es ist ruhig", sagte er. „Sehen Sie sich diese Straße an. Nichts regt sich. Was gibt es für die Frau zu sehen, wenn sie am Fenster sitzt?"

„Es ist Morgen", sagte Sam. „Am Nachmittag wird es lebhafter." Aber seinem Ton mangelte es an Überzeugungskraft, und er konnte der Versuchung nicht widerstehen, hinzuzufügen: „Jetzt überquert eine Katze die Straße."

„Komm raus", sagte Minnifle . „ Das wird niemand tun", und als sie auf der Türschwelle standen, schnupperte er missbilligend die Luft von Whalley

Range. „Ich mag es nicht und es hat keinen Sinn, so zu tun, als würde es mir gefallen. Für mich hat es einen kalten Geruch. Es ist nicht heimelig."

„Ich weiß, was du meinst", sagte Sam und diagnostizierte das Problem. "Warten Sie ein wenig." Er gab dem Taxifahrer eine Adresse und achtete darauf, das Fenster offen zu lassen. Sie kamen in andere Straßen, wo der Duft des gebratenen Fischs von gestern noch in der Luft hing und die Nase von Mr. Minnifle ihn gierig einatmete. „Das ist besser", erklärte er.

Greenheys gekommen , das, als De Quinceys Vater dort 1791 ein Landhaus baute, „durch eine ganze Meile vom letzten Stadtrand von Manchester getrennt" war. Heute ist es keineswegs getrennt, und gute Häuser aus der Mitte des viktorianischen Zeitalters sind günstig zu haben, weil gute Mieter schlechte Nachbarn nicht mögen . Travers hatte eines dieser Überbleibsel aus einer urbanen Vergangenheit in seinen Büchern, und Sam umarmte sich, weil er jetzt daran dachte: Dieses Haus hatte sich als das weißeste aller weißen Elefanten erwiesen.

Mr. Minnifie , berauscht von den würzigen Düften von Greenheys , war nicht länger ein schüchterner Ausflügler, der nur dorthin schaute, wohin sein Führer ihn bat, sondern ein Hausjäger, der der Spur auf der Spur war und deren Augen jede Seite der Route ausspähten.

"Ah!" rief er plötzlich. "Stoppen!"

Der Taxifahrer blieb stehen. „Aber wir sind nicht da", sagte Sam ziemlich ausdruckslos.

„Das glaube ich", sagte Minnifie und stieg aus dem Taxi.

Sam folgte ihm in jenem bleiernen Geisteszustand, der oft einer Inspiration vorausgeht. Was Minnifie angezogen hatte, war ein Doppelhaus an einer Ecke, an dem die Straßenbahnen vorbeifuhren. Gegenüber waren Geschäfte und auf der Straße herrschte reges Treiben. Sicherlich würde Mrs. Minnifie hier etwas zu sehen haben, wenn sie aus dem Fenster schaute.

Sam kannte dieses Häuserpaar, und was er wusste, ließ ihn befürchten, dass er Mr. Travers dieses Mal nicht von dem weißen Elefanten in seinen Büchern befreien würde. Es waren durchaus gute Häuser, aber die Leute, die Möbel hatten, um sie zu füllen, gehörten nicht zu den Leuten, die Geschäfte gegenüber ihren Fenstern und Straßenbahnen hinter ihren Toren willkommen hießen, sodass beide schon lange leer standen. Nun standen sie jedoch aufgrund eines Testaments zum Verkauf, und es wurde ein schneller Verkauf angestrebt, damit der Nachlass aufgelöst werden konnte. Aus diesem Grund wären sie sicherlich günstig zu haben, und das umso mehr, als sich zwei Auktionsversuche als fehlgeschlagen erwiesen hatten. Es gab keine Angebote.

Und hier war Mr. Minnilie sichtlich erfreut, und diese Häuser standen nicht unter der Obhut von Travers, sondern unter der einer konkurrierenden Agentur! Sam fühlte sich deprimiert, und als die Morgendämmerung auf die Dunkelheit folgte, dachte er an das, was Travers gesagt hatte, dass Sams Wort genauso gut war wie sein eigenes. Es würde so sein, und Mr. Minnifies Geld war in Sams Händen genauso gut wie in denen von Calverts , den legitimen Maklern für dieses Häuserpaar. Jetzt trat er zügig hervor, der leidenschaftliche Verkäufer.

„Einen Moment, Herr Minnifie . Ich habe den Schlüssel dieses Hauses nicht dabei, aber er liegt im Laden gegenüber. Ich werde es bekommen." Sein scharfes Auge hatte so viel auf Calverts ' Anschlagtafel gelesen, aber als er zurückkam, hatte Minnifie auch den Namen des Rivalen an der Tafel gesehen und die Tatsache erwähnt.

„Ich weiß", sagte Sam. „Der Vorstand wurde nicht verändert, aber dieses Eigentum ist jetzt in meinen Händen."

Was stimmte.

Das Haus verzauberte Minnifie , der sich schon im Vorfeld dazu entschlossen hatte, sich verzaubern zu lassen. Und natürlich können Räume eine Dekoration benötigen, aber gute Proportionen zeugen davon, selbst bei einem Mr. Minnifie . Dieses Haus unterschied sich stark von den aus Holz gebauten Villen der Whalley Range.

„Was ist der Preis?" er hat gefragt.

„Dreihundertfünfzehn Pfund", sagte Sam.

„Ich habe dreihundert gesagt und ich werde mich nicht rühren."

„Wenn Sie um sechs ins Büro kommen, kann ich es Ihnen sagen ", sagte Sam und nannte eine seltsame Stunde, da das Büro um halb sechs schloss.

„In Ordnung", sagte Minnifie . „Es ist ein festes Angebot von dreihundert, und ich stehe zu meinem Wort."

Sam hoffte es inständig. Er ging ein erhebliches Risiko ein. Sie trennten sich und Sam ging wie üblich zum Mittagessen nach Hause, kehrte aber, anders als üblich, mit seinem Scheckbuch in der Tasche zurück. Seine angesammelten Ersparnisse beliefen sich auf fünf Pfund, aber er besaß ein Scheckbuch. Er wartete ziemlich vorsichtig, bis die Banken geschlossen hatten, dann ging er in die Büros von Calverts und bot ihnen zweihundertfünfzig Pfund für die beiden Doppelhaushälften in Greenheys an . Sie akzeptierten zweihundertfünfundsiebzig; und Sam zog einen Scheck über diesen Betrag und erhielt dafür die Eigentumsurkunden. Dann bekam er Herzklopfen, aber es war auf jeden Fall sicher nach Bankschluss. Calverts konnte seinen Scheck an diesem Tag nicht vorlegen.

Er war um halb fünf beschäftigt, als die Angestellten gingen, und schlug vor, eine Weile länger zu arbeiten, „um die Dinge zu klären", sagte er. Um sechs Uhr kam Minnifie , getreu seinem Wort, und Sam hätte ihn küssen können. Er hatte die längste halbe Stunde seines Lebens verbracht. Er führte Minnifie durch die private Tür in Travers' Büro, damit er das leere Hauptbüro nicht sah, und setzte ihn auf den Stuhl des Kunden, wobei er selbst Travers' Platz usurpierte.

„Nun, Mr. Minnifie ", sagte er, „angenommen, ich sage Ihnen, dass der Preis immer noch drei Viertelstunde beträgt, was würden Sie sagen?"

„Ich würde ‚Guten Tag' sagen", und Minnifie zeigte, dass er es ernst meinte, indem er aufstand. Sam fuhr hastig fort.

"Ah! Dann ist es gut, dass es mir gelungen ist. Es war eine Menge Ärger — "

„Ich schätze", sagte Minnifie , „dass Sie hier sind, um Ärger zu machen. Wenn es in Ihrer Branche um leichtes Geld geht, ist es zumindest die einzige Branche, die auf diese Weise geschaffen wurde."

„Oh, wir haben unsere Probleme, wie alle anderen auch. Dieses Dokument", fuhr er fort, „übergibt Ihnen das Haus. Der Preis beträgt dreihundert Pfund."

„Das ist ein Schnäppchen", sagte Mr. Minnifie und zog seine Notizen hervor, „ zählen Sie sie ." Sam zählte fieberhaft und stellte dann eine Quittung aus. Nichts als Mord hätte ihn dazu bewogen, sich jetzt von diesem Geld zu trennen.

„Wenn Sie mich morgen um zwölf an der Adresse eines Anwalts treffen, werden wir die Übertragung in die richtige Form bringen."

„Ich habe in letzter Zeit ein paar Anwälte über meine Chefs gesehen", sagte Minnifie , „und ich mag sie nicht ." Sie fressen Geld."

„Aber in diesem Fall", sagte Sam großmütig, „zahle ich die Anwaltskosten."

„Dann werde ich da sein", sagte Minnifie .

Sam wartete am nächsten Tag darauf, dass sich die Türen seiner Bank öffneten, und atmete enorme Erleichterung auf, als seine dreihundert Pfund sicher bei ihm eintrafen, um seinen Scheck entgegenzunehmen. Nachdem er sich mit der Eigentumsübertragung begnügt hatte, erzielte er einen

Nettogewinn von etwa zwanzig Pfund und hatte ein Haus zu verkaufen. Wenig später verkaufte er es für einhundertfünfundsiebzig Pfund.

Die Tatsache, dass jemand den einen der beiden für begehrenswert gehalten hatte, weckte bei jemand anderem das Verlangen nach dem anderen: und Sam konnte nur hoffen, dass die neuen Nachbarn sich nicht austauschen würden. Wenn sie es taten, spielte es keine Rolle; er hatte sich nur an den Grundsatz des Handels gehalten: „Kaufe billig, verkaufe teuer", und es war nicht seine Schuld, dass er in dem einen Fall weniger teuer verkaufen musste als im anderen.

Sein Bankkredit betrug zweihundert Pfund.

Kapitel VII
: Der junge Kapitalist

Meiner Meinung nach hatte niemand gelitten . Mr. Travers verlor nichts, weil das Eckhaus Minnifie auf den ersten Blick erobert hatte, und er hätte auf keinen Fall den weißen Elefanten gekauft, den Travers zum Verkauf hatte. Calverts hatte für die Häuser so viel bekommen, wie sie erwartet hatten, sonst hätten sie sie nicht verkauft, während der Begünstigte nach dem Testament des verstorbenen Eigentümers eine Wohltätigkeitsorganisation war, und Sam hoffte, dass die Wohltätigkeitsorganisation wohltätig genug war, um nicht wie ein Geschenkpferd auszusehen Mund: Wenn nicht, sollte es so sein. Was die Käufer betrifft, die sicherlich mehr für die Immobilie bezahlt hatten, als nötig war, so waren die Käufer dafür da. Warum gab es kluge Geschäftsleute, wenn nicht, um Käufer auszubeuten?

Das alles war äußerst tröstlich, aber das Bedürfnis nach Trost einzugestehen bedeutete, sich unruhig einzugestehen, und er stellte fest, dass es eine Sache war, in dieser Form mit seinem Gewissen zu streiten, und eine andere, sich vor Anne seiner Leistung zu rühmen. Frauen verstehen das Geschäft nicht, und er hatte das unbehagliche Gefühl, dass die Ethik der Transaktion Anne nicht zufriedenstellen würde. Er kam zu dem Schluss, dass er es ihr besser nicht sagen sollte, dass er seinem Drang widerstehen musste, sie mit dem Geschenk eines Mantels aus Robbenfell zu überraschen, und blieb ein Kapitalist unter der Rose. Es gab keine Eile, und vielleicht würde sein nächster Schlag, wenn er kam, unter Bedingungen stattfinden, die im Rampenlicht ihrer Prüfung stehen würden.

Aber Repression war nicht alles. So sehr er sich auch rechtfertigte und über seine Gewinne lachte, die Angelegenheit beschäftigte ihn zutiefst und reagierte scharf auf zwei Arten, von denen die erste als das alte Mittel der Sünder begann, das Gewissensgeld. Es gibt Säumige, die Absolution für sich selbst erhalten, indem sie Notizen mit Initialen an den Schatzkanzler schicken und diese in den persönlichen Kolumnen der *Times* eindrucksvoll würdigen . Das war nicht Sams Art: Er tat gute Taten nicht im Verborgenen, und sein Gewissensgeld ging nicht aus der Familie. Er nutzte es für wohltätige Zwecke, aber zunächst waren es Wohltätigkeit und zehn Prozent, und am Ende waren es weit mehr als zehn Prozent. Es war die Chappie Bill Posting and Window-Cleaning Company.

Er glaubte, er könne ihr, ohne Annes Verdacht zu erregen, mitteilen, dass seine Ersparnisse zehn Pfund erreicht hätten, und schlug vor, diesen Betrag zugunsten von George Chappie auszugeben .

Vielleicht von seinen Hausgöttern inspiriert, nahm George das Leben mutig in Angriff und gewann einen untergeordneten Platz in Annes Gnaden, als er und Madge einen erstgeborenen Sohn zur Welt brachten, der die bemerkenswerte Eigenschaft hatte, genau wie der kleine Samuel auszusehen, dessen Namen er trug . Aber ihrer Meinung nach hatte George Sams Großzügigkeit nicht in diesem Ausmaß verdient.

„Du bist zu gut zu ihnen", sagte sie. „Du hast aus zwei Verschwendern einen Mann und eine Frau gemacht, und ich würde sie nun in Ruhe lassen, damit sie ihren eigenen Weg gehen."

„Glauben Sie, dass es ein großer Erfolg sein wird?" fragte Sam. „Sie sind die Sorte Menschen, die Hilfe brauchen."

„Ja", sagte sie, „sie werden sich schon auf dich stützen. Sie können sich gut lehnen."

„Nun", sagte Sam und richtete sich auf. „Lasst sie sich lehnen."

„Sam", sagte Anne, „ich mag es nicht, aber wenn ich dir deswegen sagen würde, was ich von dir halte, hättest du das Recht, mich liebevoll und dumm zu nennen." Ich mag dich sehr, mein Sohn. Du bist der starke Mann, der den Schwachen hilft und sie unterstützt."

Plötzlich war sie fertig und dachte beschämt darüber nach. Sie hatte ihn offen gelobt und es für eine Schwäche von ihr gehalten. Sam legte ihr eine Hand auf die Schulter. Es war nicht demonstrativ, aber seine Geste war voller Verständnis, und Anne wandte sich schnell ab, schüttelte ihn fast mit Unhöflichkeit ab und widmete sich sehr ernsthaft ihrer Aufgabe, ihr Teegeschirr wegzuräumen.

Sam sah anerkennend aus dem Augenwinkel zu. Er freute sich über das Lob von Anne, auch wenn es, wie jetzt, nicht unbedingt verdient war. In Sams Philosophie unterstützten nicht die Starken die Schwachen, sondern die Schwachen die Starken. Er wurde in seiner Überzeugung bestärkt, dass Frauen das Geschäft nicht verstehen könnten. Er erinnerte sich jedoch daran, dass dies kein reines Geschäft war, sondern Gewissensgeld, das nicht unzumutbar reproduktiv sein sollte: Also kaufte er George einen Handkarren, eine Leiter, einen Eimer und Ledersachen und verlangte von ihm nicht mehr als zehn Prozent seiner Investitionsausgaben. Im Geschäft von Travers fand Sam Möglichkeiten, George unter Druck zu setzen. Ein Kunde mietete ein Haus, und Sam schlug mit einer angenehm lockeren Miene vor, dass die Fenster gereinigt werden müssten. Um dem Kunden Ärger zu ersparen, bot er dann an, einen Mann vorbeizuschicken, so dass Georges Verbindung wuchs und er mit unglaublichen zwei Pfund pro Woche zu Wohlstand kam, bis der ruhelose Sam begann, seinen Blick auf Georges Potenziale zu erweitern.

Sein Blick für die Hauptchance hatte immer einen nützlichen Blick, der sowohl Geld um die Ecke als auch auf der geraden Hauptstraße erkennen konnte, und er glaubte, dass George mit seinem Leitern-Outfit sein Talent für Körpergröße anders als durch das Fenster erkennen konnte Reinigung. Da war zum Beispiel das Anbringen von Plakaten, ein Beruf, dessen Geheimnisse George nicht zu erlernen nach Ansicht von Sam übersteigt.

Die Sache wuchs nach und nach, von der ersten Bauhofanlage, die Sam mutig als Werbefläche mietete, zu einem komfortablen kleinen Unternehmen, das noch lange, nachdem er seiner vergleichsweisen Bedeutungslosigkeit überdrüssig geworden war, aus eigener Kraft lief. Bei George war der Anfang alles: Er konnte immer dorthin marschieren, wohin Sam ihn geführt hatte, und da Sam Zeit hatte, den Stein ins Rollen zu bringen, und Geld genug, um das junge Unternehmen mit Kapital zu ernähren, hielt George die Sache am Laufen, indem er sorgfältig, stabile Führung. Er hatte nicht geprahlt, als er Anne sagte, dass er standhaft sei.

Natürlich war Sam ungeduldig und bedauerte die Untätigkeit seines aktiven Partners. Er wurde der allmählichen Steigerung überdrüssig, aber dennoch war das Geschäft zweifellos erfolgreich, und er genoss außerordentlich das Gefühl, die Macht hinter dem Thron zu sein, wenn auch nur hinter einem kleinen, konservativen, so beklagenswert anspruchslosen Thron. Auch Sam gehörte zu den Königsmachern.

Die andere, größere Folge seiner Reaktion führte zu weiteren pyrotechnischen Ergebnissen und schließlich zu Sams Start in seine Karriere. Zunächst passierte nichts, und zwar so lange, dass er sich zwischen dem Teufel des Gutsbüros und dem tiefen Meer von Georges beharrlicher Sorgfalt fühlte. Die Chappie Bill-Posting Company war gut genug für George, aber nicht für Sam: Es gab zu viele Konkurrenten mit zu großen Ressourcen, während ihn der Büroalltag langweilte und Gelegenheiten für Raubkopien nicht wieder auftauchten.

Mit vierundzwanzig Jahren und einem Gewicht von zwei Pfund pro Woche hatte er das Gefühl, dass er im Dienst alt wurde, er, der nicht dazu bestimmt war zu dienen, sondern dazu bestimmt war, bedient zu werden.

Aber sollte er dann – ein trostloser Gedanke – bedient werden? Hatte er den Sprachakzent und den Verstand derer, denen er dient, verloren oder verlor er ihn zumindest nicht? Er wusste, dass sein Akzent die Tonhöhe berührt und verunreinigt worden war: Seine derben Geschichten wurden in der Sprache seiner Zuhörer erzählt, und in letzter Zeit hatte es Kunden gegeben, die bei der Besichtigung von Immobilien mit ihm gesprochen hatten, als wäre er ein Angestellter, und kein angenehmer Gentleman-Jugendlicher, der seinem jetzigen, zweifellos vorübergehenden Job offensichtlich überlegen war. Plötzlich befürchtete er, dass der Job doch nicht nur vorübergehend sein könnte, und es folgte eine Zeit, in der er ganz darauf aus war, sich weiterzuentwickeln, in der er dem engen Weg professioneller Lehrbücher entsagte und las, um vielleicht belesener zu werden , damit er Anspielungen auf seine alten Schulkameraden machen könnte, die die Universitäten besucht hatten , damit er, wenn er nicht hoffen konnte, zu glänzen, zumindest nicht in den Schatten gestellt würde.

Es war nicht *pour le bon Motiv* , und er gab nicht einmal vor, dass ihm der größte Teil dessen, was er las, gefiel. Er drängte sich gegen den Strom, und eine wachsende Reihe von „Weltklassikern" stand als Trophäen seiner Beharrlichkeit auf seinem Regal. Fleißig rieb er den Rost weg, der sich auf seinem Kopf angesammelt hatte, seit er den nicht gerade glänzenden Glanz des Gymnasiums angenommen hatte. Er nahm den staubigen Gibbon herunter, den er zum Lesen gewonnen hatte, und pflügte sich heldenhaft durch ihn hindurch.

Das erinnerte ihn an einen weiteren Riss in seiner Rüstung . Ein Mann von Welt muss das Talent haben, mit der Welt zu sprechen, und Sam wurde Mitglied der Concentrics. Wie Anne ihm einmal erzählte, hatte er die Gabe des Redens, aber abgesehen von seinen derzeitigen fließenden Hausempfehlungen an potenzielle Mieter war es ein Talent, das er vergraben hatte. Jetzt jedoch schlug er vor, es auszugraben, und tat es (wie er dachte) in der ehrgeizigen Umgebung der Konzentriker, die in der Tat eine so gemischte Gesellschaft waren, wie er sie nirgendwo hätte finden können, und aus diesem Grund die bessere für seine Zwecke.

Der gemeinsame Kern , der die Konzentriker zusammenhalten sollte, war die Liebe zur Literatur, doch unter dem geringsten Vorwand neigten sie dazu, die Literatur zugunsten der Politik aufzugeben. Es gab unter ihnen literarische Enthusiasten, aber es kam selten vor, dass die Begeisterung eines Mannes mit der eines anderen übereinstimmte. Es war kein Zufall. Ein Mitglied las einen mühsamen Aufsatz über einen Literaten vor, und die anschließende Diskussion wurde von Männern geführt, die ihre intelligenten Reden damit begannen, zuzugeben, dass sie beispielsweise kein Wort von Henry James oder Lafcadio Hearn gelesen hatten, sondern deren Meinung war doch so und so. Wobei natürlich nie jemand zugegeben hat, dass er sich nicht mit Politik auskennt. Politik ist wie Recht, nur noch mehr. Das Gesetz setzt voraus, dass man das Gesetz kennt, was eine hohe Anmaßung gegenüber dem Gesetz darstellt, denn nicht einmal die Anwälte kennen das Gesetz, und sie müssen oft auf Kosten ihrer Mandanten zu Richtern gehen, um herauszufinden, was das Gesetz ist: und Das „Mehr noch", wenn man es auf die Politik anwendet, ist, dass Laien zwar zögern, einen Rechtspunkt zu argumentieren und sich an einen Experten zu wenden, sie aber nie zögern, einen politischen Punkt zu argumentieren, und der Experte *sind* .

Politische Diskussionen unter den Konzentrikern waren real und leidenschaftlich, literarische Diskussionen unwirklich und kalt; und als „Sozialreform" zu einem beliebten Schlagwort dieser Zeit wurde, trat die Literatur in den Hintergrund zugunsten von Themen, über die Männer emotional werden konnten, und über die sie rednerisch und rhetorisch werden konnten. Für Sam, der hier war, um zu sprechen, und seine Lesung zu Hause durchführte, war das alles einleuchtend.

Er sprach oft, so dass er sich bald verbesserte, und er übte die literarische Anspielung, die der Zweck seiner Lektüre war, so sehr, dass er die Aufmerksamkeit des Vorsitzenden, Rev. Peter Struggles, auf sich zog.

Es ist streng genommen nicht fair zu sagen, dass ein Mann durch einen Namen wie Struggles im Leben behindert wird, weil das rechtliche Verfahren, mit dem man einen unerwünschten Namen ändern kann, kostengünstig ist, aber Peter hatte nie an einen solchen Schritt gedacht und trug seinen Behinderung, ohne sich dessen bewusst zu sein. Auf jeden Fall hat er im Leben versagt. Er hatte ein rundes Gesicht, rotes Haar, einen Backenbart, nahm Schnupftabak und zerzauste seinen Mantel, war in praktischen Angelegenheiten völlig nutzlos und absolut „ein Schatz". Seine Gelehrsamkeit war nicht sehr ausgeprägt, aber er liebte Briefe aufrichtig. Es war ihm dreißig Jahre lang nicht gelungen, eine Privatschule für Jungen in einem Vorort zu leiten, der zur Industrialisierung degenerierte, und in seinem späteren Leben hatte er Befehle entgegengenommen, ganz aufrichtig, nicht im Geringsten mit der Idee, seiner Schule zu neuem Ansehen zu verhelfen. Es war jedenfalls nicht mehr zu retten, und ein Mann, der den Söhnen von Handwerkern eine fundierte kaufmännische Ausbildung bot, sollte ihn bald auskaufen.

Peter Struggles, weit über fünfzig, wurde Pfarrer eines vierzigköpfigen Pfarrers in der großen, unruhigen Gemeinde St. Mary's. Man sagt, er habe im Leben versagt, und nach Sams Maßstäben sei er gescheitert, und sogar nach den Arbeitsstandards seiner Kirche. Ein Mann mit sechsundfünfzig Jahren sollte kein Pfarrer mit einem Einkommen von etwa hundertzwanzig Pfund im Jahr sein. Aber wenn ein Mann mit sechsundfünfzig glücklich ist, mit diesem Einkommen Pfarrer zu sein? Ob er darin Befriedigung findet ? Schnupftabak war sein Genuss und der Vorsitz der Konzentriker, die nicht sektiererisch waren, seine Verschwendung. Für den Rest hatte Peter Hafen geschaffen . Für den aufdringlichen Pädagogen, der ihn für ein Lied freigekauft hatte und nun seine alten Schulgebäude mit Stenografie und den Grundlagen der Buchhaltung entweihte, war Peter ein Versager, und zwar ein erbärmlicher Versager. Er war sich seines Scheiterns nicht bewusst und empfand auch nichts anderes als die heitere Zufriedenheit darüber, dass er, wenn auch zu spät, die Arbeit gefunden hatte, für die er geeignet war. Durch reine Zielstrebigkeit, harmlose, unaufdringliche Güte wurde er zu einer Figur in dieser Gemeinde und zu einer Macht. Sein Auftreten war unwürdig und seine Kleidung nachlässig, doch er hatte eine Würde im Geiste und in der Seele.

Sam Branstone verabscheute einen weltlichen Versager, hier war ein Mann, der mehr als doppelt so alt war wie Sam, mit weniger Geld als Sam, und nach all seinen Grundsätzen hätte Sam Peter verachten sollen. Aber er tat es nicht. Es waren zweifellos teilweise die Meinungen anderer Leute, die Sam beeinflussten – die allgemeine Wertschätzung, die Peter Struggles erlangte –, aber es war viel mehr der angeborene Adel des alten Pfarrers. Sam begann seinen Vortrag bei den Concentrics, um seine Mitmitglieder zu beeindrucken, und am Ende kümmerte er sich nur um die Wertschätzung der urigen, schlampigen Gestalt, die den Vorsitz innehatte.

Er bekam die Wertschätzung, nach der er sich sehnte. Peter war schlau genug, Sams Rhetorik und die auffälligen Tricks treffender Zitate außer Acht zu lassen: Er sah Sam als einen fehlgeleiteten, eigennützigen Impulsgeber, der nur las, um sich zu verstecken, und nur sprach, um zu beeindrucken. Aber zumindest versuchte Sam es, und Peter konnte seine Beharrlichkeit bewundern. Es ging darum, Sams Beharrlichkeit gut zu lenken, und Peter lud ihn zum Abendessen ein.

Unser Mann von Welt war außerordentlich begeistert. Die Ehre war außergewöhnlich, denn Peter konnte es sich nicht leisten, oft Gastgeber zu sein, und Sam war sich nicht nur ihrer Seltenheit bewusst, sondern auch der einzigartigen Stellung von Peter in der Gemeinde und darüber hinaus von Peters Wert. Von Peter Struggles ausgewählt und zum Abendessen eingeladen zu werden, war gesellschaftlich ein Triumph. Es klingt absurd, und vielleicht ist es auch absurd, dass ein guter Mann im Kontrast zu den fünfzehntausend anderen einer überfüllten Gemeinde so hell glänzen sollte, aber deshalb war Peter ein Koloss unter den Zwergen, und deshalb war Sam Branstone ungeheuer aufgeregt durch eine Einladung zum Abendessen in Peters Häuschen.

Petrus lud Sam nicht ein, ihm zu predigen. Es war der Geist des Jungen und nicht seine Seele, der das Ziel seines Ziels war, und Peters erlesene Bibliothek, auf die er als Einfluss vertraute. Sicherlich war die kleine Mahlzeit aus kaltem Rindfleisch und Kakao nicht geeignet, Eindruck zu machen, ebenso wenig wie die alten, abgenutzten Möbel mit den klaffenden Rissen in den Rosshaarbezügen, durch die die Füllung floss. Er ging ehrfürchtig mit Büchern um und sprach darüber, aber Sam hörte kaum zu. Er wurde von einer anderen Batterie beschossen.

Ada Struggles traf junge Männer bei kirchlichen Veranstaltungen und sprach mit ihnen in der Sonntagsschule, aber sie hatte nur wenige Gelegenheiten zu größerer Intimität und war nicht die Frau, die eine so seltene Chance wie diese ungenutzt ließ. Peter murmelte weiter in seinen Büchern und verlor sich schließlich in der Lektüre eines davon. Ada verlor sich in nichts außer dem brennenden Wunsch, Sam zu monopolisieren. Bücher interessierten Ada nicht, das Heiraten schon.

Das Problem war, dass Peter Ada in den Tagen, als seine Schule vergleichsweise erfolgreich war, ziemlich gut abgeschnitten hatte. Vielleicht hatte er, da er selbst Schulmeister war, besondere Rücksicht auf die Bedingungen genommen, aber auf jeden Fall hatte er sie auf ein gutes Internat geschickt. Sie hatte die Erziehung einer Dame erhalten, und es war nicht fair, es entsprach nicht den Dingen, dass sie nun die Tochter eines unpraktischen Pfarrers sein sollte. Ihr Fall ähnelte in gewisser Weise dem von Sam: Die Vergangenheit beider hatte Gutes verheißen, und die Zukunft hing von ihrem Verstand ab.

Hier hörte die Parallele jedoch auf, denn Ada verfügte über wenig Verstand, dafür aber über Launen, und die Kehrseite der trübsinnigen Unzufriedenheit, die bei ihr endemisch war, war die bösartige Brillanz, die sie jetzt für Sams Verstrickung an den Tag legte. Ada war „mit Vollgas" auf ihre Beute los, in ihrer besten Kleidung und mit ihren besten, das heißt bestechend freundlichen Manieren.

Sam glaubte, dass sie diesen schmuddeligen, von Büchern umgebenen Raum erhellte. Es waren keine fröhlichen Bücher mit vergoldeten Einbänden, sondern solide, abgenutzte Bände von schwerfälligem Aussehen. Die Bücher stießen ab und Ada lud ein. Die Jugend rief zur Jugend: Die Jugend folgte dem Ruf.

Er war besessen von seiner Vorstellung von Akzent und dem weltlichen Wert der Überlegenheit in der Sprache. Adas erster Appell an ihn war, obwohl sie es nicht wusste, dass sie gut sprach; ihr zweites war, dass sie die Tochter ihres Vaters war; Ihr dritter Grund war, wie sie genau wusste, die Hilflosigkeit, die sie geschickt nutzte, um seiner männlichen Wichtigkeit zu schmeicheln. Sie sagte ihm wortlos, dass er ein starker, mächtiger Mann sei, und sie eine Blume, die er pflücken und tragen könne. Und sie hat das Anemonengeschäft recht effektiv erledigt.

Von Ada war nicht viel zu sehen, und was da war, war nicht bemerkenswert, aber sie war flauschig und gerüscht und auf eine schwächere Art feminin. Sie trug etwas, das nicht aus Seide war, sondern das Rascheln von Seide vermuten ließ. Schließlich war es nicht Adas Schuld, dass es keine Seide war oder dass ihre Intimunterwäsche aus Flanell bestand; Sie konnte nur die Möglichkeiten nutzen, die sie hatte, und es gab nur wenige.

Aber sie hatte die Hübsche, die ziemlich alberne und nie dauerhafte Hübsche, die mit Anämie einhergeht.

Es würde sich nicht abnutzen, und sie wusste, dass es sich nicht abnutzen würde. Sie wurde verzweifelt. Sam wurde vom Himmel geschickt.

Das dachte er auch. Old Struggles las „Marcus Aurelius", stand neben seinem Bücherregal und vergaß seinen Gast völlig, und der Gast dachte, dass Peters Beschäftigung auch vom Himmel befohlen worden sei. Es ließ ihn für Ada frei.

Was er zu Ada sagte und was Ada zu ihm sagte, war unwichtig: Ihr ernstes Gespräch wurde nicht durch ihre Zunge, sondern durch ihre Augen geführt.

So etwas ist:

Ada (ihre Stimme): Natürlich erinnere ich mich, dass ich Sie ziemlich oft in der Kirche gesehen habe, Mr. Branstone .

(Ihre Augen): Und du hast Gnade gefunden in meinen Augen.

Sam (seine Stimme): Natürlich habe ich dich immer gesehen, wann immer ich dort war.

(Seine Augen): Für dich bin ich in die Kirche gegangen.

Ada (ihre Stimme): Ich bin froh, dass du heute Abend vorbeikommen konntest. Abends bin ich oft einsam. Vater ist so in seine Bücher vertieft.

(Ihre Augen): Dich zu treffen ist der große Moment meines Lebens. Ich bin eine unglückliche Prinzessin im Turm eines Ogers. Rette mich. Rette mich.

Sam (seine Stimme): Es war sehr nett von Mr. Struggles, mich zu einem Vortrag über Bücher einzuladen.

(Seine Augen): Bücher seien verdammt. Ich bin fasziniert vom sinnlichen Rascheln deiner Röcke und ich bin ein Held, der geschickt wurde, um den wehmütigen Blick aus deinen flehenden Augen abzuwenden.

Und so weiter. Wären die unausgesprochenen Reden oder die Hälfte davon am Ende des Abends niedergeschrieben worden, hätte Ada genügend Beweise gehabt, um eine Klage wegen Versprechensbruchs gegen den widerspenstigen Sam einzureichen. Nur Sam war nicht widerspenstig, sondern im Gegenteil leidenschaftlich. Es war, gratulierte sich Ada, ungewöhnlich gut für ein erstes Treffen.

Peter verließ „Marcus Aurelius" mit einem sanften Lächeln, das sein unauffälliges Gesicht erhellte. "Ja. Heidnisch, aber großartig", sagte er, ohne zu bemerken, dass seit seiner letzten Rede eine halbe Stunde vergangen war. „Ich leihe dir dieses Buch, Branstone , und jetzt " – er warf einen Blick auf die Uhr – „Ich fürchte, ich muss dich rauswerfen. Ich wusste nicht, dass es so spät war. Wie schnell vergeht die Zeit, wenn man über seine Bücher spricht!"

KAPITEL VIII
ADA KÄMPFT

Es gab Momente in dieser Nacht, in denen Sam glaubte, er befände sich im Würgegriff einer großen Leidenschaft: Zeiten, in denen er sich ziemlich erfolgreich vortäuschte, dass er für Ada brannte.

Und sicherlich verlieh das für ihn einzigartige Erlebnis einer schlaflosen Nacht dem Glauben, dass er leidenschaftlich verliebt war, Farbe , während er sich in Wirklichkeit nur von einem Mädchen angezogen fühlte, das keine Mühen gescheut hatte, um sich anzuziehen; und was Sam wach hielt, war nicht Leidenschaft, sondern Berechnung. Die Affäre war in der Tat ebenso umfassend wie langwierig: Sie hatte eine dünne Grundlage gegenseitiger Anziehung und einen monströsen Überbau auf beiden Seiten des Eigeninteresses.

Er „durchschaute" Ada nicht so weit, dass er prophetisch über sie sprach, aber er erkannte von Anfang an, dass Anne wahrscheinlich nicht begeistert sein würde. Aber würde Anne jede Schwiegertochter mit offenen Armen begrüßen? Wurde dort die Tochter von Eva geboren, die Anne für die Gleichaltrige ihres Sam halten würde? Er wollte seine Mutter nicht verärgern, aber ein Mann musste ein Mann sein, und die Zuneigung einer Mutter und ihre Eifersucht gegenüber der künftigen Frau waren Dinge, bei denen man gefühllos sein musste. Die Welt muss, wie Benedick sagte, bevölkert sein.

Anne würde mit ihm über die praktischen Vorteile von Ada einer Meinung sein. Ada war Peters Tochter.

Diese Abstammung wies als Abschlag den Qualitätsmangel auf. In sozialer Hinsicht war es eine großartige Sache, Peters Schwiegersohn zu sein, und zwar nicht nur sozial, sondern auch ideell. Sams Bewunderung für den Pfarrer war echt und er wusste, dass Anne sie teilte. Aber da war noch die Frage des Geldes, und Peter hatte keins. Sam behielt seine Mutter und musste auch seine Frau behalten. Er sah in Ada einen Vorteil, den er letztendlich ausnutzen konnte, doch bis ihm der Plan in den Sinn kam, der seine Verbindung mit Peter zu Geld machen sollte, musste er mit einer knappen Zeit rechnen. Anne würde die schwierige Zeit sehen, aber nicht den ungeborenen, fruchtbaren Plan, auf den er für ihre Zukunft rechnete. Und er konnte diesen Plan nicht überstürzen. Seine Pläne kamen ihm spontan, als er sie am wenigsten erwartete. Sie sollten sich nicht durch Sorgen zwingen lassen.

Erneut erinnerte er sich daran, dass es keine Eile gab. Er hatte Ada gerade erst kennengelernt und plante, als ob sein Verlobungsring an ihrem Finger wäre. Nicht, dass er ernsthafte Zweifel an diesem Ring und Adas Bereitschaft gehabt hätte, ihn zu tragen, aber sie trug ihn noch nicht, und es war noch Zeit übrig, um über diese praktischen Angelegenheiten nachzudenken.

Inzwischen liebte er sie, und Liebe war den Autoren zufolge das Schönste auf der Welt. Er sagte sich ganz fest, dass er Ada liebte und dass die Liebe wunderbar war. Die Wiederholung ist so stark, dass er noch vor dem Morgen glaubte, was er glauben wollte. Er erinnerte sich an den sanften Druck ihrer Hand, als sie „Gute Nacht" sagte, an das Froufrou ihres Rocks, an ihren schmelzenden Blick; und überzeugte sich selbst, dass Ada Struggles eine unbezahlbare Perle sei.

Er war sich vollkommen sicher, dass er sie liebte, und der Beweis dafür war seine Schlaflosigkeit. Ihm kam der Gedanke, dass er, da er nicht schlafen konnte und nur im Kreis dachte, genauso gut etwas tun könnte, um die Zeit zu beschleunigen, in der er Ada wiedersehen konnte. Er konnte „Marcus Aurelius" nicht an Petrus zurückgeben, bis er es gelesen hatte, und wenn er es mit unerwarteter Schnelligkeit zurückgab, musste er bereit sein, sich darin einer strengen Prüfung zu stellen; Deshalb zündete er das Gas an und las „Marcus Aurelius", um Ada zu dienen, die er liebte.

Auch das war ein harter Dienst, denn es gab nicht viel in Sams Philosophie, was mit der des Kaisers übereinstimmte , aber zwei Nächte später läutete er mit dem Buch unter dem Arm Peters Glocke, im Kopf eine geordnete Zusammenfassung davon und einige ausgewählte Passagen daraus auf seiner Zunge. Sie wurden nicht ausgewählt, weil Sam sie mochten, sondern weil er dachte, Peter mochten sie.

Peter war draußen, aber Ada war drinnen und zog, seltsamerweise für jemanden, der weder von Natur noch von Natur aus ein Optimist war, wieder ihre Sonntagskleidung an.

Sie öffnete ihm die Tür. „Vater ist draußen, Mr. Branstone ", sagte sie.

„Ich habe nur angerufen, um ihm dieses Buch zurückzugeben."

„Ich glaube nicht, dass es lange dauern wird", sagte Ada prompt, die genau wusste, dass Peter sicherlich zu spät kommen würde. „Wirst du nicht reinkommen und auf ihn warten?"

Er kam und überschritt seinen Rubikon. Die unbeaufsichtigte Intimität dieser Nacht kam ihnen beiden wie eine gewagte Abkürzung zu einer Position vor, auf die sie keinen Anspruch hatten – etwas, das nur von Verlobten und reifen und sicheren Verlobten richtig gemacht wird. Das Glück kämpfte für Ada.

„Ich fürchte, ich kann nicht lange bleiben", entgegnete er verzweifelt.

Ada setzte sich und schlug die Knie übereinander. Ein gepflegter Knöchel kam effektvoll zur Schau. „Der Stuhl meines Vaters", sagte sie, „ist ziemlich bequem." Außerdem stand es gegenüber von Ada, und er zog einen weiteren, weniger einladenden Stuhl heran und stellte ihn bündig mit dem Feuer ab. Außer durch einen Seitenblick konnte er ihren Knöchel jetzt nicht mehr sehen und wich diesem Aphrodisiakum aus, während Peters Stuhl, obwohl leer, den Halbkreis vervollständigte und ihrem Gespräch eine Art Gesichtsausdruck zu verleihen schien. Sam tröstete sich sehr in diesem Stuhl und versuchte, ihre Unterhaltung in literarische Bahnen zu lenken, die der Stuhl gebilligt hätte. Er sprach über „Marcus Aurelius" und war sehr langweilig, fühlte sich aber tugendhaft.

Ada glaubte nicht, dass es tugendhaft sei, langweilig zu sein, und verfluchte im Geiste dieses *tertium quid*, den Geist von Peter Struggles, den Sam so fest auf seinem Stuhl verankert hatte; aber sie sah, dass das Tempo hier, unter Peters Dach, nicht beschleunigt werden sollte.

„Ich finde Ihre Bücherkenntnisse wunderbar, Mr. Branstone ", sagte sie, als Sam seine Ideen über „Marcus Aurelius" erschöpft hatte.

„Ich selbst finde nie Zeit zum Lesen. Wann immer ich Gelegenheit zur Erholung habe, gehe ich Sport treiben." Der Aussage fehlte der Wahrheitsgehalt. Sie machte nie Sport, war aber geschickt darin, vor einem Feuer zu sitzen und überhaupt nichts zu tun. Der Punkt war, dass in diesem Haus des guten Peter Sams Unternehmungen scheiterten und sie ihn dort haben wollte, wo er ohne Behinderung Rennen fahren konnte. „Gehen Sie jemals nach Heaton Park?" sie fragte im Gespräch. „Ich werde wahrscheinlich am Samstag dorthin fahren."

„Mit – mit deinem Vater?" fragte Sam.

„Oh nein", antwortete sie fröhlich. „Samstag ist Predigttag. Deshalb stehe ich hier im Weg, obwohl ich befürchte, dass er mich oft im Weg findet", fügte sie pathetisch hinzu. Ich bin nicht so literarisch wie du und er." Sie gab diese Erklärung plötzlich und sie befriedigte ihn.

„Ich bin auch nicht wirklich literarisch", sagte er. „ Natürlich wirst du nicht alleine nach Heaton Park gehen."

Sie hoffte nicht. „Das erwarte ich", sagte sie.

Sam hat den Sprung gewagt. „Könnte ich die Ehre haben , Sie zu begleiten, Miss Struggles?"

„Oh, aber du bist so beschäftigt. Ich darf deine Zeit nicht verschwenden."

„Es darf bei dir nicht verschwendet werden", sagte Sam und warf einen schuldbewussten Blick auf Peters Stuhl, als hätte er die Grenzen des

Anstands überschritten, aber er hatte Peter nie mit etwas anderem als einem wohlwollenden Lächeln im Gesicht gesehen und war es auch Ich bin nicht in der Lage, ihn mir jetzt in einer anderen Stimmung vorzustellen. Er fasste neuen Mut. „Darf ich Sie rufen?"

„Das", sagte Ada, „würde niemals gehen. Es würde Vater bei seiner Predigt stören. Ich werde gegen drei Uhr mit der Straßenbahn fahren." Sie erhob sich. Mit Sam konnte man in diesem Haus nichts anfangen, aber sie vertraute auf Heaton Park: und das nicht umsonst.

Berücksichtigt man die Unterschiede in Größe, Entfernung und Gesamtmaßstab der Dinge, kann Heaton Park als Manchester-Äquivalent zu Richmond Park angesehen werden.

Es war einmal, als der Stadtrat von Manchester eine großartige Gelegenheit hatte und sie verpasste. Es gibt Legenden, dass sie es nicht verlieren wollten und dass sie es nicht durch eigenes Verschulden verloren haben. Aber sie haben es verloren. Sie verpassten die Chance, Trafford Park zu kaufen, das am Ufer des Manchester Ship Canal liegt und von Herrn Ernest Terah Hooley gekauft wurde. Es wird gesagt, dass Trafford Park, heute eine blühende und eher amerikanisch aussehende Industriestadt (sogar die Straßen in ihrem Wohngebiet sind nach dem amerikanischen Plan nummeriert und nicht benannt, und auf den Straßen verstreut verstreute Eisenbahnen, *eher amerikanisch*), ist das einzige erfolgreiche Unternehmen, das mit dem Namen Hooley verbunden ist. Das mag wahr sein oder auch nicht: Auf jeden Fall hat der Stadtrat von Manchester seine Chance im Trafford Park verpasst, und als Heaton Park, ein weiteres altes Anwesen, auf den Markt kam, wiederholte der Stadtrat seinen Fehler nicht.

Man fährt den ganzen Weg hinauf, durch Cheetham Hill, das Ghetto, bis zu den Höhen von Crumpsall und dem Park mit einer städtischen Straßenbahn, die bewundernswert billig oder kriminell billig ist (je nachdem, was man von städtischen Straßenbahnen hält), und auf jeden Fall , großartig effizient: und am Ende der Fahrt findet man Schönheit. Man findet vielleicht Tee in Heaton Hall und Bilder, die aus der dürftigen Kunstgalerie in der Mosley Street überquellen, und städtische Golfplätze, aber man findet auch Schönheit.

Es ist ein hügeliges Land, das über dem Rauch liegt und mit Wäldern und Seen übersät ist. Alte Gärten schmiegen sich an die Halle, mit Rhododendronlichtungen, in denen sich Skulpturen und Teiche befinden, und der Park liegt frei im Freien, das so sauber ist, wie es nur eine Luft im Umkreis von acht Kilometern um das Rathaus von Manchester sein kann. Es fehlt an Paradies, und wenn man vom Heaton Park aus grüne Hügel sehen kann, kann man nicht umhin , die Fabrikhallen zu sehen, die sie krönen oder aus den Tälern emporragen, aber die Schönheit bleibt hier am Rande einer hässlichen Stadt, die vor den Fremden geschützt ist -Erbauer und die ultimative Verunreinigung.

Ada wollte nach Heaton Park. Liebende sind vor Ada in den Heaton Park gegangen und sie werden gehen, wenn Ada zu Staub zerfallen ist. Ada ging und Sam ging mit ihr.

Er ging mit ihr, nicht sie mit ihm: Aber wenn sie die Führung übernahm, war er sehr, sehr weit davon entfernt, es zuzugeben, auch wenn es sein dunkles, unbewusstes Wissen um ihre Führung gewesen sein könnte, das ihn äußerlich dazu brachte, die Miene und die Gesten einer Frau anzunehmen Führer. Er behauptete mit jedem Zentimeter seines Körpers, er sei ein Mann, der Eroberer, und sie ließ diese Behauptung zu und schmeichelte ihr. Führen war in der Tat keine Gewohnheit von Ada, die dazu geboren wurde, geführt zu werden, aber wir alle haben die Gabe, gelegentlich unsere Natur zu übertreffen, und das war Adas Chance. Ihr wurde eine subtile Fähigkeit verliehen, damit sie ihre Gelegenheit geschickt nutzen konnte. Sie war jetzt ganz am Rechnen, während Sam das Rechnen vergaß und mit Ada am Arm die Hauptauffahrt von Heaton Park entlangging.

Die Romantik hielt mit ihm Schritt und legte einen strahlenden Schleier zwischen seine nüchternen Sinne und diese Geisterstunde: Durch den Zauber erblickte er seine Ada und sah, dass sie gut war. Er hegte große Ambitionen, entweder zu sterben oder die Nymphe zu besitzen, und nun, in dieser berauschenden Stunde, stellte er alles zwischen den Rhododendronbüschen hinter der Halle auf die Probe.

Dort, an einem Stück alten Rasens, hielt er sie an und fand einen Platz in der Nähe des Teiches, wo Seerosen gedeihen: ein Winkel für Verliebte, in dem die Liebe heimgesucht wird. Wer weiß, welche Glut des alten Regimes, als Herren und Damen diesen Boden betraten, über den jetzt verfallenden Stein dieses hübschen Sitzes hinweggegangen war? Welche geisterhaften Liebenden in Satin und Brokat standen um sie herum, um sie zu segnen oder zu verspotten? Über ihnen gurrten Waldtauben und riefen die Melodie, und Sam tanzte dazu in einer Ekstase heißer Lust.

Sie hatte die geschmeidige Selbstzufriedenheit einer Katze, die gleiche gemächliche Gewissheit, dass sie die Maus verschlingen konnte, wann immer sie wollte. Ada war sehr glücklich.

Aber jetzt packte ihn die Besorgnis. Er hatte sie eine Woche lang nicht gekannt, und sie hieß Ada. Peters Tochter. Er war entsetzt über seine Übereilung, dann hatte er das Gefühl, es sei doch ein „Schlaganfall" gewesen (wenn auch ein größerer als je zuvor) und er glaubte an schnelles Handeln, räusperte sich und begann zu reden.

„Miss Struggles", sagte er, „ich weiß, dass ich Sie erst in dieser Woche kennengelernt habe, aber ich scheine Sie mein ganzes Leben lang gekannt zu haben. Das liegt vermutlich daran, dass ich dich immer in der Kirche gesehen habe. Ich meine, wir waren keine Fremden, als wir uns trafen, und außerdem", fuhr er unbekümmert fort, „ist es mir auch egal, ob wir es waren." Ich bin nicht der Typ, der zögert. Ich meine, zeig mir etwas, und ich kann dir sofort sagen, ob es gut oder schlecht ist. Ich habe mich im Handumdrehen entschieden: Das ist der Typ, der ich bin. Und wenn ich mich entschieden habe, handle ich."

Ada hatte bei der Formulierung seiner Einleitung ein wenig nach Luft geschnappt – „während der laufenden Woche", eine Redewendung aus seiner Geschäftskorrespondenz, die sich hier eingeschlichen hatte, um seine Nervosität zum Ausdruck zu bringen –, aber jetzt war er ziemlich aufgeregt, und sie schnurrte sanft wie eine Katze, na ja mit Butter geschmiert.

„Ja, Mr. Branstone ", sagte sie, „ich denke, Männer sollten entschlossen sein."

„Das tue ich auch", antwortete er. „Und das bin ich auch. Ziemlich entschlossen und ziemlich entschlossen in Bezug auf dich."

"Über mich?" Sie blickte ihn mit unschuldigen Augen verwundert an. „Ich wusste nicht, dass du persönlich bist."

„Nun", sagte er, „das bin ich. Das bin ich", wiederholte er und nahm ihre Hand.

"Herr. Branstone ", murmelte sie wie jemand, der in einem Traum eine herrliche Vision sieht, und ließ ihre Hand schlaff in seiner liegen.

Er beugte sich zu ihr. „Kannst du nicht", fragte er heiser, „kannst du mich nicht Sam nennen?"

Sie nannte ihn Sam und er küsste sie.

„Ada!" Er sprach ihren Namen wie eine Liebkosung. „Ada!" Ihr Name war wunderbar; sie war ein Wunder; Sam war triumphale Liebe. In diesem Moment war er leidenschaftlich verliebt und hatte gesiegt. Er hatte die Lippen seiner Gottheit gedrückt, schüchtern und mit einer aufschlussreichen Ungeschicklichkeit, die sie hätte bezaubern sollen, die als Frau alles über Liebe wusste, während Sam kurze Hosen trug. Es bezauberte Ada nicht , es berührte keinen tieferen Sinn als die Zufriedenheit über eine gute, gut gemachte Arbeit. Dies war seine erste, seine frischeste Liebe, aber sie kümmerte sich nur darum, dass der Fisch sicher am Haken war. Er sah ihr Gesicht, idealisierte ihr Gesicht und freute sich über ihr Gesicht: Sie sah einen Ehering, sie sollte Frau werden, sie sollte dem von Büchern übersäten

Zuhause von Peter Struggles entkommen. Beide hatten damals ihren Moment, aber Sam liebte Ada, und Ada liebte nur sich selbst.

„Liebling", sagte er und suchte erneut nach ihren Lippen. Sie sah seinen Durst – und nutzte ihn.

Sie zog sich zurück. „Ich glaube nicht, dass du mich noch einmal küssen solltest, bis wir das Vater gegenüber erwähnt haben", sagte Ada Struggles und bohrte den Haken tiefer in ihren Fisch. „Nicht", fuhr sie fort, als sie sah, wie er zusammenzuckte, „dass ich das nicht möchte." Nur--"

„Ja", sagte er, als sie es beim „Einzigen" beließ und ihm erlaubte, ihre unendliche Zartheit zu schätzen. "Ja. Natürlich. Sollen wir im Saal Tee trinken?"

„Oh", sagte Ada, „sollten wir das tun?" Man sah, wie sie am Rande einer köstlichen Versuchung zitterte und nur mit Mühe widerstehen konnte. „Ich fürchte", entschied sie, „noch nicht. Aber Vater wird seine Predigt inzwischen beendet haben, und wenn du sofort gekommen bist und ihn gesehen hast, dann... dann, Sam ...." Sie blickte ihn schmachtend an und eröffnete ihm die goldene Aussicht einer scherzhaften Liebeswerbung – einmal war Petrus „gesehen" worden. Er kam gehorsam zu Peter, und sie lockerte ihre Haltung so weit, dass sie seinen Arm die Auffahrt von Heaton Park hinunterführte. Tatsächlich hatte er direkt an der Ecke beim Wäldchen , wo sie versteckt waren, einen Arm um ihre Taille gelegt: Seine Füße traten in die Luft, und sein Kopf war bei den Sternen.

Ada dachte: „Wenn er heute Abend den Verlobungsring bekommt, kann ich ihn morgen nach der Kirche zeigen."

KAPITEL IX
ADA und ein verrückter Straßenbahnwagen

Aus allgemeinen Gründen – zum Beispiel aus Gründen, die so veraltet und unvernünftig waren wie die kindliche Frömmigkeit – war Ada gegenüber Peters „Zustimmung" völlig gleichgültig und wollte, dass sie Sam nur noch fester fesselte. Sie hatte keine großen Zweifel daran, dass Peter zustimmen würde, was er auch tatsächlich tat, wenn auch nicht so bereitwillig, wie sie erwartet hatte. Sie zeigte am nächsten Tag in der Kirche keinen Verlobungsring, weil sie keinen hatte, den sie ausstellen konnte. Dafür hielt Peter Sam zu spät fest.

Natürlich hatte Ada mit Peter Unrecht: Sie hielt ihn für einen guten Mann und folglich für einen perfekten Narren, wohingegen seine Dummheit unvollkommen war und er, wie die meisten weltfremden Menschen, in weltlichen Angelegenheiten anfällig für Scharfsinn war. Manchmal kommen sie, diese beunruhigenden Wahrnehmungsanfälle, als ob ein Damm gebrochen wäre, und normalerweise sind die Zeiten für diejenigen, die mit der Weltfremdheit gerechnet haben, ungünstig.

Petrus antwortete auf ihre Erwartung, indem er sagte: „Segne meine Seele", und bisher nur . Danach begann er mit einem ausführlichen und geschickten Katechismus über Sam, der vorgab, ein freundliches Gespräch über Bücher zu sein, in Wirklichkeit aber eine Untersuchung von Sam Branstone , seinem Charakter und seiner Veranlagung war. Zu Beginn wusste Peter nur wenig über Sam, abgesehen von dem, was er durch seine Beobachtungen bei den Concentrics erfahren hatte, und Sams freiwillige Bemerkungen über sein Gehalt und seine Aussichten interessierten Peter nur in geringem Maße. Am Ende kam Peter zu dem Schluss, dass es Sam zuzutrauen sei, Ada die materielle Seite zu erleichtern, und dass er spirituell nicht hoffnungslos sei.

Aber er war geistig noch nicht berührt worden. Würde Ada ihn berühren? Das war die Frage an Peter, der seine Ada kannte. Ada konnte geführt werden. Er gab zu, dass er selbst bei ihr gescheitert war, aber er war kein starker Mann. Ein starker Mann, mit der Liebe als Verbündeter, konnte Ada führen, sie formen, und Sam hatte Kraft und, dachte Peter, Liebe. Es hing also davon ab, ob Sams Liebe zu Ada, die sich auf ihn auswirkte, seine latente Spiritualität beleben würde, sodass die Führung, die er Ada gab, gut sein würde. Und im Großen und Ganzen dachte Peter, es bestehe eine vernünftige Chance. Er glaubte an die Kraft der Liebe, er glaubte daran, dass die Liebe Gott ist und dass Gott die Liebe ist, und angesichts seines bekennenden Liebespaares sah er ihre Zukunft optimistisch im Lichte seines Glaubens. Was könnte Peter sonst noch tun? Sie sagten, sie seien verliebt, sie schienen verliebt zu sein, sie hätten die Symptome des Zustands der Liebe. Er konnte den Fall nur anhand der dem Gericht vorliegenden Beweise beurteilen.

Er konnte nicht wissen, dass die Symptome bei Sam zwar real, aber vorübergehender Natur waren und dass es sich bei Ada um eine intelligente Nachahmung handelte. Er gab seiner Verlobung förmlich und sehr feierlich seine Zustimmung.

Sam verließ spät das Haus und war begeistert von Adas „Gute-Nacht"-Kuss, aber der Glanz ließ schnell nach und er dachte mehr an Peter als an Ada, die er natürlich liebte. Wenn eine Sonde jemals sanft war, dann war es die von Peter: Dennoch hatte Sam die Sonde als Feind empfunden. Er hatte vor Peters Inquisition nackt gezittert, er hatte verstanden, dass er verhört wurde, und es ihm übel genommen. Es handelte sich um, wenn auch versteckten, Widerstand, und der Gedanke an diesen freundlichen Gegner ließ ihn an jemanden denken, von dem ebenfalls Widerstand zu erwarten war, und zwar wahrscheinlich weniger taktvoll. Es führte zu Anne.

Nun, das war das Schicksal von Liebenden: Es war der Weg, die Liebe zu vertiefen, und obwohl er vielleicht schon ein wenig an seiner Liebe zweifelte, begrüßte er die Vorstellung von Anne im Gegensatz dazu. Es war merkwürdig, dass er, obwohl er Ada als die einzige Frau auf der Welt ansah, erwarten musste, dass Anne nicht nur der Idee seiner Ehe im Allgemeinen, sondern der Ehe mit Ada im Besonderen feindselig gegenüberstand. Es war kaum loyal gegenüber Ada, die unangefochten als Königin hätte regieren sollen ; und er konnte Anne das Argument vorbringen, welche Vorteile es habe, der Schwiegersohn von Peter Struggles zu sein. Doch bei alledem suchte er nach Reibungen, und Anne sollte ihn dort nicht enttäuschen, obwohl sie dies zunächst mit einer Gelassenheit hinnahm, die ihn entwaffnete.

Er kam natürlich spät herein und aß sein Abendessen, in der stillen Hoffnung, dass sie ihm eine Chance geben würde, aber Anne stellte keine Fragen, obwohl sie ihn seit dem frühen Morgen nicht mehr gesehen hatte und Sam nicht oft zum Essen ausging. Sie stellte keine Fragen, weil sie ihn zuerst beobachten wollte. Ihr war auf den ersten Blick klar, dass er sich in einer von zwei Situationen befand: er war betrunken oder er war verliebt, und sie wollte sich nicht täuschen. Wenn es um Alkohol ginge , würde sie sehr schnell und direkt vorgehen, wenn es um Liebe ginge, auf listige und hinterlistige Weise. Sie stellte schnell fest, dass es kein Getränk war. Es war ernster.

Ihr Schweigen beeindruckte ihn. „Mutter", fragte er, um es zu unterbrechen, „geht es dir nicht gut?"

„Ja", sagte sie grimmig, „Mir geht es gut. Bist du?"

„Ich habe gut zu Abend gegessen."

"Ich bemerkte, dass. Ich werde jetzt wegräumen."

"Warten Sie ein wenig. Ich muss dir etwas sagen."

„Ich schätze, es hält sich bis zum Morgen. Du wusstest es vielleicht nicht, aber du bist zu spät gekommen. Es ist Schlafenszeit und darüber hinaus."

„Trotzdem", sagte er, „möchte ich, dass du das heute Abend hörst."

„Das klingt ernst", sagte Anne und setzte sich. „Was ist los, Sam?"

„Es ist etwas ganz Wunderbares, Mutter."

„Das wäre es", sagte Anne. "Wie heißt sie?"

Sam erhob sich, erstaunt über ihre Scharfsinnigkeit. "Du hast geraten!"

„Ich bin noch nicht in meinem Alter." Anne war grimmig.

„Mutter, ich hoffe, du bist zufrieden. Sie müssen zufrieden sein. Es ist alles so wunderbar für mich."

„Ich habe dich nach ihrem Namen gefragt", sagte Anne.

„Es ist Ada Struggles. „Weißt du", fuhr er hastig fort, „wie sehr wir alle ihren Vater bewundern."

„Ich weiß, aber ich kenne Ada nicht."

„Das wirst du bald", sagte Sam begeistert.

„Das werde ich", sagte Anne und ihre Stimme klang bedrohlich. Sie nahm ihre Kerze. „Gute Nacht, mein Sohn", sagte sie und küsste ihn, was nicht üblich war.

"Ist das alles?" er hat gefragt. „Alles, was Sie zu sagen haben?"

„Ich kenne Ada noch nicht", sagte sie und ging zu Bett.

Auf der Suche nach der Frage, ob diese Ehe das Richtige für das Glück ihrer Kinder sei, gingen Peter und Anne unterschiedliche Wege. Petrus ignorierte das Brot-und-Butter- Problem oder hielt es für selbstverständlich: und ihm gehörte die höhere Weisheit. Er wusste, dass Sam nicht aus dem Stoff gemacht war, der nach Brot hungert; Nicht in seinem Körper, sondern in seiner Seele war es wahrscheinlich, dass Sam eingeklemmt wurde.

Anne vertrat die irdischere Ansicht, dass Glück aus häuslichem Komfort erwächst. Ada war, wie sie wusste, keine strahlende Schönheit, und das war umso besser. Schönheit liegt unter der Haut. Aber sie sah gebrechlich aus, genau wie einige der härtesten Mädchen, und sie ging davon aus, dass Sam so klug gewesen war, vorab einige Nachforschungen anzustellen, bevor er sich verpflichtete. Sam, so schien es, hatte es nicht getan.

War Ada stark und gesund? War sie sparsam? Konnte sie kochen? War sie ihre eigene Schneiderin? Und als sie feststellte, dass Sam keine dieser Fragen beantworten konnte, sagte sie ironisch: „Na ja, zumindest hast du Augen im Kopf. Ist ihr Haus sauber?"

Sam konnte nur sagen, dass er es vermutete, und Anne sah ihn vernichtend an. „Ja, du bist wirklich verliebt", sagte sie. „ Man sagt, Liebe macht blind. Du hinterlässt mir viel."

„Mutter", sagte er alarmiert, „was wirst du tun?"

„Ich werde Ada kennenlernen", sagte sie. „Einer von uns muss sie kennen, und Sie nicht."

„Wenn du fair zu ihr bist", sagte Sam. "Ich habe keine Angst."

„Ich werde fair sein", sagte Anne und wollte es auch sein; Aber ist eine Mutter jemals fair gegenüber der zukünftigen Frau ihres einzigen Sohnes? Vielleicht, und in diesem Fall ging Anne aufgeschlossen zu Ada. „Schließlich", überlegte sie, „hat Tom Branstones Mutter nicht viel von mir gehalten, obwohl Tom einer von zehn war und das einen Unterschied macht." Das sollte aber nicht sein " – sie richtete sich auf. „Anne, du wirst dem Mädchen gegenüber fair sein." Sie blickte nachsichtig auf Adas Vorhänge und klingelte bei Ada.

Aber Ada trug silberne Armreifen an ihren Handgelenken und ihre Schuhe waren für die Show gemacht. Anne hatte die Art von Freude, die entsteht, wenn man die schlimmsten Befürchtungen wahrnimmt. Sie hat vielleicht zu pauschal verallgemeinert, aber sie vertrat die Auffassung, dass nur oberflächliche Menschen silberne Armreifen und Schuhe tragen, deren Zweck auf Zierlichkeit und nicht auf Langlebigkeit abzielt.

Der erste Eindruck sprach jedenfalls stark gegen Ada, aber Anne erinnerte sich an ihr Versprechen, fair zu sein. Als Tom Branstone Anne zu seiner Mutter mitnahm, war es möglich, dass dieser Dame Annes Art, ihre Haare zu frisieren, nicht gefiel. Für jede Generation waren die Symbole ihrer Jugend und vielleicht die Armreifen an Ada nicht abscheulicher als eine Steinhaufen-Brosche an Anne.

„Ich habe Tee parat, Mrs. Branstone ", sagte Ada. „Sam hat mir gesagt, dass du kommst."

"Hat er?" Anne war überrascht. Sie hatte Sam nicht von ihrer Absicht erzählt, und seine Vermutung und seine Warnung vor Ada hatten ihren Plan,

Ada überraschend zu treffen, zunichte gemacht. Sie wollte Ada unvorbereitet und schmucklos haben: Ada zu Hause, nicht Ada „zu Hause". Und Ada fühlte sich sehr „zu Hause". Der Raum war „herausgeräumt" worden – und möglicherweise auch Peter –, die Manieren der Firma und die Teekanne der Firma waren ausgestellt, und alles war formell und offensichtlich durchdacht. Und, wie Anne zugeben musste, auch nicht schlecht durchdacht. Ada war nicht umsonst in diesem teuren Internat gewesen; Sie hatte eine Aura, die die Witwe eines Portiers in Erstaunen versetzen konnte. Anne gefiel weder ihr Trick, die Milch in die Tasse zu geben, bevor sie den Tee einschenkte, noch ihre dogmatische Art zu behaupten, dass es den Geschmack verbessere und dass „das jetzt alle gemacht hätten". Jeder hat es nicht getan, Anne hat es nicht getan; Aber vielleicht lag das auch an der modernen Note, und Anne war fair geworden.

Ihre erste Punktzahl erzielte sie, als Ada den Raum verließ, um heißes Wasser zu holen. „Dieses Zimmer wurde heute abgestaubt", dachte Anne. „Ich werde sehen, was ihr Abstauben wert ist." Sie stellte es auf die Probe, indem sie mit dem Finger über die Bücher auf einem der Regale fuhr, und ihr Finger war sehr schwarz.

Die einzige Möglichkeit, in Manchester Bücher sauber zu halten, ist die von neun von zehn Menschen: Sie haben keine Bücher. Einige der anderen legen Bücher wie Orchideen hinter Glas, die übrigen haben die Angewohnheit, heftig auf ein Buch zu pusten, wenn sie es aus dem Regal nehmen, und sich die Hände zu waschen, bevor sie es öffnen.

Anne wusste das nicht. Sie hielt Sams paar Bücher durch tägliches Ellenbogenfett sauber und wischte nun heimlich ihren schmutzigen Finger an ihrem Strumpf ab, mit dem Gefühl, Ada entdeckt zu haben. Der Staub auf den Büchern (und sicherlich war er dick) bestätigte den Eindruck, den die Armreifen hinterließen, und Anne schämte sich nicht im Geringsten für ihre Spionage. Sam hatte ihr einen Vorsprung verschafft, indem er Ada gewarnt hatte, und sie bezahlte ihn mit seiner eigenen Münze.

Und von da an stieg der Punktestand gegen Ada stetig an. Zum Tee gab es Kuchen. Nun war die einzige Ausrede für Kuchen, dass man sie selbst backte und Ada gestand, dass sie von Mrs. Stubbins stammten und den weiteren Fehler machte, ein Expertenwissen in den Produktionen der Konditorei von Mrs. Stubbins an den Tag zu legen. „Frovol im Essen und in der Kleidung", war Annes Kommentar. Anne erfuhr, dass ihr Kleid von Madame Robinson angefertigt worden war.

„Sie ist lieb", sagte Ada, „aber ziemlich französisch. Und natürlich kommt sie in die Kirche."

Es müssen sich keine Nonkonformisten bewerben; aber Anne dachte nicht an Madames Religion, sondern an ihre Rechnungen. Der Arbeitgeber einer recht französischen Schneiderin namens Robinson, geborene Duff, war für Sam Branstone keine Ehefrau .

Und um Annes Zusicherung doppelt zu bestätigen, ließ Ada etwas darüber verlauten, dass sie unter dem Arzt stehe.

Aber Anne war nicht zuversichtlich. Sie erkannte deutlich genug, dass gerade Adas Schwäche ihre Stärke bei Sam war. Sam war von Madge und George unterstützt worden und es gefiel ihr, so wie es in diesem Fall auch Anne selbst gefallen hatte. Aber das war ein anderer Fall. Madge hatte den Anspruch, Schwestern zu sein; Anne konnte in Adas und Adas Schwäche nichts erkennen, was ihr den Anspruch verschaffte, sich auf Sam zu stützen: und die Neigung in der Ehe sollte nicht einseitig sein. Ada konnte Sam nichts anderes schenken als sich selbst, und Anne hielt dieses Geschenk nicht für lohnenswert.

Sam tat es leider, und Anne bezweifelte, dass sie in der Lage war, ihn umzustimmen. Ihr erster Versuch musste auf jeden Fall bei Ada stattfinden, und sie fühlte sich in Adas Haus eingeengt, vielleicht aus dem Grund, weil es Peters Haus war, der Schrein seiner Einfachheit. Sie wollte, dass Ada von den Abwehrmechanismen des Teetisches und ihrer vertrauten Umgebung abgeschnitten wurde , und schlug, indem sie etwas über die Wärme des Abends sagte, eine Fahrt auf dem Dach einer Straßenbahn vor.

„Ich mache es oft selbst", sagte Anne. „Es bläst die Spinnweben weg."

Tatsächlich tat sie es nicht oft, denn so hätte es den Charakter einer Ausschweifung verloren, aber mit einer klugen Unregelmäßigkeit entkam sie der Knechtschaft ihres Hauses in einer Straßenbahn. Straßenbahnfahrten waren ihre Romantik, ihr Sicherheitsventil, ihr Einblick in das Leben. Eine Straßenbahn im Wert von sechs Pennys ist auf die Dauer billiger als Gin im Wert von vier Pennys : Beide tragen einen weg, aber die Straßenbahn bringt einen sicher zurück.

Annes Lippen verzogen sich, als sie sah, dass Ada die dünnen Schuhe nicht wechselte und dass ihr Hut sie in den Schatten stellte. Eine „Baby"-Mütze aus Spitzenimitat, aus der ihr Gesicht wie eine herabhängende, saftlose Blume hervorlugte. „Ja", dachte Anne. „Männer sind Männer, dieser Hut ist clever. Es ist eine Falle für Narren und sie hat meinen Narren gefangen. Ada Struggles, du bist gefährlich."

Sie nahmen den Vordersitz in der Straßenbahn ein und sie sagte laut und absichtlich mit ihrem rauesten Akzent: „Es ist seltsam, sich vorzustellen, dass unser Sam eine Dame heiratet. Ich sage nicht, dass er es nicht verdient hat, aber sein Vater war Eisenbahnträger und meiner war Polizist. Seine Schwester war im Dienst."

„Sam Wall, komm schon", sagte Ada überzeugt.

„Daran zweifele ich nicht", sagte Anne. „Aber er hatte Glück und es ist fraglich, ob das Glück anhält. Mr. Travers nahm ihn auf und schickte ihn auf das Gymnasium, und Sam schnitt dort nicht besonders gut ab. Er hat mich enttäuscht und nicht so weitergemacht, wie er es hätte tun können. Der Kampf liegt noch vor ihm und er wird einen Kämpfer an seiner Seite brauchen. Ich habe schon so lange meinen Teil für ihn getan und ich werde alt. Ich werde mich über eine Pause freuen, Ada. Sam ist ein Frühaufsteher und es ist eine ermüdende Arbeit, an einem Wintermorgen aufzustehen, das Feuer anzuzünden und sein Frühstück vorzubereiten. Nur das wird dich nicht beunruhigen. Du bist jung."

„Natürlich", sagte Ada, „werden wir einen Diener haben."

"Was!" rief Anne, „zwei Pfund zehn pro Woche, ich muss sie behalten und so?" Damit würde ich an deiner Stelle nicht rechnen. Später vielleicht. Aber ich weiß, dass das derzeit nicht möglich ist, sonst hätte Sam es für mich getan." Die Vorstellung, dass Anne Branstone mit einer Dirne in ihrem Haus zusammen ist, kam ihr komisch vor. Anne könnte eines Tages Hilfe bekommen – als sie bettlägerig war: Bis dahin war ihr Haus ihr Zuhause. „Nein", fuhr sie fort, „Sie können es mir nehmen, dass es nicht zu einem Diener läuft." Ich weiß nicht, was er von mir hält, ob er will, dass ich bei dir lebe oder nicht. Wahrscheinlich nicht. Ein Mann möchte seine Mutter nicht bei sich haben, wenn er verheiratet ist."

„Nein", stimmte Ada hoffnungsvoll zu. Anne unterdrückte sie.

"NEIN. Und ich komme mit einem Pfund pro Woche von ihm aus. Dann bleiben Ihnen dreißig Schilling. Nun, ich habe es geschafft, also weiß ich, dass es machbar ist, obwohl es immer ein Kampf ist und es doppelte Fluten gibt, wenn die Babys kommen. Aber natürlich helfe ich Ihnen – mit Ratschlägen. Ich bin nicht dafür, mich dir aufzudrängen, aber natürlich kenne ich Sams Verhalten und seine Vorliebe für Essen. Manchmal ist er auch etwas schwierig, aber das macht nichts. Das sind alle Männer, und das werden Sie wissen, da Sie sich um Ihren Vater kümmern mussten. Ich sage nicht, dass Sam wählerisch ist, aber er mag, was er mag, und ich hoffe, Sie mögen die gleichen Dinge. Es hat mich immer dazu gebracht, ein Kaninchen zu säubern, und ich mochte den Geruch von Zwiebeln nie, aber das ist Sams Lieblingsgericht und deshalb konnte ich es einfach nur ertragen. Und ich weiß, dass du dasselbe für Sam tun wirst."

Ada wand sich hilflos. Sie hätte schreien können. Anne saß außen am Sitz und drückte sie daran fest. Die Straßenbahn schien ein Moloch zu sein, das unerbittlich über ihre Träume fuhr: ein Gefängnis, in dem sie von einer groben alten Frau mit von der Arbeit rauhen Händen und einem endlosen Strom von Gift gefoltert wurde. Sie wollte Anne sagen, dass sie gelogen hatte, dass Ada ihn für umso begehrenswerter erkannte, je mehr sie Sam missbilligte, dass ihre Trauben weder sauer waren noch durch Annes wahnsinnige Eifersucht sauer werden sollten; und sie konnte es nicht tun. Die Fahrt schien mit jedem Augenblick, der verging, immer mehr zu einem Albtraum zu werden. Die Straßenbahn war ein verrückter Käfig mit Rädern, einem verrückten Fahrer und einem verrückten Wärter. Es verließ die Linien und raste wild in die Verwüstung, und sie war darin von einer rachsüchtigen Wut gefesselt, die nicht aufhörte zu reden, aber mit rücksichtslosem gesunden Menschenverstand alle Blasen ihrer Hoffnungen zum Platzen brachte. Sie schloss die Augen und überließ sich dem Elend. Jede Minute schien eine Stunde zu sein. Sie dachte, dass jemand sie erdrosselte, dass der fliegende Käfig ihr Grab war, dass Vampire ihr Blut aussaugten und dass ihr nackter, ausgelaugter Körper an ihren Sitz gefesselt war, bis das Auto, das unweigerlich durch den schwarzen Raum fuhr, schließlich gegen einen Stern stieß verzehrendes Schmettern. Sie öffnete die Augen und stellte fest, dass die Straßenbahn an ihrer Vorortendstation angehalten hatte und dass Anne fragte: „Sollen wir einen Spaziergang machen oder mit demselben Auto zurückfahren?"

also immer noch in der lebendigen Welt, und mit dem Bewusstsein davon kehrte ihr Mut zurück. Eine Minute lang schwieg sie, wehrte ihre Dämonen ab, sammelte Fakten und wog sie ab. Anne war kein Vampir, sondern eine alte, abgenutzte Frau, die seltsamerweise das Recht hatte, Sam Branstones Sohn zu nennen – Adas zukünftige Schwiegermutter, und zwar eine urige; eine, die man fest und hochmütig in die Schranken weist und dort behält.

„Wir bleiben bei diesem Auto", antwortete sie. Sein Wahnsinn war verschwunden. Es war eine Straßenbahn, ganz überaus vernünftig und gewöhnlich. „Ich denke", fuhr sie fort, „dass Sie die Schwierigkeiten übertreiben. Ich habe keinen Zweifel daran, dass Sam bis zu unserer Hochzeit mehr Geld haben wird. Sehen Sie, er muss jetzt für mich arbeiten."

Auch damit kein Kinderspiel. Reine sachliche Aussage, und die Wahrheit darin traf Anne, die coole Annahme, dass Ada als Ansporn zu Anstrengung kompetenter war als Anne. Und das an Anne, die Algebra für Sam gelernt hatte, an Anne, die sich selbst unterernährt hatte, um die Kleidung tragen zu können, die ein Gymnasiast tragen sollte, an Anne, die – oh, es war unbeschreiblich, aber es besiegte sie, weil sie es bitter wusste , ärgerlich, aber unbestreitbar, dass es wahr war. Dieses Kind mit dem Babygesicht, dieser Idiot im Unterrock bedeutete Sam mehr als die Mutter, die ihn zur Welt brachte. Königin Anne war tot und Ada Struggles regierte an ihrer Stelle.

KAPITEL X
GERALD ADAMS, SOZIOLOGE

Auf dem Heimweg rief ein NNE bei Madge an. Trotz Georges Fortschritten war Madges Haus immer noch das Haus, in dem früher der Hell-Fire-Club gestanden hatte. Anne ging nicht oft dorthin und nie ohne Grund, aber Madge war ratlos, den Grund dieses Besuchs zu kennen, und sie ahnte es auch nicht, als Anne unauffällig eine Frage in das Gespräch über den jungen Sam Chappie einfügte , die vielleicht irrelevant schien. „Hast du schon etwas mit deinem Gästezimmer oben gemacht?" Sie fragte.

„Nein", sagte Madge. „Das ist wahrscheinlich auch nicht der Fall, glaube ich." Das war der Grund des Besuchs. Anne sicherte ihren Rückzug ab, obwohl sie keineswegs zugab, dass es zu einem Rückzug kommen würde. Verlobungen führen nicht immer zur Heirat. In der Zwischenzeit musste sie abwarten und ein Bruch mit Sam sollte zu diesem Zeitpunkt vermieden werden.

Als er sie nicht allzu sicher fragte, ob sie nicht mit ihm über das Wunder von Ada einverstanden sei, übte sie eine edle Selbstbeherrschung und sagte nur: „Sie ist nicht die Frau für einen armen Mann, Sam."

„Nein", sagte Sam nachdenklich. „Da bin ich reingefallen. Und ich will auch nicht arm sein", und so begann er das dunkle Kapitel seines strahlenden Erfolgs. Er ging zu den Concentrics, ohne zu wissen, dass er sein Schicksal erleiden würde. Er ging, weil es der Abend ihres wöchentlichen Treffens war und er irgendwohin musste, um Annes Blick zu vermeiden, aber seine Stimmung war nicht konzentrisch. „Ich muss reich werden für Ada, reich für Ada", war die Last seines Gedankens – so früh rechtfertigte er Adas Worte gegenüber Anne – und es war kein zeitgemäßer Gedanke für einen Concentrics-Abend.

Er hatte sogar vergessen, dass er ein besonderes Interesse an diesem Treffen hatte, bei dem der Dozent Adams sein sollte, einst Sams Lieblingshasser und unschlagbarer Rivale an der Grammar School. Er wurde daran erinnert, als er von einem jungen Mann angesprochen wurde, den er zunächst nicht identifizieren konnte.

„Joe! Wenn es nicht Sammy Branstone ist ! Gehören Sie zu diesen Fossilien?"

„ Dubby Stewart!" sagte Sam, als ihm das Erkennen dämmerte.

„Reed ist auch irgendwo hier", sagte Stewart. „Es ist eine Versammlung des Clans."

Anscheinend waren Reed und Stewart beide Mitglieder, das heißt, dass sie vor einiger Zeit ein- oder zweimal gekommen waren und aus Gewohnheit oder aus purer Schwäche, die Zahlung nicht mehr zu zahlen, weiterhin das kleine Abonnement aufrechterhielten . In der Tat könnten nur wenige Gesellschaften existieren, wenn es nicht den Enthusiasmus des anwesenden Kerns und die Abonnements der nicht anwesenden Masse gäbe.

„Wir kamen, um zu hören, wie Gerald Adams sich zum Arsch machte", erklärte Stewart. „Was für ein Thema!"

Sam hatte sogar vergessen, worum es ging. „Reich für Ada, reich für Ada", klang es immer noch in seinen Ohren.

Das Thema war „Soziale Reinheit".

„Was für die Größe des Publikums verantwortlich ist", sagte Stewart. Sie alle haben auf das Schlimmste gehofft. Ich weiß, dass ich es habe."

Das Schlimmste ist nicht eingetreten, oder besser gesagt, wenn es doch passiert ist, dann wurde es so geschickt verschleiert, dass niemand es als das Schlimmste erkannte. Es war leicht, es mit dem Besten zu verwechseln.

Adams war zum einen ernsthaft und zum anderen schelmisch, in der Manier des überlegenen Menschen, der auf intellektuelle Scherze aus ist. Er beschäftigte sich ständig mit dem, was vor allem als soziale Frage bekannt *ist* . Es war keine schöne Beschäftigung für einen jungen Mann: Sie war zum Beispiel weit entfernt von der gesunden Ausgelassenheit von Sams Rabelaisianismus . Und natürlich war Adams schlau: Er war kein Märtyrer. Als intellektueller Turner genoss er die Behandlung seines Themas so, dass sie sein Publikum sofort schockierte und ihm die Anerkennung als ehrlicher Mann einbrachte, der aus Überzeugung eine unangenehme Arbeit erledigte.

Sam stimmte Stewart zu. Seine alten Vorurteile gegenüber Adams waren stark in ihm und er hoffte, dass Adams eine Niederlage erleiden würde. Das war am Anfang, als Adams mit einer ungeheuren Überheblichkeitsüberlegenheit begann, seinen Vortrag zu lesen; Doch bald, ganz bald, änderte Sam seine Meinung und hoffte nur noch, dass der geschickte Eisläufer auf dem dünnen Eis das Gleichgewicht halten würde.

„Reich für Ada", und hier war es, wie Sam es sah, in der Tat ein „Schlag", wenn Adams bis zum Ende Erfolg hatte und wenn er am Ende vernünftig auf Sam hören würde.

Adams war kaum in Gefahr. Er stammte aus Oxford, London, der ganzen Welt und sein Publikum aus Manchester. Und er machte sich bereit, mit einem Vortrag zu siegen, der ein Mosaik aus Annäherungsversuchen und Rückzügen, aus flammenden Indiskretionen und selbstgefälligen Entschuldigungen, aus Kühnheit und Zurückhaltung war.

Sam beobachtete das Publikum aufmerksam, und es wäre nicht ungerecht zu sagen, dass das Publikum sich darüber freute. Nicht alle freuten sich, aber als Ganzes, als Publikum, saugten sie Adams' Vortrag wie Muttermilch auf. Er nannte es Offenheit und gab unnötige Einzelheiten preis, er machte den Eindruck ehrlicher Empörung und tat so, als würde er genüsslich im Schlamm baden. Es war abscheulich, aber teuflisch klug; Es war bis ins Mark unanständig und wurde geschickt umgangen, was eine Anklage wegen Unanständigkeit vor einem Polizeigericht rechtfertigen würde. Es war eine in Frömmigkeit gehüllte Abscheulichkeit, die unter dem Banner der Reform marschierte. Er war ein Kreuzritter in Maskerade, der unter der Deckung britischer Zurückhaltung ein Degen zeigte, dessen Griff ein Kreuz war.

Adams verspürte eine merkwürdige Befriedigung, wie ein Büßer bei einem Treffen der Heilsarmee da zu stehen und vorzutäuschen, er wüsste über das Böse Bescheid, was glücklicherweise unmöglich war, und er freute sich über die Anwesenheit eines Geistlichen auf dem Stuhl. Die Sache entwickelte sich für ihn zu einem spannenden Spiel, einem Wettstreit zwischen seinem Verstand und dem von Peter. Er hatte sein Publikum getragen, aber der Vorsitzende saß distanziert und zweifelnd. Wenn Petrus ihn durchschaute, hatte er verloren; wenn nicht, hat er gewonnen. Für Peter las er die verurteilenden Passagen mit lebhafter Ernsthaftigkeit, und für Peter las er wie widerwillig und aus Gewissensgründen die Einzelheiten seiner Aussage.

Auch Sam hat sich die Infektion zugezogen, allerdings kaum als Spiel. Er hing mit tiefer Sorge an Peters Urteil, sah zu, wie Peter errötete und auf seinem Stuhl hin und her schlurfte, sah, wie er nervös schnupfte, zitterte in dem Moment, als Peter offenbar unterbrechen wollte, seufzte erleichtert, als Peter sich wieder schweigend zurücklehnte und fieberhaft auf das wartete Rede des Vorsitzenden.

Es hätte wahrscheinlich kaum Zweifel an Peters Urteil gegeben, wenn Adams ein gewöhnlicher Konzentriker, Dozent und Mitglied der Gesellschaft gewesen wäre. Aber er war weder das eine noch das andere und war auf Einladung dort. Und er war nicht nur ein Absolvent der Oxford-Peter-Universität, sondern auch ein brillanter Absolvent der Oxford-Universität Balliol, mit akademischen Ehren ausgezeichnet. Wenn Peter dachte, während Adams sprach, dass er ihn zur Ordnung rufen sollte, erinnerte er sich daran, dass Adams ein Doppelgänger war, und ließ davon ab. Er konnte kein Heuchler sein – denn er hatte Irland gewonnen. Er meinte es jetzt furchtbar ernst – denn er hatte den Preis für griechische Verse gewonnen. Er war zielstrebig, ritterlich, trotzte dem Missverständnis des Skurrilen, war offen und ehrlich – denn er war ein Fellow von Balliol.

Für Peter war es egal, dass Adams' Vater der reichste Gemeindemitglied in St. Mary's war; Es spielte noch weniger eine Rolle, dass Adams exquisit gekleidet war, genau in dem Grauton, der einem leidenschaftlichen Kreuzfahrer angemessen war. („Sehen Sie sich seine verdammten Klamotten an", hatte Reed Stewart zugeflüstert. „Hat er sich das nicht ausgedacht?" Er hatte: Seine Kleidung war keusch, wenn sein Vortrag es nicht war.) Aber Gelehrsamkeit war Peter, dessen anderer Name er hatte, wichtig war Nächstenliebe, und nachdem er zu dem Schluss gekommen war, dass Gerald aufrichtig war und dass alles, was er sagte, einem hohen Zweck untergeordnet und durch ihn gerechtfertigt war, war er großzügig, und zwar umso großzügiger, weil er gezweifelt hatte.

„Das Thema des Vortrags von Herrn Adams", sagte er, „ist wie Brennnesseln: Wenn man es nicht mutig angeht, brennt es." Ich habe nichts als Lob für den Mut, die absolute Richtigkeit und die Ernsthaftigkeit seines Umgangs mit diesem bedrückenden Übel. Ich glaube, dass uns alle seine Beispiele der Unmenschlichkeit von Männern gegenüber Frauen zutiefst berührt haben. Als Kirchenmann empfinde ich eine besondere Verantwortung und, darf ich sagen, eine besondere Dankbarkeit gegenüber Herrn Adams für sein Studium dieses Themas. Wie wir alle wissen, hat die Medizin ihre Märtyrer, ihre Forscher, die sich für die Gesundheit ihrer Mitmenschen opfern. Mr. Adams, der dieses gesellschaftliche Übel so gründlich untersucht hat, dass nur die Sensibelsten unter uns ahnen können, welchen Preis es an Schmerzen für sich selbst hatte, verdient es, zu den Märtyrern der Wissenschaft gezählt zu werden …" Und so weiter, doppelt gutaussehend, weil Er schämte sich, weil er an Geralds Ehrlichkeit gezweifelt hatte, und machte es wieder gut.

Adams hatte sein Spiel zweifellos gewonnen. Er fand den alten Jungen herrlich lustig und Sam Branstone , der aufstand, als Peter sich setzte, fand er noch lustiger. Sam glaubte daran, das Eisen zu schmieden, solange es heiß war: Er wollte nicht, dass Peter die Möglichkeit hatte, seine Meinung zu ändern, wenn er die Dinge kühl überlegte.

Sam begann damit, dass er sich zu dem Glück beglückwünschte, der Schulkamerad des angesehenen Mr. Adams gewesen zu sein. Adams starrte Sam durch seinen strengen Zwicker an und merkte, wie er zusammenzuckte. „Gott", dachte er, „das ist dieser Lümmel, der Sohn des Pförtners." Aber ihm gefielen Sams Schmeicheleien sehr gut. Es schien, dass Sam von Mr. Adams' bewundernswerter, tatsächlich eloquenter und bewegender Ansprache und von der sehr gerechten Lobrede des Vorsitzenden so tief beeindruckt gewesen war, dass er dachte, es wäre äußerst schade, wenn sie so fesselnd und so gut geschrieben wäre Ein Aufsatz erreichte kein größeres Publikum als das, vor dem er gelesen worden war. Sie hatten auf dieses Papier gewartet; seine Anziehungskraft war groß; Die Dringlichkeit seiner Notwendigkeit, die in jedem Wort zum Ausdruck kam, wurde durch die Bemerkungen des Vorsitzenden betont. Er hatte daher einen praktischen

Vorschlag zu machen. Das Papier sollte gedruckt werden, und wenn Mr. Adams ihm nach dem Treffen ein paar Augenblicke ersparen konnte, hoffte Sam, dass er ihn die Angelegenheit regeln lassen würde.

Unter großem Applaus setzte er sich nieder. Unter seiner Decke flüsterte Stewart: „Du unnachahmlicher Arsch!" Sam sah ihn voller schmerzlicher Überraschung an. „Ich möchte dieses Papier in gedruckter Form sehen", erklärte er empört.

Die Debatte verlief wie üblich aussichtslos. Nur wenige hatten etwas zu sagen, aber viele mochten den Klang ihrer eigenen Stimmen und gaben ihrer Vorliebe ausführlich nach, bis sowohl die Redner als auch die Redner ihren Vortrag gehalten hatten und Sam in der Lage war, auf die Plattform zu gehen. Peter hatte seine Meinung nicht geändert und machte Adams auf seine einfache, charmante Art Komplimente.

Es hätte Adams zweifellos gründlich schämen sollen, aber das war nicht der Fall. Es verstärkte seinen Zynismus, sodass er, als Sam auftauchte, nur noch dachte: „Ich habe den Pfarrer betrogen. Jetzt muss ich den Sohn des Gepäckträgers auf den Arm nehmen."

„Wie geht es dir, Branstone ?" er hat gefragt. „Freut mich, Sie wiederzusehen."

„Und ich, du", sagte Sam. Sie schüttelten sich die Hände. „Hatten Sie Zeit, über meinen Vorschlag nachzudenken?"

„Tatsächlich", sagte Adams, was die übliche Art ist, eine Lüge zu beginnen, „habe ich darüber nachgedacht, meine kleine Zeitung an eine der Reviews zu schicken – die *Fortnightly* oder die *Contemporary* ."

„Ausgezeichnet", sagte Peter.

Sam hätte ihn treten können. „Ich wage es, anderer Meinung zu sein", sagte er. „Das Hauptziel sollte sein, eine möglichst breite Öffentlichkeit zu erreichen. Meine eigene Idee war, es allein in Form einer ..." zu machen, er wollte „Broschüre" sagen, änderte es aber in „Broschüre". Er fand, dass es attraktiver klang. „In den umfangreichen Rezensionen würde es von vergleichsweise wenigen gelesen werden und es würde nicht für sich alleine stehen wie in einer Broschüre. Es würde zusammen mit anderen Artikeln seinen Platz einnehmen. Und ich habe gehört, dass die Mitwirkenden an den Rezensionen nicht hoch bezahlt werden."

Adams hatte überhaupt nicht an eine Bezahlung gedacht, aber jetzt dachte er mit Begeisterung daran. Er war reich, aber die Idee, den Sohn des Portiers auszuplündern, der die Zusicherung gehabt hatte, mit ihm zur Schule zu gehen, kam ihm wie der krönende Abschluss eines lustigen Spiels vor. Dies war auf transzendente Weise seine Nacht des Gewinnens.

„Oh, ich weiß es nicht", sagte er, was stimmte. „Ich schätze, ich sollte ungefähr zwanzig Pfund dafür bekommen."

„Ich gebe dir fünfundzwanzig", sagte Sam.

"Sam!" protestierte Peter. Er näherte sich dem Motiv (so wie er es verstand), hielt das Angebot eines jungen Mannes, der über eine Ehe nachdachte, jedoch für leichtsinnig.

„25 Pfund", wiederholte Sam bestimmt.

„Nun", lachte Gerald, der sich über die Beharrlichkeit des Idioten nicht im Klaren war, „wenn du so sehr daran interessiert bist, Gutes zu tun, nehme ich das Angebot an."

„Richtig", sagte Sam. „Ich werde es sofort regeln."

Er ging zum Tisch des Vorsitzenden und erstellte eine Urheberabtretungsurkunde. Er hatte ein wenig Ahnung vom Gesetz, und das war gefährlich – für den anderen Kerl. Aber sowohl Sam als auch Adams gingen an diesem Abend in einem Zustand engelhafter Selbstzufriedenheit nach Hause.

"Was für ein Spiel?" dachte Adams. „Und was für ein Arsch!"

Seltsamerweise waren die Gedanken von Sammy Branstone nicht unähnlich. Er hatte gegenüber Adams diesen Vorteil: Adams hatte seine Zeitung gelesen und nicht die ganze Zeit sein Publikum beobachtet. Sam hatte das Publikum beobachtet und dachte, fünfundzwanzig Pfund seien ein günstiger Preis für diese Zeitung.

Er schlief darauf und erwachte am nächsten Tag mit ungestörtem Vertrauen in seine Investition, doch die Nachricht, die ihn im Büro erwartete, erschütterte ihn zunächst. Es war eine Sache, in der Veröffentlichung von Adams' Ansprache einen gewinnbringenden Nebenerwerb zu sehen, und eine andere, plötzlich gezwungen zu sein, das Urheberrecht an diesem Artikel als seinen einzigen wertvollen Vermögenswert zu betrachten. Er befürchtete, dass es bei kaltem Tageslicht dafür nicht ganz ausreichend sei.

Dennoch kam das Geschehene nicht völlig überraschend. Sam kannte die Gewohnheiten von Travers und wusste, dass Männer mit seinen Gewohnheiten dazu neigen, plötzlich zu sterben. Travers war in der Nacht gestorben und Sam war sehr wütend.

Er sagte sich, dass er mit dem Tod von Menschen kein Glück hatte. Sein Vater war für Sam zu früh gestorben, und nun war Travers gerade tot, als Sam sich verlobt hatte und als er eine Spekulation unternommen hatte, die, so groß seine Hoffnungen auch waren, letztlich doch spekulativ war.

Das Geschäft eines Immobilienmaklers ist weitgehend persönlicher Natur, und wenn es keinen offensichtlichen Nachfolger oder Erben gibt, der sich bereits auf die Nachfolge vorbereitet, besteht die Gefahr, dass er auseinanderfällt, wenn sein Chef stirbt. Der Zerfallsprozess hatte in diesem Fall schon vor langer Zeit eingesetzt; Das Trinken hatte begonnen, was der Tod nun beendete; und es gab keinen Erben. Lance Travers hatte sich für die Medizin entschieden und war vom Tod seines Vaters finanziell wenig betroffen, da Travers ihm ein Jahr zuvor irgendwo im Süden eine Praxis gekauft hatte und die Nachbarschaft sich als gesunder Abstinenzler erwies.

Das Büro war an diesem Tag kein heiterer Ort. Männer schätzten ihre Ersparnisse und gleichten sie mit den wahrscheinlichen Wochen der Arbeitslosigkeit ab, bevor sie eine neue Stelle fanden. Einige von ihnen könnten zweifellos hoffen, das Geschäft demjenigen „mitzumachen", der es gekauft hat; und sie fragten sich, wer kaufen würde und wer von ihnen vom Käufer beauftragt werden würde.

Sie schätzten Branstones Chancen ein, und das tat auch Sam, aber das lag alles in der Luft und war äußerst beunruhigend, gerade da er sich so viel anderes zum Nachdenken gegeben hatte. Selbst wenn er mit dem Unternehmen umziehen sollte, dann nur als Angestellter. Er verlor den Vorteil der Freundlichkeit von Travers und war sich außerdem nicht sicher, ob irgendjemand denken würde, dass das Geschäft einen Kauf wert sei. Travers hatte kein Recht zu sterben.

Dann kam ihm der Gedanke, dass er es im Liegen einnehmen würde. Er, ein mutiger Bursche, jammerte wie diese mutlosen Angestellten im Büro. Er verriet seinen Glücksstern. Der Tod, selbst der von Tom Branstone , war nicht besonders unfreundlich zu ihm gewesen. Toms Tod hatte ihn indirekt ins Büro geführt, zu Minnifie , den Konzentrikern, Ada, und er begann, in Travers' Tod die Möglichkeit des Guten zu erkennen. Es könnte der Finger des Schicksals sein, der ihn von dem Amt wegführte, das an die Reihe gekommen war, hin zu einer neuen Regelung, die von den Mitarbeitern Sam und Providence auf dem Felsen von Adams' Papier arrangiert werden sollte.

Sie führten die Routinearbeit des Büros fort, während Männer, die zum Tode verurteilt wurden, kleine, gewöhnliche Dinge tun und darin Trost finden. Dann, am späten Nachmittag, kam Lance Travers. Er war seit dem frühen Morgen gereist, zu Hause gewesen, hatte den Arzt seines Vaters und den Anwalt seines Vaters aufgesucht und war nun gekommen, um Sam zu besuchen. Sie saßen in Travers' Privatbüro, wo die Jalousien heruntergelassen waren, und in der Gegenwart von Travers' Sohn, der ihm sein Leben verdankte, war sich Sam eines tieferen Gefühls bewusst, als er jemals zuvor gespürt hatte: Er war nicht mehr wütend, weil Travers war gestorben, trauerte aber ehrlich um ihn.

„Übrigens", sagte Lance plötzlich, „hat mein Vater Ihnen jemals von seinem Testament erzählt?"

"Sein Wille!" sagte Sam. "NEIN. Warum sollte er?"

„Ich dachte, er hätte es geschafft", sagte Lance. „Er hat es letztes Jahr geschafft, nachdem er mir meine Praxis gekauft hatte. Damals dachte er, dass er etwas für dich tun sollte, rechnete aber nicht damit, lange zu leben, und schrieb es in sein Testament. Es gibt tausend Pfund für dich."

Sam hat es gut aufgenommen. „Mir wäre es lieber", sagte er, „dass er noch am Leben wäre ." und im Moment meinte er es ernst.

Aber er hatte recht gehabt. Es war der Finger des Schicksals.

KAPITEL XI
IN Bearbeitung

Da es eine einfache Selbstverständlichkeit war, bot Lance Sam die erste Ablehnung des Geschäfts seines Vaters an, war aber nicht überrascht, als Sam es ablehnte, daran zu denken.

Sam war viel mehr von sich selbst überrascht als Lance von Sam. Lance hatte die Immobilienagentur nie als einen wünschenswerten Beruf angesehen, während Sam sich von der Routine gelangweilt hatte, ohne den Respekt vor ihrem Nutzen zu verlieren, und erst gestern hätte er die Chance ergriffen, das Unternehmen zu besitzen. Mit Erstaunen hörte er den Klang seiner eigenen Stimme, die das Angebot höflich ablehnte, aber nachdem er abgelehnt hatte, änderte er nichts an seiner schnellen Entscheidung.

Man nimmt an, dass der so genannte schnellfeuernde Teil seiner Intelligenz die Tatsache seiner tausend Pfund absorbiert und darauf reagiert hatte, bevor sein ganzer Körper sich dessen richtig bewusst war. Auf jeden Fall lehnte er ab und stimmte seiner Weigerung nach einiger Überlegung zu.

Seine Spekulationen über Gerald Adams hatten jetzt, da er Kapitalist war, ein anderes Aussehen. „Geld", hatte er sich schon einmal erinnert, „bringt Geld hervor", und er bezweifelte, dass Travers' Geschäft, ohne Travers' geniale Persönlichkeit, fruchtbar genug für das von ihm erwartete Tempo der Geldschöpfung war. Vielleicht lag auch etwas an dem Gedanken, dass die Agentur der Travers wie ein toter Mann aussah, während die Idee, Adams' Vortrag zu veröffentlichen, ob Sieg oder Niederlage, seine eigene Erfindung war.

Eine andere Sache, die ihm mit seinem Erbe widerfuhr, war das Gefühl, wieder in die Kaste aufgenommen worden zu sein; er gehörte wieder zu seinen alten Schulkameraden. „Wie viele von ihnen", dachte er, „können im Handumdrehen tausend Pfund in die Hände bekommen?" und ging aufrecht durch die Straße, wo er natürlich, da er ihn acht Jahre lang bis letzte Nacht nicht gesehen hatte, Stewart begegnete.

„Hallo", sagte Stewart, „wie geht es dem Brieffreund? Und würde dir ein Drink etwas nützen?"

Sam zögerte. Verlief der Weg zur Gesellschaft der Olympioniken durch die Türen des Wirtshauses? Stewart war unbestreitbar Olympiasieger: Er hatte das Auftreten, die Manieren und die Kleidung eines sicheren Erfolgs. Er hatte eine Leichtigkeit und eine Haltung, die Sams Neid erregten. Er hatte Stil, dieser junge Mann, der alles sein konnte, der aber, wie Sam zynisch dachte, wahrscheinlich nicht für seine vornehme Kleidung bezahlt hatte, während Sam der Besitzer von tausend Pfund war. Damit war er in aller Stille Olympiateilnehmer, was nicht von den Hausdächern geschrien zu werden braucht, wie Stewart offenbar zu schreien hatte. Sam *war es* , und es bestand die Möglichkeit, dass Stewart es nur scheinbar war. Es gab ihm die Kraft, sich zu weigern. Nicht aus Prinzip, sondern aus wirtschaftlichen Vorurteilen war Sam ein Abstinenzler .

„Ich trinke keinen Alkohol", sagte er.

„Für eine Besserung ist es nie zu spät", sagte Stewart. „Trotzdem gibt es hier ein Café und wir werden Kaffee trinken. Es ist schlecht für unser Herz, aber Balzac hat die „ Comédie" geschrieben Humaine ' auf schwarzem Kaffee, also ist vielleicht etwas im Schraubstock, obwohl es nicht meine Gewohnheit ist. „Zwei schwarze Kaffees, Sophie", bestellte er bei der Kellnerin.

„Wenn es nicht Ihre Gewohnheit ist", fragte Sam, „wie lernen Sie dann die Kellnerin beim Namen kennen?"

„„Mein lieber Arsch!' sagte Stewart mitleidig.

„Nennst du sie alle Sophie?"

„Nur wenn es ihr Name ist. Du heißt doch Sophie, nicht wahr?" sagte er, als das Mädchen mit ihrem Kaffee zurückkam.

"Jawohl."

Stewart schätzte Sams Erstaunen. „Ich weiß, dass ich angeberisch bin, aber es gefällt mir. Wenn Sie ein Mädchen mit einer idiotischen Silberbrosche aus den Buchstaben *SOPHIE sehen* , können Sie davon ausgehen, dass es ihr Name ist und nicht der Name ihres besten Jungen. Ganz einfach, wenn man weiß, wie man es macht, wie bei jeder erstklassigen Zauberkunst."

„Ich hatte ihre Brosche nicht bemerkt", sagte Sam.

"Ich hatte. Das ist der Unterschied. Dennoch ist es nicht fair, Ihnen die Schuld zu geben. Ich bin ein professioneller Beobachter." Sam meinte, Stewart sei ein Detektiv, hatte aber keine Zeit, um eine Bestätigung zu bitten, denn Stewart fragte stattdessen: „Und was sind Sie übrigens?" Und brachte ihn durch die Frage etwas in Verlegenheit. Was war er eigentlich im Moment?

„Verrät es Ihnen Ihre Beobachtung nicht?" er hat eingezäunt.

„ Gestern Abend hat es mir gesagt, dass du ein ziemlicher Wahnsinniger bist. Hast du das Zeug von Adams gekauft?"

"Ja, habe ich."

„Ich dachte, ich hätte dich auf frischer Tat gesehen, als ich hinausging. Dann sind Sie offensichtlich ein Kuttelhändler."

„Ich frage mich", sagte Sam, „ob Sie mir helfen könnten, Stewart. Im Ernst, meine ich."

„Im Kuttelnhandel?"

„Ich möchte unbedingt einen Journalisten treffen." Er meinte, ein Detektiv sollte sich mit Journalisten auskennen.

„Aber, mein Lieber, das ist ein Café. Es ist keine Bar. Wofür wünschen Sie sich einen Journalisten?"

„Das werde ich dem Journalisten sagen."

„Wenn Sie eine Zeitung veröffentlichen möchten und auf der Suche nach einem Redakteur sind, sind Sie bei mir genau richtig. Es gab Momente in meinem Leben, in denen ich mich selbst als Journalistin bezeichnet habe. Derzeit redigiere ich den *Manchester Warden* , bin aber offen für eine Verurteilung." Er hat diese Arbeit noch nicht ganz redigiert, aber er hat sechs Pfund pro Woche dafür geschrieben. Er beherrschte die Stenographie nicht, zitierte aber korrekt und unpassend Joseph Conrad und Henry James, als er eine Mitteilung über eine Aufführung im Varieté schrieb.

„Ich fürchte", sagte Sam scharfsinnig, „dass ich, als ich Journalist sagte, etwas ganz anderes meinte als Sie, aber ich werde Ihnen sagen, wie ich dazu stehe, und vielleicht werden Sie mir einen Rat geben." Gestern Abend habe ich, wie Sie wissen, die Zeitung von Adams gekauft. Ich habe ihm fünfundzwanzig Pfund dafür gegeben."

„Wahnsinn", sagte Stewart, „ist ein mildes Wort für Ihre Beschwerde. 25 Schilling wären auf einem freundlichen Markt ein Spitzenpreis dafür."

„Heute kam ich ins Büro und erfuhr, dass mein Arbeitgeber plötzlich gestorben war. Erinnern Sie sich an Lance Travers? Es war sein Vater, und mit seinem Tod endete praktisch das Geschäft. Nun, Sie sehen meine Position."

Stewart zitierte Sheridan: „‚Die spanische Flotte kannst du nicht sehen, weil sie noch nicht in Sicht ist.' Und das Gleiche gilt auch für Ihre Position, mein Junge. Seine Postadresse ist der Schoß der Zeit."

„Das stimmt", sagte Sam. „Und ich darf hinzufügen, dass ich verlobt bin."

„Ich kann Gründlichkeit bewundern", sagte Stewart. „Sie lassen nichts Wesentliches aus."

„Jetzt, trotz alledem", sagte Sam, „bin ich immer noch zu stolz, um zu Adams zu gehen und ihn zu bitten, mich von meinem Geschäft zu befreien."

„Und es hätte keinen Sinn, wenn Sie es täten", sagte Stewart. „Er würde dich auslachen."

„Ich kann es von ihm glauben. Aber ich bin mit seinem Papier gelandet. Es hat mich zwanzig Pfund gekostet. Ich hatte vor, es zu drucken, und ich habe vor, es zu drucken, aber ich habe vor, es jetzt zu verkaufen, wenn es gedruckt ist." Sam verließ Stewart in der Annahme, dass er diese Broschüre kostenlos verteilt hätte, wenn Travers nicht gestorben wäre. „Geld", fügte er hinzu, „ist eine Notwendigkeit."

Er hatte den richtigen Weg eingeschlagen. Stewarts instinktive Großzügigkeit war berührt und er hatte vor, diesen lahmen Hund über den Zaun zu tragen. „Ich verstehe, wo Ihr Journalist ins Spiel kommt. Alles klar, Branstone , Sie können auf mich zählen."

„Auf dich?" sagte Sam. „Oh, das konnte ich nicht von dir verlangen."

„Sie haben nicht gefragt", antwortete Stewart naiv. "Ich biete. Ich redigiere vielleicht den „ *Manchester Warden* " , aber Zeus nickt manchmal: „Es ist bekannt, dass Busleute Urlaub machen, und es gibt eine Zeitung namens „ *Sunday Judge* " , in deren keuschen Kolumnen ich unter dem Namen Percy Persiflage geschrieben habe. Schicken Sie mir einen Beleg dieser Broschüre und Percy wird darauf stampfen. Er wird sagen, dass kein anständiger Mensch es lesen könnte, ohne empört zu sein, und die Broschüre wird boomen. Sie wollen das Publikum der Sonntagszeitungen erreichen, und ... Nein, Percy soll nicht stempeln. Percy wird segnen. Er wird die Ernsthaftigkeit von Herrn Adams bewundern, er wird die hohe moralische Zielsetzung loben und den Rest auf dem Schriftweg erledigen. Bitten Sie Ihre Schwestern, Cousinen und Tanten, auf beiden Seiten Briefe einzuwerfen, und ich werde dafür sorgen, dass sie gedruckt werden. Ich nehme diese Änderung wegen der Bücherstände vor."

„Die Bücherstände?" fragte Sam vage.

„Dieses Verteilungsproblem", sagte Stewart eindrucksvoll, „ist die schwierigste Frage des modernen Lebens. Der Produzent ist hier, Sie; Der Verbraucher (hoffen wir) ist überall, und das Problem besteht darin, Ihre Broschüre dem durstigen Verbraucher zu bringen. Die Antwort ist der Bücherstand, aber die Bücherstände sind vorsichtig. Wenn ich Bücherstände sage , meine ich die richtigen Bücherstände. Sie werden Ihr Geld nie zurückbekommen, wenn die einzigen Buchstände, die Ihre Broschüre ausstellen, diejenigen sind, die schrecklich gedruckte Taschenbuchausgaben von „Nana" und „Fanny Hill" verkaufen. Sie müssen an *den* Bücherständen erfolgreich sein, und „Esther Waters" wurde verboten. Die Bücherstände, Branstone , werden Taktgefühl erfordern, und Taktgefühl wird mit Percys Wertschätzung beginnen."

„Oder früher“, sagte Sam.

"Früher?"

„Ich hatte nicht an die Bücherstände gedacht, aber das könnte dort und auch auf andere Weise hilfreich sein. Ich meine, was Manchester betrifft, und wenn wir es hier auf die Bühne bringen, können sie es anderswo nicht so gut ablehnen.“

„Da Manchester Manchester ist, ist das unwahrscheinlich“, sagte Stewart. "Was ist deine Idee?"

„Nur das“, sagte Sam und zeigte ihm sein vorgeschlagenes Cover für die Broschüre.

Das soziale Böse

Eine Adresse sein

Von Gerald Adams, MA,

Fellow des Balliol College, Oxford.

Wie vor der Concentric Society unter dem Vorsitz von Rev. Peter Struggles gelesen.

Stewart schaute es an, dann sah er Sam an, und Sam kam ihm jetzt nicht mehr wie ein lahmer Hund vor. Er pfiff laut. „Du bekommst dein Geld zurück, mein Junge“, sagte er. „Aber das ist hart für Peter.“

"Herr. Kämpfe stimmten dem Vortrag zu.“

„Ich frage mich, ob er das gutheißen wird?“ sagte Stewart.

„Er kann sein Wort nicht brechen“, sagte Sam. „Außerdem bin ich mit seiner Tochter verlobt.“

„Was mich beunruhigt“, sagte Stewart bewundernd, „ist, dass ich Sie für einen harmlosen Verrückten gehalten habe. Ich bin selbst nur Journalist, mit einem Fuß im *Manchester Warden* und mit dem anderen im *Sunday Judge*. Sonntags bin ich ein Tory und wochentags ein Liberaler. Ich habe die Ehrlichkeit aufgegeben, als ich aufgehört habe, jung zu sein, und ich dachte, dass ich mich zu diesem Zeitpunkt schon auskenne. Aber wenn ich denke, dass ich dich für einen arglosen Unschuldigen gehalten habe, möchte ich in die Ecke gehen und mir selbst hart treten.“

Sam fand das ziemlich beunruhigend, er wusste, dass die Verwendung oder der Missbrauch von Peters Namen listig war, aber er begann zu bereuen, dass er Stewart seine geplante Tarnung gezeigt hatte. „Aber ich bekomme meine Bewertung beim *Richter?* “, fragte er hart.

„Mein Sohn", sagte Stewart, „das tust du." Ich habe Sixpence für Kaffee und eine halbe Stunde für dich ausgegeben. Das ist ein gutes Exemplar, und ich kann es mir nicht leisten, es zu verschwenden. Ich muss meinen Lebensunterhalt verdienen, und Gerald Adams verdient das Schlimmste, was ihm passieren wird. Gleichzeitig erlaube ich mir den Luxus, Ihnen zu sagen, dass es sich bei Ihrem Spiel um ein schwaches Spiel handelt."

„Wir haben die Welt nicht zu dem gemacht, was sie ist, oder?" sagte Sam.

„Und weder Sie noch ich werden es besser hinterlassen, als wir es vorgefunden haben", sagte Stewart und prophezeite vorschnell mit dem grenzenlosen Zynismus seiner fünfundzwanzig Jahre. „Das Schlimmste am Kaffee", fuhr er fort und leerte seine Tasse, „ist, dass er durstig macht. Ich gehe über die Straße, um etwas zu trinken. Hast du eins bei mir?"

„Nein, danke", sagte Sam. „Ich muss einen Drucker sehen."

"Oh ja. Warum nicht die Judge Press? Ich schätze, ich könnte dich dort im Erdgeschoss unterbringen."

„Aber sie sind nicht ganz die richtigen Leute dafür. Sie drucken Sportzeitungen und –"

„Sie werden an überhitzten Lagern in Ihrem Gehirn sterben", sagte Stewart. „Du denkst an alles."

Sam hatte zumindest geglaubt, dass ein Drucker (so unbekannt im Vergleich auch Judge Press war, dessen Werke eine Kleinstadt für sich waren), der eine religiöse Zeitung herausgab, für seine Zwecke besser geeignet war als die Drucker von Sunday *Judge, Sporting Notions und die Football Times* . Er ging zu Carter, Meadowbank & Co., die kurz vor dem Bankrott standen, aber den Vorteil hatten, „ *Christian Comfort*" und „*Church Child's Weekly*" *zu drucken* , und vereinbarte mit ihnen den Druck von fünftausend Exemplaren von Adams' Zeitung. Carter, der die ganze Firma vertrat, warf einen schiefen Blick auf den Titel, aber als Sam darauf hinwies, dass Rev. Mr. Struggles den Inhalt gebilligt hatte, gab Carter sofort nach und unternahm nicht einmal den Versuch, zu protestieren, als Sam ihn zum Drucken aufforderte insgesamt fünftausend:

„Diese erste Auflage von tausend Exemplaren wird zum Sixpence-Preis ausgegeben. Der Preis für zukünftige Ausgaben beträgt einen Schilling. Samuel Branstone , Verleger."

Carters schmuddeliges Büro war mit den Hauptprodukten seiner Firma geschmückt: Texten, dem Standardwerk kommerzialisierter Religiosität. Gut behandelt, in den Texten steckte Geld, aber Carter war ein alter Mann mit schwindenden Kräften und einem konservativen Geist. Meadowbank, der sich um die Vertriebsseite des Geschäfts gekümmert hatte, war vor Kurzem verstorben, und Carter betete jeden Abend, dass die Sorge bestehen möge. Da die Dinge vielversprechend waren, schien es unwahrscheinlich, aber hier war Sam mit einer Bestellung für ihn und nicht in der Absicht, ihn im Preis zu unterbieten. Carter gefiel die Anweisung nicht, fünftausend Exemplare als eintausend zu bezeichnen, und ihm gefiel das Thema der Broschüre nicht, aber er wollte Geschäfte machen und konnte sich keinen Piraten vorstellen, der unter der Flagge von Mr. Struggles segelte.

Sam rammte das Haus und spürte das Zögern des Mannes. „Ich halte es für wahrscheinlich", sagte er, „dass Herr Struggles eine Predigt über diese Broschüre halten wird. Vielleicht kann ich Ihnen sagen, dass ich sein Schwiegersohn sein werde."

Damit war Carter zufrieden und er nahm die Bestellung an. Er kannte den Einfluss des Pfarrers Peter Struggles und reagierte darauf. Das wusste er in der Pfarrei. St. Mary's, das Lächeln von Peter zählte mehr als das gewichtigste Wort des Pfarrers, und obwohl der Pfarrer außerhalb seiner Gemeinde unbekannt war, hatte Peter in ganz Manchester Autorität – eine Autorität, die in letzter Zeit dadurch gewachsen war , dass Peter sich weigerte, einem einfachen Leben auf dem Land den Vorzug zu geben . Es war natürlich nicht Peter gewesen, der von dieser Weigerung erzählt hatte, er hatte es Ada nicht gesagt. Aber es war durchgesickert, und Manchester, das die Selbstlosigkeit der Menschen verachtet, ehrte es im Pfarrer; Mancunians fühlten sich geschmeichelt von seiner Loyalität gegenüber St. Mary's und von dem Gedanken, dass sie Mitbürger der Heiligkeit waren.

Nachdrücklich war der Name Peter Struggles auf der Broschüre ein *Clou* , aber Sam hatte Peter noch nichts davon erzählt, und er musste es tun. Einen Unfall konnte er sich nicht leisten, und Peter war seiner Meinung nach beherrschbar.

Ada begegnete ihm an der Tür mit einem strahlenden Lächeln und hob erwartungsvoll die Lippen, aber er schüttelte den Kopf, berührte zärtlich ihre Schulter und ging vor ihr ins Zimmer, so dass ihr Gesicht, als sie ihm folgte, die Angst ausdrückte, die er hatte gewünscht. Er trat als ein von Trauer niedergeschlagener Mann auf.

„Was ist los, Sam?" Sie fragte. "Was ist los?"

Peter schloss „Plotinus" widerstrebend: Er fand nie genug Zeit zum Lesen, und hier wurde einer seiner wenigen Abende unterbrochen. Er hatte den Gedanken, obwohl er es als ungroßzügig empfand, dass Unterbrechungen dieser Art ein Ende hätten, wenn Ada verheiratet wäre.

„Ich habe heute eine traurige Nachricht erhalten. Mr. Travers starb in der Nacht. Es ist... es ist eher ein Schlag."

Petrus verachtete die Konventionalität der Priester. „Er war ein guter Freund für dich, Sam."

„Ein zweiter Vater", sagte Sam vorsichtig und nutzte nicht die Gelegenheit, um zu erzählen , dass Travers' Freundschaft über den Tod hinaus Bestand hatte. Vielleicht hielt er diesen Moment für zu heilig, als dass ein Vermächtnis auf ihn einwirken könnte. „Natürlich", fuhr er fort, „hatte ich den ganzen Tag Zeit, darüber nachzudenken und darüber nachzudenken, welchen Unterschied es für mich machen wird – für uns, das heißt Ada, für dich und mich."

„Welcher Unterschied, Sam?" sie fragte scharf.

„Es kommt so weit", sagte er niedergeschlagen, „dass ich arbeitslos bin und die Konkurrenz so verzweifelt ist." Solange er lebte, hatte ich seine Freundschaft hinter mir. Nun – ich sage nicht, dass ich Angst habe, alleine zu stehen. Zweifellos wird es irgendwann gut für mich sein, aber, Ada, du siehst, wie es unsere Hoffnungen verschieben könnte."

Ada hat es gesehen. „Plotin" nutzte die Gelegenheit, vom Knie des Petrus zu rutschen, und Petrus sah es auch und seufzte. „Oh, Sam!" sagte Ada.

„Und", sagte Sam und sah Peter mit einem Hauch von Schuldgefühlen an, „da ist meine Rücksichtslosigkeit von letzter Nacht. Unter meinen damaligen Umständen war es extravagant. Heute sieht es schlimmer aus."

„Das konntest du nicht wissen", sagte Peter freundlich.

„Nein", stimmte Sam zu. „Ich konnte es nicht wissen, und ich habe jetzt das Gefühl, dass ich mich an das halten muss, was ich getan habe."

„Sehr richtig, Sam, aber Mr. Adams ist nicht arm und ich denke, wenn Sie zu ihm gehen würden ——"

„Oh, bitte", sagte Sam, „bitte dränge mich nicht dazu. Ich bin der festen Überzeugung, dass ein Schnäppchen ein Schnäppchen ist und um jeden Preis eingehalten werden sollte."

Peter schämte sich im Stillen. „Da haben Sie vollkommen Recht", sagte er.

„Nun", sagte Sam, „so fühle ich mich, aber in gewisser Weise bin ich mit der Sache am Ende und schlage vor, damit weiterzumachen." So wie ich es sehe – und ich weiß, dass es ein gewisses Maß an Unangemessenheit hat, über all diese praktischen Angelegenheiten nachzudenken, nachdem mein Wohltäter erst kürzlich gestorben ist, aber ich muss, ich muss –" Er blickte Ada an und es wurde klar, dass er darüber nachdachte sie entschuldigte sich : „ Meiner Meinung nach handelt es sich um einen Versuch, sozusagen die Kastanien aus dem Feuer zu holen." Ich werde dieses Papier drucken, und das Gute, das ich mir erhofft hatte, wird nicht verloren gehen, weil sich meine Umstände geändert haben, aber ich werde dafür eine kleine Gebühr erheben, um die Kosten so weit wie möglich zu decken. Und da ich natürlich möchte, dass es sich gut verkauft, kam ich auf die Idee, auf dem Cover zu vermerken, dass es unter Ihrem Vorsitz erstmals bei den Concentrics gelesen wurde. Der Punkt dabei ist, dass gestern Abend nicht alle Mitglieder da waren; es wird ihre Aufmerksamkeit darauf lenken; und sie werden, so hoffe ich, kaufen. Es sichert uns ein paar zuverlässige Käufer."

„ Ganz , ganz", sagte Peter. „Es ist eine ausgezeichnete Idee. Obwohl ich kaum davon ausgehen kann, dass die Erwähnung meines Namens irgendeinen Wert hat, sollte der Name der Gesellschaft auf jeden Fall hilfreich sein."

Seine Bescheidenheit war völlig unheilbar. Er hatte nicht die geringste Ahnung vom weitreichenden Einfluss von Peter Struggles. „Ich habe den ganzen Tag an kaum etwas anderes gedacht als an die Arbeit von Herrn Adams. Ich fragte mich, ob es meine Pflicht war, von der Kanzel aus über dieses schreckliche Thema zu sprechen. Die Kirche sollte nicht schweigen, sonst könnte man meinen, sie würde nachgeben."

Sam spürte, wie sein Herz in ihm hüpfte. „Adams hielt Offenheit für das Beste", sagte er.

„Ja, ja, bei den Concentrics. Aber es gibt Schwierigkeiten für mich, und vielleicht werde ich nur mit der Jungen-Männer-Klasse der Sonntagsschule sprechen. Allerdings ist das", überlegte er, „gefährlich nah an einem Kompromiss."

"Aber was ist es?" fragte Ada. "Worüber redest du?"

Sam schwieg. Das Gleiche galt für Petrus, und das Schweigen wuchs, bis er es wie einen Vorwurf empfand. Er sah Sam an. „ Siehst du?" er sagte. „Das ist das Dilemma der Kirche. Ich werde mit den jungen Männern sprechen und danach vielleicht, vielleicht –" Er warf einen Blick auf Ada.

„Nein", beendete er entschieden, „ich muss es dabei belassen." Er war sechsundfünfzig und hatte den größten Teil seines Lebens unter Victoria der Guten verbracht.

KAPITEL XII
Den Piloten absetzen

Eine NNE lebte für Sam: Und wenn sie es selten zeigte, wenn es zum Beispiel manchmal so aussah, als würde sie leben, um ihr Haus zum saubersten in der Reihe zu machen, war das nur ein Symptom ihres Stoizismus. Sie lebte für Sam und er wusste es. Sie gehörte einer Rasse an, die Prahlerei hasst wie der Teufel und ihre Gefühle hinter einer grimmigen Zurückhaltung verbirgt. Es verbirgt Emotionen als verborgenen Schatz und trägt eine Maske, mit der Fremde einen Mangel an Sensibilität anzeigen. Sie hatte nicht die Angewohnheit, Sam zu streicheln; sie züchtigte, wen sie liebte; und Sam war sich der Stärke von Annes Liebe sehr wohl bewusst.

Sie war bereit, ihn zum richtigen Zeitpunkt der richtigen Frau zu übergeben, aber sie war der Meinung, dass Ada weder die richtige Frau war noch dies der richtige Zeitpunkt war. Sie war bereit, von Sam und vom Leben selbst abzuweichen, als er eine Ehe einging, die sie gutheißen konnte, aber sie war nicht bereit, ihn Ada Struggles zu überlassen, die sie missbilligte. Sie war nicht bereit, für Leute wie Ada Struggles zu sterben. Lass Sam Ada heiraten, und Anne sollte am Leben bleiben, denn eines Tages würde er sie brauchen und wenn der Tag kam, würde sie da sein.

Sam hätte sich gefreut, wenn er Anne von der Broschüre und dem Vermächtnis hätte erzählen können. Er hatte nach der Minnilie- Affäre gehofft , dass sein nächster „Schlaganfall" einer davon sein würde, den er Anne erzählen konnte, aber er sah das nicht als erkennbar an. Sie fragte natürlich, worum es in der Broschüre ging, und wenn Peter nicht mit seiner Tochter darüber sprechen konnte, konnte Sam mit seiner Mutter noch weniger darüber sprechen. Und was das Erbe angeht, welchen Sinn hatte es, es einer Frau gegenüber zu erwähnen, die darauf hinweisen würde, dass Sicherheit nur mit zweieinhalb Prozent zu haben sei? Das entsprach überhaupt nicht Sams Vorstellung vom Nutzen von tausend Pfund.

Schließlich war er erwachsen und ein Mann erzählt seiner Mutter nicht alles. Aber wenn er kein Narr ist, erzählt er ihr die Dinge, die sie auf jeden Fall herausfinden muss, und wenn er vorhergesehen hätte, dass sie es mit Sicherheit herausfinden würde, hätte er ihr, da er kein Narr war, diese Dinge erzählt. Er hatte es nicht vorhergesehen, denn Anne las keine Zeitung, aber sie hatte Nachbarn , die Zeitung lasen und ihr mit Kommentaren von dem Sturm berichteten, der bald in den Kolumnen des *Sunday Judge ausbrach* , und von Mr. Travers' Testament, das … erhielt einen kleinen Absatz in der Zeitung, als es bewiesen wurde.

„Es gab eine Zeit, in der du und ich uns nicht auf Geheimnisse einließen", sagte sie zu ihm. „Du hattest mir in letzter Zeit nicht viel zu sagen und ich habe dich trotz der Stunden, die du verbringst, auch nicht oft gesehen, aber ich würde es auf die Liebe zurückführen. Ich weiß, dass ein Mann nicht rational ist, wenn er den Hof macht, aber es scheint, dass ich noch viel über meinen Sohn lernen muss. Warum haben Sie mir nichts von Mr. Travers erzählt? Hast du gedacht, ich würde dir das Geld stehlen?"

„Natürlich nicht, Mutter, aber ich wollte mit einer fertigen Geschichte zu dir kommen, nicht mit einer, die gerade erst begonnen hat. Ich bin in eine geschäftliche Angelegenheit verwickelt, von der ich Ihnen erzählen wollte, sobald sie abgeschlossen ist."

„ *Ja* ", sagte sie, „ich verstehe. Du riskierst dein Geld. Wenn du auf der rechten Seite herauskämst, würdest du mir davon erzählen, und wenn du verlierst , würdest du vergessen, es mir zu sagen. Verlierst du?"

„Es ist noch früh, das zu sagen."

„Dann habe ich vielleicht noch Zeit, das Ganze im Keim zu ersticken. Was hat es mit dem *Sonntagsrichter auf sich?* "

„Habe ich es gesehen?" er hat gefragt.

"Ja. Du bist das Gesprächsthema auf der Straße."

„Das ist großartig", stieß er hervor, bevor er es merkte.

"Prächtig! Da schreibt ein Herr an die Zeitung, dass Sie mit Unmoral handeln."

„Ich habe diesen Brief selbst geschrieben", grinste Sam.

"Was hast Du getan?"

„Ich fürchte, ich werde es dir nie verständlich machen."

„Ich bezweifle, dass du das nicht tun wirst. Mich so belügen. Ich erwarte von mir, dass ich glaube, dass Sie in der Zeitung über sich selbst schreiben und sich selbst harte Schimpfwörter nennen. Und der Brief ist auch mit „Truth-teller" unterschrieben. In der Zeitung steht, dass mein Sohn den Deckel von der Jauchegrube gehoben und einen Geruch freigesetzt hat, der anständige Menschen zum Erbrechen brachte."

"Ja. Ich weiß. Werbung ist eine grobe Kunst."

„Dein Name ist für immer geschwärzt . Und es ist mein Name, Sam, und der Name, den mir dein Vater gegeben hat. Es ist der Name ehrlicher Leute und –"

„Mutter, Mutter, sage ich dir nicht, dass das alles Werbung ist?"

„Was du mir erzählst und was ich glauben kann, werden zwei verschiedene Dinge. Ich weiß, was eine Anzeige in der Zeitung ist, und ich weiß, was ein Brief ist. Das ist ein Brief.“

Sam spürte die Hoffnungslosigkeit eines weiteren Streits.

Sie hatte einen einfältigen Glauben an die Integrität von Zeitungen und dem gedruckten Wort, aber er konnte zumindest zeigen, dass das Wort sich selbst widersprechen konnte. „Sehr gut“, sagte er, „es ist ein Brief, und dieser auch.“ Er holte eine Kopie des Papiers aus seiner Tasche. Stewart hatte sein Wort gehalten, was keine große Leistung war, da er eine gute Vorstellung davon hatte, was sein Herausgeber annahm, was das Sonntagspublikum wollte, und unter der Überschrift „Das soziale Übel. – Ist die Broschüre gerechtfertigt?“ flammte eine Kolumne leidenschaftlicher Korrespondenz auf. Sam wählte einen Brief, in dem er Adams als Kreuzritter und Branstone , seinen Verleger, als hochherzigen Sozialreformer beschrieb, der mutig das Risiko einging, Missverständnisse für Prinzipien und Rechte zu hegen, und die Unterstützung von Rev. Peter Struggles als Beweis für seine tadellosen Motive anrief. „Nun“, sagte Sam, „soll ich denn doch missverstanden werden, und zwar von dir?“

„Du hast mir erzählt, dass du den anderen Brief geschrieben hast“, sagte sie. „Meinst du nicht, dass du das hier geschrieben hast?“

„Das tue ich nicht“, sagte er wahrheitsgemäß. Er schrieb seine Worte, in denen er sich selbst angriff, auf die eine Seite von Stewarts Schreibtisch, während Stewart ihn auf der anderen Seite verteidigte. Es hatte großen Spaß gemacht.

„Und was“, fragte sie, „ist die geschäftliche Angelegenheit, mit der Sie angeblich beschäftigt sind?“

„Warum“, sagte er unvorbereitet, „es ist das.“

„Dann verstehe ich das überhaupt nicht falsch, mein Sohn. Ich verstehe es sehr gut. Und Sie haben Peter Struggles miteinbezogen. Hast du dich deshalb mit Ada verlobt?“

"Mutter!" er protestierte. „Zweifle an mir, wenn du willst, aber du darfst nicht an Mr. Struggles zweifeln. Er ist sicherlich über jeden Verdacht erhaben.“

„Er ist gerade in schlechter Gesellschaft“, sagte Anne, „und ich bezweifle, dass du zu schlau für ihn warst.“

Sam entschied sich dafür, beleidigt zu sein. „Ist es das, was du von mir denkst?“ er hat gefragt.

„Dass du schlau bist. Ja. Ich denke, das ist in Ordnung. Ich weiß es seit der Zeit, als Sie eine Gruppe Schuljungen aus einem Möbelhaus lockten und George Chappie hineinsteckten. Du bist an den falschen Stellen schlau, Sam. Als du in der Schule warst, warst du auch außerhalb der Schule klug. Sie sind jetzt im Geschäft und das sollten Sie auch tun; in der Ehrlichkeit schlau zu sein, und ich habe den Eindruck, dass du in der Unehrlichkeit schlau bist."

„Natürlich", sagte er, „zeigt das nur, wie recht ich hatte, es dir nicht zu sagen." Es ist die alte Geschichte. Frauen verstehen das Geschäft nicht."

"Ich weiß. Das Geschäft ist eine Brille, die aus Schwarz Weiß macht, aber ich selbst trage keine Brille. Wirst du mir sagen, was du mit diesen tausend Pfund machst ?"

„Ich habe dir gesagt, dass es noch nicht entschieden ist. Aber wenn die Verkäufe dieser Broschüre diese Woche so steigen wie letzte, werde ich damit ins Verlagsgeschäft einsteigen."

„Damit Sie mehr davon veröffentlichen können?"

„Wenn ich sie bekommen kann. Da steckt viel Geld drin."

„Sam", sagte sie ernst, „ist das alles, was dich interessiert?"

„Du hast mir selbst gesagt, dass Ada nicht die Frau eines armen Mannes ist." Er hielt es für eine sehr hübsche Partitur, Anne scheinbar verantwortlich zu machen, aber Anne ließ sich von solch einem Schein nicht täuschen. Ihrer Ansicht nach hatte Ada Sam korrumpiert, Ada war das Motiv für diesen Missbrauch seiner Klugheit; und die Bitterkeit für Anne war doppelt schmerzlich. Sie glaubte an Sam, mit einem Glauben, der trotz ihrer Enttäuschung über seine Schullaufbahn nie nachgelassen hatte; Aber jetzt wurde ihr klar, dass er in Travers' Büro auf Zeit gepasst hatte und dass es Ada und nicht sie war, die seine Energie zum schnellen Handeln gebracht hatte. Ada hatte sie zum Leben erweckt, wo sie unter Anna geschlummert hatten, aber die Wiederbelebung war korrupt gewesen . Es kam von Ada, war an der Quelle vergiftet und nahm giftige Wege.

Sie hatten nun den Tiefpunkt erreicht und das Wesentliche erreicht. „Sam", sagte sie, „ich habe nur Witze gemacht, als ich sagte, dass ein Mann nicht rational ist, wenn er verliebt ist. Aber es war ein wahres Wort, das im Scherz gesprochen wurde. Du bist nicht rational, sonst würdest du diese Dinge nicht tun und den Namen Branstone zum Synonym machen , und der Grund dafür, dass du nicht rational bist, ist Ada. Wenn Sie in eine gute Frau verliebt wären, könnten Sie ebenso wenig unehrenhafte Dinge tun, wie zu fliegen. Aber man ist in eine schlechte Frau verliebt und das führt zu schlechten Ergebnissen. Sam, denkst du, ich sage dir gerne, dass du einen Fehler gemacht hast? Und denkst du, ich weiß es nicht? Junge, Junge, ich liebe dich und ich habe mich nie für einen Narren gehalten. Entscheiden Sie sich jetzt, ich bin nicht der Idiot, der eifersüchtig ist, nur weil Sie heiraten. Ich wäre nicht neidisch auf das richtige Mädchen, Sam. Ich würde sie nehmen und willkommen heißen und wissen, dass sie ein besseres Recht auf dich hat als ich. Aber Ada Struggles hat kein Recht dazu: Sie ist gemein und nachgiebig und in jeder Hinsicht klein. Sie ist――――"

„Hör auf, Mutter. Vergiss nicht, dass ich Ada heirate."

„Und nichts, was ich sage, wird dich verändern? Sam, sie wird so weitermachen, wie sie begonnen hat, indem sie dich dorthin schickt." Sie griff auf die reißerische Polemik des *Sunday Judge zurück* . „Sie wird dich hin und her treiben. Du magst vielleicht Geld verdienen und reich sein, aber auf deinem Reichtum und auf allem, was du tust, wird ein Fluch liegen, und Ada Struggles ist der Name des Fluches."

Sam versuchte es mit einer kleinen Leichtigkeit. „Das wird in Ordnung sein", sagte er. „Sie wird ihren Namen ändern." Anne schüttelte den Kopf. „Eine Namensänderung ändert nichts an Adas Natur. Es ist der beste Teil deines Lebens, der vor dir liegt, und das Leben mit Ada bedeutet den Ruin. Ich sage Ihnen nicht, was ich denke. Das ist es, was ich weiß, und ich bitte dich, Sam, achte auf meine Worte."

„Ich beherzige sie", sagte er, „aber ich weiß, dass du falsch liegst."

„Das ist das Letzte, was Sie zu sagen haben?"

„Es tut mir leid, dass wir uns nicht einig sind, Mutter."

„Zustimmen ist nichts", sagte sie, „und ich bin nichts gegen dein Glück." Sehen Sie, Sam, ich werde es beweisen. Du hast den Gedanken im Hinterkopf, dass ich nichts gegen Ada habe, außer Groll, weil sie zwischen dich und mich geraten ist. Ich sage, dass das Mädchen nicht gut für dich ist, und ich sage, dass ich alles tun werde, um dich dazu zu zwingen, es zu sehen. Darin steckt nichts von mir selbst, und vielleicht bringt dich das dazu, es zu glauben."

Im Zimmer brannte ein gutes Feuer, und sie steckte ihre Hand hinein. Sam war aufmerksam genug, um sie wegzuziehen, bevor großer Schaden angerichtet wurde, und im Nu hatte er Öl auf der Hand.

„Mach dir keine Sorgen", sagte Anne, „aber sag mir, was du denkst."

„Ich glaube", sagte er, „dass du total verrückt bist – vor Eifersucht."

Es war keine Verrücktheit, sondern fanatische Hingabe an eine Idee: und die Idee war Sam, Sams Glück, Sams Zukunft. Sie legte ihre Hand ins Feuer in der Hoffnung, zu überzeugen, und sie wäre auf dem Feuer gesessen, wenn sie geglaubt hätte, dass die größere Tat zu einer umfassenderen Überzeugung führen würde. Aber er musste nicht davon überzeugt werden, dass sie Einwände gegen Ada hatte; Der Punkt war, dass ihre Einwände unbegründet und angesichts von Adas großartigen und atemberaubenden Verdiensten idiotisch waren.

Man kann keine Hand ins Feuer legen, ohne dafür zu leiden, und Anne litt sehr. Ihr Gesicht war vor Schmerz verzerrt und ihre Lippen zitterten unkontrolliert, aber ihre Stimme war fest.

„Ich habe mein Bestes getan, um dich zu retten, Sam. Wenn Sie nichts Besseres zu sagen haben, haben Sie und ich uns getrennt."

„Dann", sagte Sam, „sind wir gekommen" und drehte ihr den Rücken zu. Er glaubte, sie würde zu sich kommen und ihren Anfall rasender Eifersucht überwinden. Es war eine leere Drohung, von einem Abschied zu sprechen. Sie war von ihm abhängig, und zwar in mehr als einer Hinsicht. Er beherbergte und behielt sie, aber darüber hinaus brauchte sie ihn. Seine Anwesenheit war für sie der Atem des Lebens. Er wusste das und ließ sie gehen!

Natürlich ging er davon aus, dass sie zurückkommen würde, mit einer wichtigen Lektion, die sie gelernt hatte. Sie musste lernen, dass er erwachsen war und in einem Alter, in dem er ohne ihre Anleitung selbstständig handeln, wählen und denken konnte. Nur kam sie nicht zurück. Sie ging zu Madge und blieb bei Madge; und die Bedingungen, zu denen sie blieb, waren ihre Bedingungen. „Ich möbliere das Zimmer", sagte sie, „und ich zahle dir eine Miete dafür. Außerdem bezahle ich für das, was ich esse."

Sie zahlte. Im Alter von zweiundfünfzig Jahren die Mutter von Sara Branstone , von Branstone und Carter, und die Schwiegermutter von George Chappie , von der Chappie Window-Cleaning and Bill Posting Company (eine kleinere Angelegenheit als der Name, aber die Quelle). Sie war an drei von sieben Tagen als Putzfrau tätig, und es war nicht der Mangel an Angeboten, der sie auf drei Tage beschränkte, sondern die Tatsache, dass sie ihren Lebensunterhalt mit dem Ergebnis von drei Tagen bezahlte. Sie hielt die Häuser anderer Leute genauso sauber, wie sie es in ihren eigenen getan hatte.

Chappie wurde darauf hingewiesen, dass es für ihn kaum anständig sei, seiner Schwiegermutter in ihrem Alter – einem wohlhabenden Mann wie ihm – zu gestatten, auf die Kohlen zu gehen. „Ich weiß", soll er geantwortet haben, „und wir haben alles Mögliche versucht." Aber mit Mrs. Branstone kann man nicht streiten ."

„Sie ist eine von der alten Sorte , nicht wahr?" sagte sein Klatsch, der vielleicht eine Schwiegermutter anderer Art ertrug.

„Das alles", sagte George kurz und bündig.

Kapitel XIII
: Die zeitweilige Werbung

NUR durch lange Dienstzeit wird man Künstler, aber die Eheschließung erfolgt durch eine einfache Zeremonie. Es ist die Tragödie der Ehe, der schwierigsten aller Künste, dass die meisten Menschen ohne Ausbildung dorthin gelangen. Vielleicht ist die Beliebtheit von Witwen als Bräute auf die Tatsache zurückzuführen, dass die Witwe eine Witwe ist: dass sie in die Ehe eingedrungen ist, dass sie nicht alles lernen muss, dass zumindest eine der Vertragsparteien Expertin ist . Vieles spricht für die Politik der „Probefahrt".

Das Werben kann, wenn es intim genug ist, ein gerechter Ersatz für eine „Probereise" sein, aber als Sam Ada heiratete, wusste er erbärmlich wenig über sie.

Er fand sie wunderbar. Er musste es nicht nur denken, er dachte es tatsächlich. Er musste darüber nachdenken, denn nur als Wunderkind unter den Frauen hätte er seine Mutter so behandeln können wie er. Er hatte sie für verrückt gehalten, als sie ihre Hand in die Lire legte, aber er wusste, dass es heroisch war. Wenn sie verrückt war, dann aus Liebe zu ihm, und im Grunde liebte er sie auch und schämte sich für sich selbst, aber Ada stand zwischen ihnen und er würde Ada nicht aufgeben. Dann war er beschäftigt, die Zeit verging, die Sitte stumpfte das Gewissen ab, und schließlich wurde es zur Gewohnheit, entweder überhaupt nicht an Anne zu denken oder sich wohl zu fühlen, dass sie mit Madge glücklich genug war.

Und er fand Ada tatsächlich wunderbar, weil die Bedingungen seiner Werbung für sie kämpften. Es ging ihm sichtlich gut; er mochte Wohlstand; Es war Ada, die seinen Wohlstand eingeleitet hatte; und dafür war sie glamourös. Auch hier war er in jenen Tagen sehr beschäftigt mit den ersten Schritten seines neuen Geschäfts, zu beschäftigt, um den fleißigen Liebhaber zu spielen, und sah sie nur unregelmäßig. So gesehen verlor sie das Wunder der Überraschung nicht, sondern begegnete ihm bei jedem ihrer Treffen neu und war in der Lage, für jedes eine neue Anziehungskraft aus ihrem geringen Vorrat an Charme zu entfalten. Sie hielt ihren Verkehr äußerst korrekt und er hielt ihr Geheimnis für grenzenlos. Sie verbarg ihre Oberflächlichkeit hinter affektierter Bescheidenheit, wohlwissend, dass eine intime Werbung für ihn bedeuten würde, dass es nichts zu entdecken gab, und fühlte sich von Zurückhaltung angezogen. Es war auf seine kurzatmige Art ungeheuer klug: eine Klugheit, die während des Werbens anhielt, sich aber verflüchtigte, als das Band – der Altar – erreicht wurde. Es schien Ada nicht nötig zu sein, weiterhin schlau zu sein, sobald sie den Ring an ihrem Finger trug. Sie war verheiratet, sie hatte erreicht: Sie war klug für den Spurt und hatte keine

Klugheit mehr für den Marathonlauf. Und Sam hatte damals viele Sorgen, die ihn davon abhielten, zu viel über Ada nachzudenken.

Auch wenn er beim Werben langweilig war, war sein Verstand scharf genug für andere Dinge. Fast vom Tag der Veröffentlichung an hatte er die Genugtuung, dass sich die Broschüre stetig verkaufte. Sehr schnell ging es nicht mehr darum, sein Geld zurückzubekommen, sondern nur noch um die Frage, wie viele Cent Prozent er verdienen würde. Seine erste Auflage von fünftausend Exemplaren (die *Soi-Disant*-Tausend) war schnell erschöpft, und die Druckmaschinen von Carter Meadowbank machten Überstunden, um der Nachfrage gerecht zu werden. Er warf Brot auf das Wasser, indem er Kopien an jeden Namen in der Geistlichenliste und an jedes Mitglied des Parlaments schickte; und warf nicht umsonst. Er wurde mit kostenloser Werbung überhäuft. Irgendwie hatte er eine jener Zeiten gefunden, in denen das gesellschaftliche Gewissen aufgewühlt ist: Er veröffentlichte, ohne es zu wissen, zur richtigen Zeit, und die teuflische Klugheit von Gerald Adams' Schriften führte ihn sicher an den Felsen des Staatsanwalts vorbei. Es schien die Nachfrage nur anzukurbeln, als er den Preis auf einen Schilling erhöhte.

Er hatte keine weiteren Probleme mit der Broschüre. Es verkaufte sich von selbst, aber still zu sitzen und zuzusehen, wie sich die Räder drehten, gefiel Sam nicht, der tausend Pfund zu vermehren hatte. Er hatte nicht ganz den Mut zu glauben, dass er seine Tausend so schnell vervielfachen könnte wie die fünfundzwanzig, die er Adams zahlte, aber er hatte das Gefühl, dass er als Verleger gestartet war und nichts zu veröffentlichen hatte.

Eines Tages wurden seine Gedanken von diesem Unsinn abgelenkt, als er in Carters Druckerei ging, um den Vorarbeiter zu beschleunigen. Der Vorarbeiter gab zu, dass das Tempo verbessert werden könnte. „Aber ich weiß nicht , Sir, ob der Chef eine Verbesserung will. Es gibt keinen Grund, diesem Job nachzugehen. Man könnte sagen, Sie waren die Rettung von Mr. Carter.“

Sam war eine Minute nachdenklich. Er hatte sich nicht als Retter von Mr. Carter gesehen und schätzte diesen Charakter nicht, als er ihm aufgedrängt wurde. Er ging in Carters Büro.

„Dieser kleine Traktat von mir“, sagte er („Traktat“ schien die treffende Beschreibung in diesem mit Texten geschmückten Raum zu sein), „verkauft sich bemerkenswert gut und die Nachfrage steigt. Jetzt kann ich nichts über die Vergangenheit sagen . – Ich kam als völlig Fremder hierher und Sie haben mich entsprechend zitiert. Aber es ist nur fair, Sie zu warnen, dass ich die Preise bei anderen Druckern geprüft habe und es möglicherweise für notwendig erachtet, eine Änderung vorzunehmen.“

Carter gab sich keine Mühe, seine Bestürzung zu verbergen. „Ich hoffe, Sie werden das nicht tun, Mr. Branstone . Geben Sie mir zumindest die Chance, meinen Preis zu ändern."

„Einmal gebissen", sagte Sam, „ist doppelt schüchtern, und man bestreitet nicht, dass man gebissen hat."

„Aber sicherlich ist Geschäft", argumentierte Carter, „Geschäft."

„Das ist es", sagte Sam grimmig, „und wenn Sie mir ein paar Fragen beantworten würden, vorausgesetzt, dass es sich um ein Geschäftsgespräch handelt und ich nicht zu unverschämt neugierig bin, wäre ich Ihnen dankbar."

„Ich werde mein Bestes geben", sagte Carter.

"Danke schön. Wie alt sind Ihre Druckmaschinen?"

"20 Jahre."

„ Sie sind also nahezu hoffnungslos veraltet?"

Carter hatte eine Vorliebe für diese Pressen. Sie waren jung gewesen, als er jung war, und wurden gekauft, als die Welt ihm zulächelte und sein Geschäft seinen Höhepunkt erlebte . Sie hatten ihn behalten und er konnte jetzt nicht untreu sein. „Ich glaube, dass sie Ihr Traktat effizient gedruckt haben, Mr. Branstone ", verteidigte er sie.

„Oh, in den alten Hunden steckt noch Leben", sagte Sam. „Ich habe nicht vor, daraus Schrott zu machen."

„Da sie mir gehören", sagte Carter scharf, „würde es keinen großen Unterschied machen, wenn Sie es vorschlagen würden."

„Deshalb", sagte Sam, „schlage ich es nicht vor – noch nicht." Bitte denken Sie daran, dass ich geschäftlich spreche. Möchten Sie mir sagen, was die Produktion dieses Textes gekostet hat und was Sie dafür bekommen?"

Carter war es egal, aber obwohl er sich selbst wunderte, erzählte er es. "Und das?" fragte Sam und zeigte auf einen anderen; und noch einmal erzählte Carter.

„Dann", sagte Sam, „gibt es zwei religiöse Papiere, die Sie für die Eigentümer drucken. Was--?"

„Junger Mann", unterbrach Carter, „schlagen Sie vor, mein Unternehmen zu kaufen?"

„Nein", sagte Sam kühl, „nur um dein Partner zu werden." Welchen Gewinn wollten Sie mir mit den Papieren gemacht haben?"

Carter sagte: Er war zu verblüfft, um etwas anderes zu tun. „Ähm", sagte Sam. „Es ist nicht viel."

„Sie sind eine gute Arbeit", sagte Carter und Sam sah ihn scharf an, aber der alte Mann meinte es vollkommen aufrichtig. Es war eine gute Arbeit, religiöse Zeitschriften zu drucken, und er machte das fast umsonst.

„Nun", sagte Sam, „danke. Jetzt möchte ich kein Blatt vor den Mund nehmen: Als ich mit meinem – Traktat kam, habe ich Ihnen ermöglicht, die Einreichung Ihrer Petition aufzuschieben, aber es war nur eine Verschiebung, und wenn Sie den Tatsachen ins Auge sehen, ist dies die einzige große Tatsache für Sie Konkurs."

„Der Herr wird dafür sorgen." In diesem Glauben hatte Carter viele Monate lang von der Hand in den Mund gelebt.

„Wenn Sie es so sehen möchten. Er hat versorgt: Er hat mich versorgt. Ich werde Ihnen ein gutes Angebot machen, Mr. Carter. Ich werde fünf Pfund Kapital in das Unternehmen einbringen für einen halben Anteil am Werk, Goodwill und zukünftige Gewinne dieses Konzerns. Das heißt, das Druckgeschäft. Was ich als Verleger tue, hat nichts mit Ihnen zu tun."

„... ich muss darüber nachdenken", sagte Carter; aber sie wussten beide, dass er sich bereits entschieden hatte, anzunehmen.

„Der Herr", dachte Carter, „ *hat* dafür gesorgt." Sam hingegen dachte: „Vielleicht bin ich dumm, mich darauf einzulassen, ohne den Bericht eines Buchhalters zu den Büchern eingeholt zu haben, aber ich glaube an schnelles Handeln, und wenn ich einen zu hohen Preis geboten hätte, würde ich es tun . " Ich bin mir sicher, dass er dumm genug ist, es mir gesagt zu haben."

Es blieb nur noch, etwas zum Drucken zu finden, und er wollte Stewarts Rat einholen, ging aber mit der Idee, der Erste auf der Seite der Engel zu sein, zu Peter Struggles. Der Kampf, der um das Pamphlet getobt hatte, hatte Petrus verschont gelassen, auch wenn mehr als einer der Geistlichen , die es von Sam erhalten hatten, es für ihre Pflicht gehalten hatten, an Peters Bischof zu schreiben. Der Bischof sah keinen Grund für Disziplinarmaßnahmen: Es hätte sein können, dass Petrus gesündigt wurde, aber er hatte nicht gesündigt. Und der *Sonntagsrichter* wurde weder von Petrus noch von seinem Bischof gelesen. (Die Kirche hat bekanntermaßen keinen Bezug zum modernen Leben, aber schließlich ist es kaum vernünftig, von der Kirche zu erwarten, dass sie ihrem Rivalen, der *Sunday Press* , durch die Lektüre ein Kompliment macht.)

Dennoch hatte Peter beim Nachdenken einige schwankende Zweifel an der Broschüre gespürt. Seine gelegentliche Schlauheit warf ein flackerndes

Licht durch den Dunst seiner Wohltätigkeit und bescherte ihm Momente des Unbehagens.

Sams Haltung während dieses Anrufs war bewundernswert darauf ausgelegt, seine Zweifel auszuräumen. Mit Blick auf die Zukunft wollte er sich Petrus vergewissern, dessen Namen er an einem anderen Tag möglicherweise benötigen würde, und war bereit, Petrus jetzt zu besänftigen, auch wenn es nicht sofort von Vorteil wäre. Er erklärte, dass er sich mit Mr. Carter zusammengetan und sich in Peters Augen sofort Verdienste erworben habe. Carter war tadellos. Er erklärte nicht, auf welche Weise es ihm gelungen war, sich Carter anzuschließen, und Peter kam nicht auf die Idee, danach zu fragen. Sam würde Peter, der Ada erzählen würde, nichts von seinem Vermächtnis erzählen. Wenn sie es herausfand, wie Anne es herausgefunden hatte, konnte er nicht anders, aber in der Zwischenzeit war es sein Geheimnis. Ada gehörte wie Anne zu dem Geschlecht, das kein Verständnis für Geschäfte hatte.

„Und der Sinn", sagte Sam, „bei einem Unternehmen wie dem von Mr. Carter besteht darin, es zum Guten zu nutzen." Ich gehe davon aus, dass die Texte gut tun, aber vielleicht sind sie nur etwas für Einfältige. Ich hoffe, dass ich Menschen nicht wegen ihrer Einfachheit verachte, aber mein eigener Geschmack tendiert eher zu Büchern, und ich denke, Sie werden mir zustimmen."

Peter stimmte zu, mit einem Zitat, das Sam ziemlich enttäuschte; Er hatte die Idee, dass sich Poesie nicht verkaufen ließe.

„„Dichter sind die Trompeten, die zum Kampf singen. Dichter sind die unerkannten Gesetzgeber der Welt.""

„Ja", sagte Sam. „Ganz richtig. Aber geht die Poesie nicht in das entgegengesetzte Extrem? Ich hatte den Gedanken an etwas Direkteres. Gute Prosa mit einer guten Moral."

„Ausgezeichnet", sagte Peter und verabschiedete sich wieder.

> „Wären   nicht   Gottes Gesetze,
>
> Seine Evangeliumsgesetze wurden in alten Zeiten verkündet
>
> Nach Typen, Schatten und Metaphern?""

„ Natürlich waren sie das", sagte Sam und fragte sich, wann Peter sein mentales Wörterbuch mit Zitaten schließen und zur Sache kommen würde, „und dieses Zitat ist sehr treffend, weil ich an Klassiker dachte. Englische Klassiker, wissen Sie", erklärte er hastig, „und Klassiker, weil sie nicht urheberrechtlich geschützt sind."

„Und haben den Test der Zeit bestanden", sagte Peter.

"Ja. Glauben Sie, Sie könnten eine Liste vorschlagen? Ich würde gerne wissen, dass die ersten Bücher, die ich veröffentliche, von Ihnen ausgewählt wurden. Ich denke nicht, dass sie genau theologisch sein sollten, aber sie müssen im wahrsten Sinne des Wortes gut sein."

„Warum beginnen Sie nicht mit dem Buch, aus dessen Einführung ich gerade zitiert habe ?"

„Warum eigentlich nicht?" sagte Sam, der nicht die leiseste Ahnung von der Quelle des Zitats hatte.

„Sehr gut", sagte Peter. „Angenommen, Sie legen das für einen hin."

Dasselbe hinterließ vage Kratzer auf dem Papier. Er musste seinen Ruf als Bücherwurm aufrechterhalten und wollte seine Unwissenheit nicht vorzeitig verraten. „Dann", sagte Feter , „ist da noch Laws ‚ernsthafter Aufruf zu einem frommen und heiligen Leben'."

„Ich lasse mich auf etwas ein", dachte Sam, schrieb es aber auf.

„‚Die Nachahmung Christi' und ‚Die kleinen Blumen des heiligen Franziskus'", fuhr Peter fort.

„Ich denke, das sollte für den Anfang reichen", sagte Sam hastig.

„Vier, nicht wahr?" sagte Peter rekapitulierend.

„Der ‚Pilgerweg'"——(„Gott sei Dank", dachte Sam, „ich muss mich nicht verraten.")

„Ja, vier", unterbrach er ihn und las die nun fertige Liste. „Und ich bin Ihnen zu großem Dank verpflichtet."

Allerdings war er sich da nicht ganz sicher. Er hatte Peter „veredelt", aber er befürchtete, dass diese Bücher ihm wie ein Mühlstein um den Hals hängen würden. Es mag einen regelmäßigen Verkauf für den „Pilgrim's Progress" als Preis geben, aber die anderen——! Trotzdem braucht er nicht viele Exemplare davon zu drucken, und – ein tröstender Gedanke – sie wären eine gute Zierde für seine Liste. Er hoffte, dass es weitere, ganz andere Bücher enthalten würde.

„Es tut mir leid, dass Ada nicht da ist", sagte Peter und Sam war ziemlich erstaunt, als er feststellte, dass er sie nicht vermisst hatte. Aber er war sich seiner Position ihr gegenüber sicher: Es war seine Position für sie, die er festigen musste. Er konsolidierte es, indem er sich auf die Suche nach Stewart machte und ihn dort fand, wo er ihn erwartet hatte: in einer Bar.

„Ich möchte Ihren Rat", sagte Sam.

„Whisky für den Gentleman, Flora", sagte Stewart. „Das ist mein Rat, und Sie werden keinen anderen bekommen, bis Sie diesen angenommen haben."

Sam hat es genommen. Geschäft ist Geschäft, und darüber hinaus waren seine sparsamen Vorurteile jetzt weniger nötig.

„Du bist nicht unbelehrbar", sagte Stewart. „Das ist ein Punkt zu Ihren Gunsten . Das Richtige, wenn man das getrunken hat, ist, mich zu fragen, ob ich noch einen trinken möchte. Meine Antwort wird bejahend sein und wir werden uns dann, mit anhaltender Erfrischung, in diese Ecke zurückziehen, wo ich Sie beraten werde, solange Sie weiterhin Whisky für mich kaufen und trinken können. Ich hasse einen Drückeberger."

Sam erzählte ihm von seiner Partnerschaft mit Carter. „Ich mache mir immer Sorgen um dich", sagte Stewart. „Ich kann mich nie entscheiden, ob du zu klug zum Leben bist oder ob du mit Glück statt mit Verstand geboren wurdest. Natürlich werden Sie Romane veröffentlichen."

„Es gibt so viele Arten", sagte Sam.

"NEIN. Nur zwei. Meins und der Rest. Aber ich leide unter Ehrlichkeit. Deshalb sage ich Ihnen, dass mein Roman von jedem Verlag in London abgelehnt wurde. „Es wartet", sagte er hoffnungsvoll, „auf einen Mann mit Mut." Der Unterschied zum Gelben Buch besteht darin, dass mein Buch gelb *ist* . "

„Ich verstehe", sagte Sam. „Aber ich bin ins Verlagsgewerbe gegangen, um meinen Lebensunterhalt zu verdienen."

„Im Großen und Ganzen", entschied Stewart, „sind Sie eher ein Schurke als ein Narr. Und man würde es das Verlagsgewerbe nennen. Es ist eine düstere Welt, aber es gibt immer noch einige Verleger, die nicht im Handel sind – jenseits der Mittellinie. Kommen Sie ernsthaft zu mir und fragen Sie, welche Art von Romanen ich veröffentlichen soll?"

"Ja."

„Die Art", sagte er, „die von Leuten für Kindermädchen geschrieben wurde, die Kindermädchen sein sollten."

„Das ist Eifersucht", sagte Sam. „Sie werden veröffentlicht und Sie nicht."

„Vielleicht haben Sie recht", sagte Stewart. „Aber ich habe immer gehört, dass Sehen Glauben bedeutet. Gehst du jemals ins Theater?"

"Nicht oft."

„Es ist schade, denn wenn Sie das getan haben, habe ich eine Tragödie in leeren Versen, die Sie vielleicht veröffentlichen möchten. Es ist große Kunst und wird niemals produziert. Trotzdem bin ich heute Abend ein Philanthrop und Sie werden mit mir ins Theater kommen. Ich habe mich zufällig für den Aufseher entschieden . ”

„Sind Sie ein dramatischer Kritiker des *Aufsehers?* ", fragte Sam ziemlich beeindruckt.

„Ich bin Reporter, alter Sohn. Das ist nicht die Art von Stück, für das sie einen Kritiker verschwenden. Trink aus, dann gehen wir.

Zu seiner Erleichterung stellte Sam fest, dass er gehen konnte und kam zu dem Schluss, dass er einen starken Kopf hatte. Das Theater war überfüllt, als sie es erreichten, und Stewart war jung genug, um selbstbewusst auf einem der beiden Plätze zu sitzen, die für den *Manchester Warden reserviert waren* . Dramatische Kritik wurde an dieser Zeitschrift ernst genommen; Mindestens zwei der regelmäßigen Kritiker der Zeitung waren geniale Männer, und Stewart hoffte, dass man ihn mit einem von ihnen verwechseln könnte. Aber das Publikum an diesem Abend war nicht von der Sorte, die sich für die Löwen des höheren Journalismus interessierte; Vielmehr rechtfertigte es die verächtliche Bezugnahme auf das Drama als „Kunst des Pöbels". Es hätte einen aufrichtigen Demokraten um seine Überzeugungen weinen lassen. „Seht sie", sagte Stewart. "Die Öffentlichkeit."

Sam sah sie mehr als das Stück. Er erinnerte sich daran, dass er geschäftlich dort war, um etwas gezeigt zu bekommen, das Stewart ihm zeigen wollte, und wenn er nicht die Gabe der Distanz besaß, nahm er es an.

Als Adams den Concentrics seinen Vortrag vorgelesen hatte, hatte Sam zugehört, aber den Blick auf das Publikum gerichtet. In einem abgedunkelten Theater war es schwieriger, das Publikum zu beobachten, aber er konnte seine schnelle Reaktion auf das Stück spüren, konnte sein bereitwilliges Lachen und seine ziemlich eifrigen Ohren hören. Nachdrücklich handelte es sich hier um ein Stück, das sein Publikum packte, es packte, es kitzelte, es versklavte , es erdrosselte und mit ihm machte, was es wollte und wann es wollte; alles zu ihrer großen und lautstarken Freude. Er versuchte, seine Zurückhaltung zu wahren, um zu sehen, wie es gemacht wurde, um das Herz aus diesem Geheimnis herauszureißen. Hier war etwas, was die Öffentlichkeit wollte; Er musste es nur diagnostizieren, und der Sesam zum Glück gehörte ihm.

Er konnte es nicht tun. Die Distanziertheit verlor sich von ihm und kehrte erst wieder zurück, als der Vorhang fiel. Er war kein Supermann, immun gegen die Gefühle anderer Männer. Das Stück packte ihn und beeinflusste ihn wie die anderen. Er versuchte vergeblich Widerstand zu leisten; sagte sich, dass er nicht wie diese anderen zum Vergnügen hier sei, sondern um zu lernen, um zu lernen; und das Stück packte ihn umso stärker, als er versuchte, es gelassen hinzunehmen.

Am Ende applaudierte Sam wild, während Stewart ihn mit zynischer Belustigung beobachtete. „Ich habe dich schon erwischt", sagte er, „und als Geständnis gebe ich zu, dass mich das verdammte Ding einmal beinahe erwischt hätte. Rumplatz, das Theater, nicht wahr? Aber", er wurde ernster, „ich muss darüber schreiben, ohne verleumderisch über diesen rührseligen, sentimentalen, erotischen, religiösen Blödsinn zu sein." Es reicht aus, um einen Mann dazu zu bringen, den Journalismus aufzugeben und sich einer ehrlichen Sache wie dem Kohlenheben zuzuwenden. Aber ich vergesse es. Ich habe dich hierher gebracht, um dir etwas beizubringen. Hast du es gelernt? Das ist ein Theaterstück, aber das Gleiche gilt auch für einen Roman. Du findest Romane mit „Das Zeichen des Kreuzes" darin, mein Junge. Eine mulmige Sentimentalität, die eine Biene krank macht, und im Übrigen vergessen Sie nicht, dass Jesus für Sie gestorben ist, um mit Romanen Geld zu verdienen. Dieses Stück macht mich blasphemisch, aber ich mache heute Abend den Anwalt des Teufels für Sie, also ist alles im Bilde. Wenn ich mit meiner Bekanntmachung fertig bin, denke ich, dass ich es mit einem „Kurzfilm" über „The Tradesman Publisher" oder „The Dignity of Letters" versuchen werde. Es wird gut für mein Gewissen sein."

„Das wünschte ich", sagte Sam. „Ich werde darauf antworten, mit einer Liste der Klassiker, die ich veröffentlichen werde."

„Manchmal", sagte Stewart, „machst du mir ziemlich übel. Ich spreche vom *Manchester Warden* , nicht vom *Sunday Judge* . Gute Nacht."

Doch die Schwankungen eines Journalisten mit einem Fuß in zwei Lagern und einem idealistischen Anspruch, den er selbst kaum ernst zu nehmen vorgab, ließen Sam unbeeindruckt. Das Stück und Stewarts Beschreibung seines Wesens hatten ihn zum Nachdenken angeregt. Er bildete sich ein, dass er die Art von Roman kannte, die er wollte, und dass ihn Stewarts Krankheit der Doppelmoral nicht störte. Sam hatte einen Maßstab, den Erfolgsmaßstab; und alles andere war Verwirrung. Gleichzeitig war er Stewart sehr dankbar, der die Broschüre beworben hatte und ihm nun eine Police vorlegte .

Es handelte sich um eine Richtlinie, die jedoch nicht sofort anwendbar war. *Festina Lente* war für den Moment sein Schlagwort und er widmete sich der Neubelebung des Textverkaufs und der Herausgabe der „ Branstone +

Classics". Sie waren, wie man nebenbei bemerken könnte, die Branstone +
Classics: Sein Name ragte groß heraus und die Namen ihrer Autoren, der
unbedeutenden wie à Kempis und Bunyan, waren angemessen klein; und er
machte das Kreuzzeichen zwischen den Branstone und die Klassiker. Er
wollte, dass es sein Markenzeichen sei, und wenn es sein Markenzeichen
wäre, warum würde er es dann nicht benutzen? Es hat niemandes
Urheberrecht verletzt.

Außerdem hatte er wenig Zeit für Ada, und sie wusste, wie viel sie davon
hatte, ein Luxus statt einer Gewohnheit zu sein. Aber Sam verlobte sich nicht
um der Verlobung willen, und sobald er wusste, dass er bei seinem
Geschäftsvorhaben keinen Fehler gemacht hatte, wollte er unbedingt
heiraten. Es gab keine Einwände von Ada. Dieses zeitweise Liebeswerben,
bei dem seine Pflichten als Liebhaber hinter seinen Aktivitäten als
Geschäftsmann zurückstanden, gefiel Ada gut, aber die Ehe, die
Endgültigkeit, die Bindung passten besser zu ihr.

Bis zum Ende dieser Verlobung beschäftigten ihn Dinge für Ada und
nicht Ada selbst, und er nahm die Angelegenheit der Einrichtung ernst – aus
geschäftlicher Sicht war er weniger an den Möbeln interessiert, die er kaufte,
als an den möglichen Rabatten , auf diese oder jene Weise, sichern. Er erlebte
die übliche Überraschung wegen der Kosten für Matratzen und
Küchengeräte, doch auf Ada wirkte er königlich verschwenderisch. Ada
wusste nichts von seinem Vermächtnis: Sie wusste, dass Anne ihr auf dem
Dach eines fantastischen Straßenbahnwagens erzählt hatte, dass Sam bei
Travers zwei Pfund pro Woche verdient hatte, und dass die Größe dieser
Einrichtung nicht mit dem übereinstimmte, was ein Mann leisten konnte
Sparen Sie zwei Pfund zehn pro Woche. Es kam Ada in den Sinn, dass Anne
sie angelogen und Sams Position bösartig falsch dargestellt hatte, um ihr
Angst zu machen; und der Bruch zwischen Anne und Ada, der nie eine große
Chance hatte, sich zu schließen, war dauerhaft offen.

Man hat keine alten Verbindungen zu einer Immobilienagentur, ohne ein
gutes Haus günstig mieten zu können. Sie wollte die Herrin eines Hauses
werden, das ihren Träumen aus ihrer Zeit im Internat nur wenig entsprach.
Es war auf jeden Fall „stilvoll"; Sie war sich nicht sicher, ob es nicht wirklich
„schlau" war.

Madge weinte in der Nacht vor ihrer Hochzeit. Ada weinte nicht. Sie war
zu sehr damit beschäftigt, sich selbst zu umarmen, weil sie die Gefahren des
Werbens überwunden hatte. Sie hatte ihr Lebensziel erreicht. Sie würde
heiraten.

KAPITEL XIV
Flitterwochen

Eine Staatsanwältin heiratete in weißem Satin, obwohl Peter dafür Bücher verkaufte und ihrer Aussteuer das Nötigste fehlte. Es kommt allerdings auf den eigenen Standpunkt an. Ada hielt weißen Satin für unerlässlich, während eine andere vielleicht Unterwäsche an erster Stelle gesetzt hätte. Aber es ist angemessen, bei einer Krönung eine Krone zu tragen und, wenn das Ziel seines Lebens die Heirat war, das Erreichen seines Ziels in Satin zu feiern.

Es erinnerte die Gemeinde auch daran, dass die Braut die zentrale Figur bei einer Hochzeit ist. Die Leute hätten sich sonst vielleicht daran erinnert, dass sie nicht kamen, weil Ada Ada war, sondern weil sie Peters Tochter war.

Reklamation schlüpfte sie in die Rolle von Mrs. Samuel Branstone , ärgerte sich ein wenig über die Tweeds von Stewart, Sams Trauzeuge, mochte aber seine Manieren und auch die Art und Weise, wie Sam es für selbstverständlich hielt, dass dieser Tag ihr gehörte. Nein das. Er drängte sich nicht einmal einer Familie auf.

Tatsächlich hielt sich George im Verborgenen dort auf, versteckt in der Gemeinde. Er war dort im Geiste eines Schuljungen und spielte das Schulschwänzen von Anne, die bei Madge zu Hause war. Ada meinte, dass das auffällige Fehlen von Branstones ihrem Satin Glanz verlieh . Niemand außer dem nötigen Sam war da.

Sie gingen nach London, wo keiner von ihnen zuvor gewesen war, und da es bitter ist, auf eine langweilige Hochzeitsreise zurückblicken zu müssen, war die Wahl des Ortes eine große Ermessensentscheidung. In London gab es außer sich selbst so viel zu sehen, dass sie es aufschoben, einander anzusehen, bis sie nach Hause kamen. Sie sahen Sehenswürdigkeiten und gingen ins Theater, aber obwohl sie zusammen schliefen und zusammen aufstanden und die Sehenswürdigkeiten (alle bis auf einen) gemeinsam sahen, kam es zu keiner Erkenntnis der „Zusammengehörigkeit", zu keiner Geburt eines neuen Lebens, in dem sie nicht Sam und Ada waren. aber diese beiden in einem. Sie waren äußerst bescheiden in Dingen, bei denen kein Hochzeitsreisender das Recht hat, bescheiden zu sein. Wenn sie bescheiden sind, haben sie kein Recht, Hochzeitsreisende zu sein. In ihrem Fall könnte es sich um etwas Schlimmeres und Besseres als Bescheidenheit gehandelt haben. Vielleicht war es geradezu eine Schande. Vielleicht wussten sie unbewusst, dass dies keine Ehe war, nicht das Zusammentreffen zweier fitter Partner. Es war keine Leidenschaft darin. Es gab ein Selbst, als sie ekstatisch selbstlos hätten sein sollen. Sie waren zwei, obwohl sie eigentlich eins sein sollten.

Aber Sam war immer noch zu sehr von ihr verzaubert, um kritisch zu sein, auch wenn er weit hinter der Ekstase zurückblieb. Er wunderte sich ein wenig über die offene Heiratsfreude, die sie in der Öffentlichkeit zur Schau stellte, über die Zurschaustellung ihres neuen Eherings, über ihre Werbung, dass dies Flitterwochen seien, und stellte diese äußere Freude ihrer intimen Frigidität gegenüber; Aber selbst das schien ihm eine Illoyalität zu sein, und er sagte sich, dass Ada in einem Hotel eine andere Person sei und zu Hause eine andere. Ada würde sich „sesshaft machen", und inzwischen waren sie in London und London wartete darauf, mit ihr erkundet zu werden.

Sie erkundeten hauptsächlich das London, das die Londoner nicht kennen, das London der Reiseführer, und fühlten sich ungemein großstädtisch, weil sie den Tower, das British Museum und die National Gallery besuchten. Die Geschäfte haben Ada verbrannt. Ihre Fenster wirkten faszinierend, ihre Türen jedoch abstoßend. Wahrscheinlich hätte Sam sie mit größter Gewalt zurückgehalten, wenn sie versucht hätte, hineinzugehen, aber so wie die Lage war, verspürte sie die gleiche Befriedigung, sie zu identifizieren, die gesellschaftliche Snobs darin finden, berühmte Leute aus der Ferne zu erkennen. Dies waren die authentischen Geschäfte, die in den Zeitungen Werbung machten, und es gab ein Spiel namens „Jagd auf den Harrod" oder „Suche nach Barkers", das zu viel Spaß mit den Bussen führte, nachdem sie Oxford Street und Regent Street durchquert hatten. Es war alles sehr fröhlich, und noch fröhlicher, fast unartig fröhlich, eines Abends an einen Ort namens Kolosseum zu gehen – eine Musikhalle; eine kühne Sache, über die zu Hause nicht gesprochen wird; und doch war der Ort voller wirklich angesehener Leute. Sie staunten über die Emanzipation der Londoner.

Während seiner Flitterwochen entwickelte Sam einen Ehrgeiz. Es war kein besonders schöner Ehrgeiz, aber er begann sich darum zu kümmern, und es zahlte sich für seine Mühe tausendfach aus. Der Weg zur Vernunft besteht darin, dass man sich sehr stark nach etwas sehnt, von dem man nur die Möglichkeit hat, es zu bekommen, und Sams Ehrgeiz hielt ihn in den Tagen, als er wusste, dass Ada ihn im Stich gelassen hatte, bei Verstand.

Struggles hatte unserem Debattierer der Konzentrischen vorgeschlagen, dass er das Unterhaus bei der Debatte sehen sollte, und hatte an ihr örtliches Mitglied geschrieben, um einen Zutritt zur Galerie zu erhalten. Das Ergebnis war das aufregendste Erlebnis von Sams Flitterwochen! Zum einen war es einzigartig, dass Ada nicht bei ihm sein konnte: Es waren die ersten Stunden, seit er sie geheiratet hatte, die sie getrennt verbrachten, und vielleicht hatte das, ganz unbewusst, sie für Sam vergoldet. Sie stritten sich fast, bevor sie ihn gehen ließ: Nicht ganz, aber sie ärgerte sich darüber, dass er sie im Stich gelassen hatte, und betrachtete es als seine Schuld, dass sie nicht bei ihm sitzen durfte, um den Gesetzgebern zuzuhören, die für sie wie für ihn

Gesetze erließen. Es war Ada nicht egal, wer ihre Gesetze erließ, und es war ihr auch nicht wichtig, den Machern bei ihrer Arbeit zuzusehen, aber sie schaffte es, ihrem Groll über sein Kommen genügend Ausdruck zu verleihen, um seinem Erlebnis die zusätzliche Qualität eines gestohlenen Vergnügens zu verleihen.

Diese Galerie mit ihrem verkürzten Blick auf das schmuddelige Cockpit ist nicht die erste Wahl des Nervenkitzel-Kenners, aber auf Sam war ihre Wirkung erstaunlich. Er muss über eine bisher völlig unbekannte Gabe der Verehrung verfügt haben, denn es ist kaum zu glauben, dass die Realität des Unterhauses beeindruckend sein kann. Aber die Idee kann es und vielleicht (um gerecht zu sein) ist die Realität beeindruckender als die jeder anderen Kammer auf der Welt. Die Vorstellungskraft half ihm, sie fesselte und fesselte seinen Geist.

Ein kleiner, kräftiger Mann von unauffälligem Aussehen sprach in einem Gesprächston, der auf der Galerie nicht leicht zu verstehen war, aber bald wurde der Redner mit seinem Thema vertraut und schüttete in einem Schwall echter Emotionen lebendige Worte aus. Er war einer dieser seltenen Männer, und dies war eine dieser seltenen Reden, die einen Gegner wirklich bekehren: und Sams Ehrgeiz, so zu sprechen, wie dieser Politiker sprach, und von diesen Bänken aus, wurde sofort geboren.

Er wollte nicht nur Mitglied des Parlaments werden, sondern auch ein liberales Mitglied, denn dieser Mann der Worte war liberal. Bis zu diesem Zeitpunkt war Sam kein politisches Tier gewesen, obwohl er gewählt hatte, und wählte die Konservativen, weil dies im Allgemeinen die Linie von Mr. Travers und der von ihm vertretenen Klasse der Grundbesitzer war. Jetzt war er mit raschem Enthusiasmus liberal und wusste nichts von der einen oder anderen Seite, wurde aber plötzlich von der Heldenverehrung für einen kleinen, pummeligen, brüskierten Politiker erfasst, der in Sätzen von ungeheurer Länge sprach und sich dabei nie verirrte.

Im Handumdrehen erlangte er die Voreingenommenheit des Politikers: Der Gegner seines Helden war offensichtlich ein Narr; er hatte keine Gaben, keine Argumente. Ja, Sam hatte doppelt Recht, ein Liberaler zu sein. Sie hatten so offensichtlich den ganzen Verstand, dass sie so unbestreitbar die Gewinnerseite waren. Er verstand die Technik einer Spaltung nicht und war überrascht, als er am nächsten Tag auf die Zeitung schaute und feststellte, dass die Liberalen überstimmt wurden. Es ließ ihn innehalten, erschütterte ihn aber nicht. Wenn die Liberalen wieder an die Macht kamen, was aufgrund ihrer geistigen Überlegenheit sicher der Fall sein würde, würde er, Sam Branstone , mit ihnen kommen. Lass es nur ein oder zwei Jahre dauern und er wäre bereit. Auch er würde sich auf diesen gepolsterten Bänken räkeln, die Aufmerksamkeit des Sprechers auf sich ziehen und ein Redner sein.

Er ging am Ufer entlang zu seinem Hotel und es kam ihm in den Sinn, dass er vier Stunden in der Galerie verbracht und nicht an Ada gedacht hatte. Obwohl er es versuchte, konnte er auch jetzt nicht an sie denken.

Auf der anderen Seite des Flusses blitzten immer noch Himmelszeichen auf, und als er innehielt und sich an die Brüstung lehnte, behielt ihn ein junger Polizist wachsam im Auge. Aber Sam dachte über das Leben nach, nicht über den Tod. Die Lichter Londons leuchteten auf der Themse und machten sie für ihn magisch. In seinen Träumen eroberte er London und betrat als Mitglied das Repräsentantenhaus zu seinem Auto. Er vermutete, dass sein Zuhause irgendwo in der Park Lane lag.

Er dachte jetzt an das Theater zurück, in dem er „*Das Zeichen des Kreuzes*" *gesehen hatte* . Es war anders als in den Londoner Theatern, die er gesehen hatte, wo das Publikum Angst vor Emotionen zu haben schien. Oder waren die Stücke nicht richtig gewesen? Das war es: Sie hatten nicht den Hinweis: Sie waren keine – wie lautete Stewarts Ausdruck? – erotische religiöse Stücke. Er wollte das Publikum bewegen, so wie dieses Stück sein Publikum bewegt hatte. Leistung! Die Kraft des gesprochenen Wortes. Das war die Sache, und da er kein Theaterstück schreiben konnte, musste er sich auf sich selbst, seine Redekunst, seine einzige Stimme verlassen. Er sah sich auf Plattformen vor überfüllten Hallen, wie er seine Zuhörer packte, sie dorthin führte, wohin er wollte, und den Mob zähmte, bis er aus seinem Herrn ein Idol machte. Wohin er führen würde, warum, er würde führen und das war es, was zählte. Branstone war an diesem Abend Premierminister.

Es war ein Uhr, bevor der junge Polizist sich frei fühlte, seinen Schlag fortzusetzen, und Sam verließ den verzauberten Fluss in Richtung seines kleinen Hotels in der Norfolk Street. Ada drehte ihm den Rücken zu und offenbar schlief sie. Eigentlich war sie hellwach; Sie fragte sich, ob es schon einer anderen Frau passiert war, während ihrer Flitterwochen so abscheulich behandelt zu werden.

Sie bürstete sich morgens mit bemerkenswerter Bösartigkeit die Haare. Haare haben einen Nutzen, der über den bloßen Schmuck hinausgeht. Es ist ein bewundernswerter Schleier, durch den man blicken kann, ohne gesehen zu werden. Ada beobachtete Sam und hörte ihm auch zu.

Sie hörte nicht zu, weil seine Begeisterung für das Unterhaus sie interessierte, sondern weil sie auf ein Wort der Entschuldigung wartete. Es kam nicht. Er war voller Bedauern, aber nur, weil dies ihr letzter Tag in der Stadt war und er nicht noch einmal ins Haus gehen konnte.

„Um wie viel Uhr fährt unser Zug?" Sie fragte.

Er sagte ihr.

„Dann habe ich erst einmal Zeit, etwas einzukaufen."

"Einkaufen?" fragte er, aber ahnungslos.

Sie nickte. Sam würde für seine Freuden bezahlen. Die Blusen, die sie bei Peter Robinson gesehen hatte, schienen nicht mehr unglaublich teuer zu sein. Wenn Sam sich dafür entscheiden würde, sich auf seine eigene Weise zu amüsieren, ohne sie, würde sie sich auf ihre eigene Weise amüsieren – mit Sam, der den Dudelsackspieler bezahlt.

Einkaufen ist ein loser Begriff; Man kauft ein, wenn man einen Räucherfisch oder eine Diamant-Tiara kauft. Ada steckte ihr Haar hoch und er stellte sich vor, dass sie meinte, sie wolle ein Päckchen Haarnadeln. „Oh ja", sagte er nachdenklich. „Und während du gehst, werde ich wohl noch einmal zum Parlamentsgebäude hinunterschleichen." Das Repräsentantenhaus würde nicht tagen und er konnte nicht hineinkommen. Er wusste das, aber er wollte hinschauen, den Rahmen betrachten, der ihn eines Tages enthalten sollte. Er wollte sicher sein, dass es noch da war.

„Ich denke", sagte sie, „dass du mit mir in den Laden kommst." Ich möchte, dass du dort bezahlst.

Sam hielt inne, während er seinen Kragen zuschnürte. "Bezahlen?" „, fragte er, nicht ganz unverdächtig.

„Sind Ihre egoistischen Freuden alles, woran Sie denken?" Ada wollte es wissen. „Ist es nicht ein Privileg, mir schöne Kleidung kaufen zu dürfen?"

Er hatte es nicht in diesem Licht gesehen. Bei der Planung ihrer Zukunft war er tatsächlich davon ausgegangen, dass einer Braut im ersten Jahr eine Aussteuer reichte. „Ich verstehe", sagte er düster; Dann erinnerte er sich daran, dass er in sie verliebt war. „Natürlich", fügte er mit einem Lächeln hinzu, das für ihn als Heldentum gelten könnte. „Aber wir dürfen die Fahrpreise nicht vergessen, und nachdem ich die Rechnung hier bezahlt habe, werde ich nicht mehr als zwei Pfund zum Ausgeben übrig haben."

„Dann gebe ich zwei Pfund für Blusen aus", sagte sie.

Er machte ein einsilbiges Geräusch, das „Ja" hätte sein können. Es hätte auch „Verdammt" heißen können.

Die Wahrheit war, dass er diese zwei Pfund absichtlich zurückbehalten hatte, um einen Teil, aber hoffentlich nicht alles, für ein Geschenk für Ada auszugeben. Er hatte an eine Handtasche gedacht, hatte sich ihr entzücktes Keuchen vorgestellt, als er mit ihr kühn einen dieser abweisend einladenden Geschäfte betrat, und ihre Wertschätzung für seine Großzügigkeit.

Die letzte Nacht hatte diesen Gedanken völlig aus seinem Kopf verdrängt, und jetzt ärgerte er sich nicht nur über seine Vergesslichkeit, sondern auch über Ada. Sie fragte nicht, sie verlangte. Eine Nacht in der Galerie kann als Ausschweifung angesehen werden, ist aber zumindest kein Verbrechen. Es ist sogar patriotisch, und als Preis für seinen Patriotismus wurde von ihm eine Rechnung über zwei Pfund verlangt. Ehrgeiz, dachte er, wäre ein teurer Luxus, wenn er jedes Mal, wenn er zu einer politischen Versammlung ging, Kleidung für Ada bezahlen müsste. Denn das war offensichtlich ihre Haltung: Sie verlangte eine *Gegenleistung* : Sie kündigte eine Politik der Vergeltung an.

Es ist ein sonderbar perverses Vergnügen, eine offene Wunde zu kratzen, sich die Nase abzuschneiden, um sein Gesicht zu ärgern. Er hatte vorgehabt, großzügig zu sein, und er wollte es immer noch sein, aber das Geld, das er für Großzügigkeit beiseite gelegt hatte, war nun verpfändet, um ihren Anspruch zu befriedigen. Er wollte ihr ihr Pfund Fleisch geben , wollte es ihr aber unbedingt auf Feuerkohlen rösten.

Plötzlich verschwand die Trübsinnigkeit von ihm. Er nahm die alte Krawatte ab, die er angelegt hatte, weil sie gut genug zum Reisen war, und befestigte sehr sorgfältig eine Krawatte, die er „für London" gekauft hatte.

„Ich werde es tun", dachte er. „Es ist – fast – ein Schlaganfall."

Beim Frühstück war er geradezu fröhlich, so dass Ada sich heimlich fragte, was er vorhatte und ob der Weg, seine Stimmung zu heben, immer darin bestehen würde, neue Kleidung von ihm zu verlangen. Es schien nicht wahrscheinlich, aber sie schlug auf jeden Fall vor, in dieser Richtung frei zu experimentieren.

Er teilte seine Aufmerksamkeit zwischen ihr, dem Frühstück und dem Parlamentsbericht der *Times auf* . Er hatte das Gefühl, an dieser Debatte praktisch teilgenommen zu haben, und selbst der Schock, als er las, dass die Spaltung gegen seinen Helden ausgegangen war, trübte nicht die Freude, die er beim Lesen empfand. Er las mit prophetischem Blick. Auch über ihn würde in der *Times berichtet werden* irgendwann mal .

Er rief den Kellner an. „Marmelade, Sir?" fragte der Mann.

"Nein danke. Bring mir das Verzeichnis."

„Das Verzeichnis", protestierte der Kellner, „liegt im Lesesaal."

„Und ich", sagte Sam großartig, „bin im Kaffeezimmer."

Der Kellner brachte ihm das Verzeichnis.

Sam lächelte breit. Er testete seine Form und kam zu dem Schluss, dass es ihn bei dem, was er vorhatte, wahrscheinlich nicht im Stich lassen würde, wenn es so wäre, als würde man einen Kellner dazu zwingen, ein Verzeichnis an seinen Frühstückstisch zu tragen. Er konsultierte das Buch und notierte eine Adresse, die, wie er feststellte, nicht in Park Lane lag. Sein Respekt vor Sir William Gatenby nahm leicht ab.

Eine halbe Stunde später klingelte er im Haus dieses Herrn. Gatenby war das örtliche Mitglied, an das Peter Struggles geschrieben hatte, um Sams Zugang zur Galerie zu erhalten.

„Sir William da?" er hat gefragt.

„Ja, aber –" Ein geschulter Blick betrachtete seine Kleidung. Sie wurden nicht in der Savile Row geschnitten.

„Er wird mich sehen", sagte Sam gelassen. Manche Menschen sind am frühen Morgen in Bestform.

Seine Karte wurde von ihm angenommen und er wurde in eine Bibliothek mit strengen Blaubüchern geführt, möglicherweise durch eine Reproduktion von Millais' Porträt von Gladstone qualifiziert. Normalerweise wäre Sam in der Bibliothek von einer Sekretärin empfangen worden, die ihr Gehalt durch sein Talent verdiente, unerwünschten Anrufern höfliche Brüskierungen zu erteilen. Der Sekretär verdiente heute zwar nicht sein Gehalt, gab es aber wahrscheinlich aus. Es war Derby Day.

Schließlich ist eine Abstimmung eine Abstimmung, und Sir William zeigte seine Genialität. „Guten Morgen, Mr. Branstone ", sagte er und las Sams Karte. „Aus der Altstadt. Ich verstehe."

„Ist das alles, woran du dich von mir erinnerst?" fragte Sam.

„Im Moment", gestand Sir William vorsichtig. Seine Mehrheit war nicht groß.

„Nun", sagte Sam, „der Reverend Mr. Struggles ist mein Schwiegervater."

„Setzen Sie sich", sagte Sir William. „Ich freue mich sehr, dass Sie angerufen haben. Wie geht es Mr. Struggles?"

„Ich habe ihn gut verlassen, danke. Vielleicht erinnern Sie sich, dass er Ihnen geschrieben hat, um Sie um einen Zutritt zur Galerie für mich zu bitten."

„Ich war froh, bei der Abstimmung Glück gehabt zu haben", sagte der Abgeordnete.

„Ja", sagte Sam, „ich war letzte Nacht dort. Aber ich habe das erwähnt, um meine Identität festzustellen. Ich rufe Sie an, um Sie zu bitten, mir fünf Pfund zu leihen.

Sir William dachte an seine Sekretärin, die ihm das hätte ersparen sollen. Als er an seine Sekretärin dachte, dachte er an den Derby Day und die wahrscheinlichen Absichten eines Mannes, der diesen Tag wählt, um um einen Kredit zu bitten. "Mein lieber Herr!" er sagte.

„ Ganz schön ", stimmte Sam zu. „Das Leben wäre für Sie unerträglich, wenn jeder Wähler, der nach London käme, versuchen würde, sich Geld von Ihnen zu leihen. Aber ich bin Branstone . Ich leite die Branstone Press und die Branstone Classics. Ich habe die Broschüre „Social Evil" veröffentlicht und Ihnen eine Kopie geschickt, die Sie leider nicht zur Kenntnis genommen haben." Sir William dachte erneut an seine Sekretärin, und zwar unfreundlich. „Das", sagte Sam, „soll lediglich zeigen, dass ich ein Mann mit Substanz bin."

Sir William Gatenby trug einen Backenbart. Er war ein alter Mann, und außer Wichtigtuerei und der Entschlossenheit, seinen Platz zu behalten, war von ihm nichts mehr übrig. Er sah aus, was er in diesem Moment fühlte, wie jemand in einer Farce. Er war sich ziemlich sicher, dass Sam jemand in einer Farce war. Sie waren beide in einer Farce, und natürlich fliegen Fünf-Pfund-Noten in Farcen wie Mücken im August. Ihm schien nichts anderes übrig zu bleiben, als eine Fünf-Pfund-Note herzustellen.

„Danke", sagte Sam und setzte sich an einen Schreibtisch. „Ich gebe dir meinen Scheck dafür."

Es erschütterte Sir William. Er warnte Sam beinahe vor der Gefahr, einen Scheck auszustellen, der wahrscheinlich nicht eingelöst werden würde , verzichtete aber rechtzeitig darauf. „Dann", sagte er, „war es wirklich nicht nötig, dass du zu mir kamst?"

„Nur", sagte Sam, „dass ich wollte, dass du dich an mich erinnerst."

„Ich denke, das werde ich tun", sagte Sir William.

„Danke", sagte Sam ruhig. „Ich wollte dich kennenlernen, weil ich vorhabe, in die Politik zu gehen."

„Die Sache", sagte Sir William feierlich, „verlangt von jedem ernsthaften Arbeiter sein Bestes."

„Ich werde für die Sache arbeiten", sagte Sam. Keiner von ihnen versuchte, den Grund zu definieren, und Sam ging ohne weitere Bemerkung, aber sein Anruf hatte folgendes Ergebnis: Als Sir William den Scheck als eingelöst vorfand , schrieb er an seinen Agenten und erzählte ihm von „einem seltsamen Fisch namens Samuel Branstone , der mich aufgesucht hat." neulich und bot an, für die Sache zu arbeiten. Ein junger Mann, den Sie meiner Meinung nach ermutigen sollten. Er ist der Schwiegersohn von Mr. Struggles, und leider ist die Kirche gegenüber unseren großen Prinzipien so zurückhaltend, dass wir einen vielversprechenden Rekruten aus diesem Kreis nicht vernachlässigen dürfen."

KAPITEL XV
ANDERE DINGE AUSSER DER EHE

D EBT spricht einige Leute an. Sie haben das Gefühl, dass sie, wenn sie Schulden haben, mehr vom Leben haben, als das Leben ihnen schuldet. Sam hatte Gatenby seinen Scheck gegeben und hatte daher keine Schulden bei ihm, aber er gab die fünf Pfund so rücksichtslos aus, als wäre es geliehenes Geld gewesen.

Er wollte Ada in Erstaunen versetzen, und das gelang ihm auch, aber die Überraschung, die er auslöste, funktionierte nicht ganz so, wie er es erwartet hatte. Einen Moment lang strahlte sie tatsächlich vor ungekünstelter Dankbarkeit, während er ihr Hüte und Blusen kaufte, und er schmeckte mit ihr die Freude über den eigensinnigen Erwerb. Aber Adas Glanz verging schnell.

Im Zug hatte sie Zeit, die Pracht seiner Geschenke und den Betrag zu vergessen, den sie am nächsten Sonntag sparen würde, und sich daran zu erinnern, dass er viel Geld ausgegeben hatte; Wer bestritt, mehr als zwei Pfund auszugeben, hatte sieben ausgegeben. Offensichtlich hatte er sie angelogen.

Es stimmte, dachte sie, dass er seine Lüge und seine Gemeinheit bereut und stattlich gekauft hatte: Je schöner der Kauf, desto nachweisbarer war die Lüge.

Sie erinnerte sich an ihr schreckliches Interview mit Anne, an Annes Angaben zu seinen Mitteln und daran, wie wenig sie mit dem Umfang von Sams Einrichtung übereinstimmten. Sie dachte über Sams Offenheit im Blusenladen nach und kam zu dem Schluss, dass die Branstones geborene Lügner waren, wenn es um Geld ging.

In Zukunft würde sie wissen, wie man sich verhält. Sam hatte reichlich.

„ Sie hatten also die ganze Zeit Geld im Ärmel", sagte sie.

Sam zwinkerte scherzhaft. „Ich habe eine Menge lustiger Dinge im Ärmel", sagte er.

„Das lerne ich", sagte Ada. Was er als Kompliment auffasste; und grinste.

Er war schon vor langer Zeit zu dem Schluss gekommen, dass der beste Weg, Frauen zu behandeln, darin besteht, sie zu verwirren, sie wie Kinder bei einem Zaubertheater zu behandeln, sie mit Ergebnissen zu überraschen, aber niemals zu erklären. Er wäre fast erstickt vor Stolz über seine Heldentat mit Sir William Gatenby . Abgesehen von der Hutschachtel und den Blusen dort oben auf dem Regal war das, was er getan hatte, zu schön, um wahr zu sein, und sicherlich war es zu schön, um es einer Frau zu erzählen. Sie verstanden das Geschäft nicht; Keine Frau konnte den kühnen Geist seiner Leistung schätzen.

Wenn er Ada erzählte, dass er etwas von Gatenby geliehen hatte , würde sie einfach „Oh ja" sagen und seine beispiellose Kühnheit als Selbstverständlichkeit betrachten. Es war eine Inspiration, brillant konzipiert und brillant ausgeführt, und ihre strahlende Erinnerung sollte nicht dadurch getrübt werden, dass eine Frau es als etwas nicht im Geringsten Außergewöhnliches akzeptierte.

Er grinste und sagte nichts, und was ihm nicht in den Sinn kam, war, dass sie selbst eine liefern würde, wenn er keine Erklärung abgab. Es ist idiotisch, einer Frau alles zu erzählen, aber es ist klug, fast alles zu erzählen; vor allem, wenn sie die Möglichkeit hat, falsche Schlussfolgerungen zu ziehen.

Sam hielt keinen falschen Schluss für möglich, weil er immer noch das Beste von Ada glaubte, weil er immer noch verliebt war. Aber sich zu entlieben ist unglaublich einfach.

„So wie eine ummauerte Stadt", sagt Touchstone, „würdiger ist als ein Dorf, so ist die Stirn eines verheirateten Mannes ehrenhafter als die bloße Stirn eines Junggesellen", und Sam war verheiratet. Er konnte diese schmeichelhafte Salbung auf seine Seele auftragen, konnte seinen Kopf höher halten, weil er ein Steuerzahler war und Verantwortung trug, und abends nach Hause in ein Haus mit Garten gehen. Er hat das alles getan, und es war eine leere Ehre , denn Erfolg in der Ehe ist, wie in allem anderen auch, nicht von vornherein zu haben, sondern hängt vom Willen ab, Anpassungen vorzunehmen.

Der Wille kann am besten aus Leidenschaft entstehen, und hier gab es keine Leidenschaft, die sie über das schwierige Zeitalter der Ehe hinweg begleiten konnte, das erste schwierige Jahr, in dem, wenn überhaupt, Anpassungen vorgenommen werden müssen. Mit Leidenschaft kann ein Mann eine Frau lieben, von der er weiß, dass sie eine Mörderin ist; Wenn ihm die Leidenschaft fehlt, kann er die Liebe verlieren, weil die Frau schnarcht oder unordentlich ist. Sams Ehe wurde nicht im Himmel geschlossen, sondern von Ada in Heaton Park, und mit einer so geschlossenen Ehe ist es genauso leicht, sich aus der Liebe zu lösen wie aus einem Haus. Kleine Dinge zählen mehr als große Dinge, wenn es keine Leidenschaft gibt, ihr lebenslanges Trugbild zu erschaffen.

Wenn man das Trugbild der Leidenschaft nicht haben kann, gibt es einen nützlichen Ersatz namens gesunder Menschenverstand, ein anderer Name für Kompromiss, und Ada weigerte sich, Kompromisse einzugehen. Sie war für sich selbst, uneingeschränkt und erhaben. Ada überließ die Anpassungen

Sam und entspannte sich in keiner Weise von ihrem vollkommenen Egoismus.

Das kleine Problem, das fast sofort stark gegen sie sprach, war einfach, dass Ada unordentlich war. Sie hat keine Orte für Dinge erfunden, oder wenn doch, dann wurden sie nie benutzt. Sie hat ihre Kleidung unten gelassen, nachdem sie ausgegangen war, und das Klavier ist nicht der richtige Ort für einen Hut und das Sofa nicht für einen Regenschirm. Es ärgerte Sam bis zum Äußersten, ihre Kleidung im Schlafzimmer verteilt, achtlos über Stuhllehnen hängend und auf dem Boden liegend vorzufinden.

Männer sind nicht das unordentliche Geschlecht: Die Tugend der Ordnung ist, wie bei den meisten anderen, gleichmäßig verteilt. Sam war von Natur aus ordentlich, und die Gewohnheit ist noch stärker. Adas Pech war, dass er an Anne gewöhnt war, dass Anne ordentlich und Ada eine Schlampe war. Sam wusste erst, als er es vermisste, wie sehr er Annes Ordnung schätzte, wie sehr er sie brauchte und wie sehr er Unordnung hasste, bis er in Ada damit lebte. In London, im Hotel, hatte er das, was er davon gesehen hatte, damit entschuldigt, dass es in einem Hotel sei; Deshalb gab es dank eines guten Zimmermädchens auch wenig zu sehen.

Zu Hause tat es ihm weh und er konnte nichts dagegen tun. Ada tat auch nichts. Sie hatte nicht aus Liebe geheiratet, und ohne starkes Motiv ändert man seine Gewohnheit nicht. Seine Andeutungen erschienen Ada mürrisch und unvernünftig. Sie glaubte, er hätte aus Maulwurfshügeln Berge gemacht und verachtete ihn wegen seiner Kleingeistigkeit; Er glaubte, dass eine Frau, die ihren Unterrock nicht in die Schublade legen konnte, wenn er sie darum bat, ihn absichtlich provozierte.

Sie verfolgte keine vorsätzlichen Absichten. Sie weigerte sich einfach, ihre Gewohnheiten zu durchbrechen, sich ihm anzupassen und der Liebe ein Opfer zu bringen. Sie hatte keine Liebe, der sie sich opfern konnte.

Und plötzlich stellte er fest, dass auch er nicht liebte. Aber das war alles. Dann und danach war das verdammt noch mal alles. Er liebte nicht, aber er hasste auch nicht. Er hatte sie nie tief genug geliebt, um sie zu hassen. Das war die Tragödie von Sams Ehe: Gleichgültigkeit, die tödlichste Sünde.

Ihm gegenüber war sie gleichgültig, ihre Unordnung und sogar ihre Extravaganz. Sie konnte mit Kleidung nicht vernünftig umgehen, sie wusste nicht, wie sie sie tragen sollte, wenn sie sie hatte, aber sie sehnte sich wahnsinnig danach, sie zu besitzen. Sie war grob und unentschuldbar extravagant, und er war gleichgültig. Er war gleichgültig, weil er reich wurde, und er wollte seine Energie dazu nutzen, reicher zu werden, und nicht, um sich mit ihr zu streiten.

Das war eine weitere Tragödie. Sie haben sich nie gestritten . Sie haben nie die Luft gereinigt, sie haben nie den Abfluss gespült. Sie nahmen keine Anpassungen vor, sondern beließen die Dinge dort, wo sie waren, an einem schlechten Ort. Während ihrer Flitterwochen blickten sie nicht mehr einander an, sondern richteten ihren Blick auf London, und zu Hause suchten sie nach einer Offenbarungserfahrung nicht nach einer anderen, sondern erholten sich und blickten überall hin, nur nicht auf sich selbst.

Aber Peter schaute, und Anne schaute durch die Augen von George, und es kam ihr so vor, als würden die Dinge so geschehen, wie sie es erwartet hatte. Sie hatte gesagt, das Mädchen sei nicht gut, und was George ihr auf seine unbeholfene Art erzählte, ließ sie erkennen, dass das Mädchen, das zur Frau wurde, ebenfalls nicht gut war. Anne presste grimmig die Lippen zusammen und fuhr mit ihrer effizienten Verkohlung fort. Sie dachte, ihre Zeit würde kommen.

Petrus erwartete das Kommen der Liebe, um diese Ehe zu segnen, der er im Glauben zugestimmt hatte, dass sein Gott der Liebe sie heiligen würde. Er hatte auf die Stärke von Sam vertraut und auf die Hoffnung, dass sich Sams Stärke in Süße verwandeln würde; und es kam nur zum Geschäft. Es führte Ada nicht vom Materialismus ab, sondern zog Peter selbst, zunächst unwissentlich, dazu. Peter stellte fest, dass die Auswahl der Texte für Sams „Church Child's Calendar" eine mühsame Aufgabe war der Liebe, die dennoch nichts mit Ada zu tun hatte, außer auf indirektste Weise, und auch nichts mit der Situation zwischen Sam und Ada zu tun hatte.

Für sie schien es keine Situation zu geben, die Petrus beunruhigte. Sie lassen die Dinge einfach geschehen, und die Dinge gehorchen dem Gesetz der Schwerkraft. Er hoffte sehnlichst auf Kinder. Kinder segneten die Ehe im physischen Sinne, und aus diesem Segen könnte der andere, der spirituelle Segen, entstehen.

Es gab einmal Hoffnung, dass Ada vielleicht ein Kind bekommen würde ... aber dann wurde die Hoffnung zunichte gemacht, und der Arzt sagte ihnen, sie sollten nicht noch einmal hoffen. Ada würde niemals Mutter werden.

„Das hätte ich ihnen sagen können", sagte Anne. „Man braucht das Mädchen nur anzusehen, um es zu sehen." Was im Nachhinein vielleicht nur Weisheit war, aber sicherlich nicht bedeutete, dass Anne enttäuscht war; obwohl Petrus es war, und zwar bitter.

Auch Sam hatte sich einen Sohn gewünscht, aber nicht, wie Peter dachte, von Ada und für Ada. Aus dynastischen Gründen wünschte er sich einen Erben. Er war der Branstone- Verlag, dessen Muttergesellschaft und Original, und er wollte, dass Fleisch von seinem Fleisch nach ihm veröffentlicht würde. Er träumte von einem jungen Sam in der Mütze des Gymnasiums, der die Universität besuchen sollte, die er nicht besucht hatte, und die Chancen haben sollte, die er verpasst hatte. Für seinen nie geborenen Sohn baute er in Spanien viele Burgen.

Ada stand aus dem Bett auf und schlüpfte gierig in neue Klamotten. Wenn das Ausmaß ihres Kaufs das Ausmaß ihrer Trauer war, war sie tief berührt. Vielleicht war sie berührt, denn sie hatte eine Ehe angestrebt, die ohne ein Kind unvollständig ist. Aber in den Geschäften, den Modezeitungen, ihren Kleidern und den Kleidern anderer Frauen fand sie Ablenkung und Beschäftigung. Sie erreichte einen Meilenstein und machte sich auf den Weg. Ada war kein Stoiker, sie verbarg ihren Kummer nicht, und da sie sich nicht beklagte, musste sie geglaubt haben, dass ihre Kinderlosigkeit kein Grund zur Klage sei. Als sie sich für die Ehe entschieden hatte, hatte sie vielleicht nicht weiter geschaut als den Ring, die Zeremonie und den ehrenvollen Status, Mrs. Branstone zu sein .

Sie stürzte sich in Geschäfte und gab Geld aus, Sam ins Geschäft und machte es; und zumindest ein Teil der nun vereitelten Liebe, die er für seinen Sohn hegte, ging auf das Geschäft über. Irgendwo in seinem Hinterkopf wusste er, dass sein Geschäft nicht liebenswert war; dass es Pech war; dass man Pech nicht berühren kann, ohne befleckt zu werden. Aber auch mit der Tonhöhe kann man nicht erfolgreich umgehen, ohne den Glauben an die Vorzüge der Tonhöhe zu entwickeln. In intimen Momenten war ihm bewusst, dass die Broschüre „Social Evil" schädlich war, aber Sam Branstone , der einen Buchhändler dazu brachte, sie in den Handel zu bringen, war mehr als ein Anwalt, der vorübergehend an seinen Auftrag glaubte: Er war ein Missionar mit Glauben an seine Mission. So auch mit den Texten. Er verkaufte sie mit der Überzeugung, dass es gut für die Menschen sei, Texte an den Wänden zu haben. Er täuschte die Aufrichtigkeit vor, bis er schließlich aufrichtig war oder zumindest vergaß, dass er unaufrichtig war.

Immer tiefer drängte er in die unerforschten Tiefen seines Geistes den Gedanken, dass er Texte verkaufte, weil sie sich gut für ihn verkauften, und mit seinem arbeitenden, alltäglichen , nicht introspektiven Geist hatte er eine Aufrichtigkeit in Bezug auf seine Waren, die praktisch, aber nichtsdestotrotz praktisch war authentisch, was sowohl für sein Selbstwertgefühl als auch für den Verkaufserfolg von unschätzbarem Wert war. Er lobte früher nie ein Haus mit der klingenden Stimme der absoluten Überzeugung, die er bei Laws „Serious Call" verwendete. Er hatte Law nicht gelesen, aber die Verkaufszahlen stagnierten, bis er von Laws enormem Wert überzeugt war.

Er hatte eine ernsthafte Berufung, eine Berufung, gute Bücher mit gutem Gewinn zu verkaufen, und diese Berufung drückte sich in seiner Kleidung und seinem Aussehen aus. Er schien älter und ernster zu sein, trug seinen

Gehrock täglich, trug nur Schwarz für Krawatten und Socken und wirkte wie jemand, der, wenn er kein Geistlicher war, oft in ihrer Gesellschaft war, obwohl er in Wirklichkeit mehr war häufig mit Geschäftsreisenden , und nachts in den Hotels kam sein Repertoire an Raucherzimmergeschichten nicht weniger fröhlich über seine Zunge als früher.

Und ungefähr zu dieser Zeit begann sein Schnurrbart wie ein Vorhang über seinem entschlossenen Mund zu hängen.

Eines Tages kam Stewart mit einem Paket unter dem Arm ins Büro. Er hatte in letzter Zeit weder Sam noch sein Büro gesehen und starrte beide mit großen Augen an. Carter, Partner in der Druckerei, wohnte immer noch in dem heruntergekommenen Büro, in dem Sam ihn gefunden hatte, aber die Branstone Publishing Company hatte nebenan größere Räumlichkeiten, in einem Gebäude, das Sam als Lager für seine Lagerbestände gemietet hatte. Vergoldete Schriftzüge an den Fenstern lenkten die Aufmerksamkeit der Passanten auf die Branstone + Classics.

Sam kümmerte sich immer noch um die Details, und als Stewart hereinkam, korrigierte er mit einer Bibel am Ellbogen Korrekturabzüge eines Abreißkalenders.

„Ich nehme an“, sagte Stewart, „das *bist du.* "Branstone , aber warum sollte man sich als schottischer Ältester verkleiden?“

„Ich trage meine übliche Kleidung“, sagte Sam ziemlich verärgert.

„Wenn die Kleidung der Mann ist, ist dies kein Ort für mich. Benutzen Sie während Ihrer Geschäftszeiten oft die Bibel?“

autorisierten Version mit sehr schöner Präzision zu überprüfen , sondern auch auf eine andere Art und Weise, die, wenn überhaupt, zu zeigen schien, dass er die Bibel mit inniger Vertrautheit betrachtete. Vielleicht war ein Maskottchen das pergamentgebundene Exemplar der Broschüre „Social Evil“ und das andere die Bibel. Sein im Büro verwendeter Preiscode setzte sich jedenfalls wie folgt zusammen:

MEINVATERGOTT

1 2 3 4 5 6 7 8 9 10 20

Neue Angestellte, die in diesen Kodex eingeweiht wurden, wunderten sich einen Tag lang darüber. Dann gewöhnten sie sich daran.

„Ich korrigiere die Korrekturabzüge dieses Kalenders“, erklärte Sam. „Sehen Sie, es ist ein Rasierkalender. Du hängst das neben deinen Rasierspiegel und studierst den Text für den Tag, während du dich rasierst.“

„Das tue ich nicht", sagte Stewart. „Ich gehe zum Friseur . Meine Hand ist morgens unsicher. Aber ich verstehe die Idee. Lesen Sie zuerst den Text und wischen Sie dann Ihr Rasiermesser daran ab."

„Das ist nicht die Idee. Sehen." Er zeigte auf die Kalenderkarte und las feierlich:

„Eine SMS pro Tag

Vertreibt die Sorge."

„Es würde meine Art von Fürsorge nicht vertreiben", sagte Stewart. „Meins ist ernst."

„Kein Problem kann zu ernst sein, als dass Sie in diesem Kalender Trost finden könnten."

„Aber nehmen wir an, ich hätte an einem Vierteltag Zahnschmerzen, und der Trost, den Sie für dieses Datum anbieten, ist ein Trost für einen Mann, der seine Miete nicht bezahlen kann? Im Ernst, Branstone , bin ich hinter den Kulissen dieses Büros, oder lassen Sie den Schausteller nie im Stich? Ich gebe zu, Sie sind auf dem Pi-Markt tätig und haben die Rolle des Pi-Mans übernommen, und Sie haben auch sein Geschwätz, aber ich weiß nicht, ob Sie es mir antun müssen. „Ihre Aktie sieht schlimm aus", bemerkte er und schlenderte durch das Büro. „Ich nehme an, es ist das Zeug, das sich verkauft?"

„Mein Unternehmen", sagte Sam, „ist auf einem Felsen gegründet."

„Ich bin hierher gekommen, um Ihnen ein Vermögen zu verkaufen", sagte Stewart. „Wenn Sie nicht mit mir reden , bringe ich das Vermögen zu einem Londoner Verleger. Ihr Unternehmen mag auf einem Felsen gegründet sein, aber der Name des Felsens ist das ‚soziale Übel'."

„Das Wort Rock", sagte Sam mit einem Augenzwinkern, „wird auch für eine Art Toffee verwendet."

„Nun, da ich weiß, dass du bei Verstand bist, werde ich mit dir reden. Und ich rede auch von Toffee. Ich hätte in meiner ernsthaften Jugend nicht gedacht, dass ich dazu kommen sollte, aber man weiß nie, was Schulden für einen Mann bedeuten. Ich habe einen Roman geschrieben. Zumindest ist es kein Roman, sondern eine Empörung über den Anstand. Es ist ein heftiger Angriff auf die Emotionen. Ich verdiene es, so etwas zu drehen, um zu schreiben. Sirup ist im Vergleich dazu bitter und enthält kein einziges Wort der Literatur. Es ist eine gusseiserne Gewissheit."

„Ich muss es lesen", sagte Sam.

„Sie werden misstrauisch", sagte Stewart traurig.

„Ich kaufe keine Schweine im Sack, auch wenn sie dir gehören", sagte Sam. „Kommen Sie in ein paar Tagen vorbei."

Er las den Roman und war bereit für Stewart, als er kam.

„Ich habe mir die Freiheit genommen", sagte er, „einige Passagen in diesem Manuskript zu markieren, die Sie möglicherweise ändern möchten."

"Oh? Ich weiß, das ist lächerlich, aber ich glaube nicht, dass es eine Grenze dafür gibt, was sie ertragen – und mögen."

„Ich beziehe mich insbesondere auf die Figur, die Sie Hetaera genannt haben."

„Aber nur einmal. Danach heißt sie Hetty."

„Hetty", sagte Sam streng, „muss rausgeschnitten werden. Sie ist eine unreine Frau."

„Selbst der populärste Roman sollte einen Bezug zum Leben haben."

„Wenn Sie möchten, dass ich dies veröffentliche, muss Hetty gehen. Branstones haben einen guten Ruf, den es zu wahren gilt."

"Guter Gott!" sagte Stewart. „Hetty ist die einzige Oase der Wahrheit in einer Wüste schlampiger Sentimentalität. Sie ist wahr, weil ich sie zufällig kenne."

„Das ist nichts, was Sie verdienen, Stewart."

Stewart starrte. „Ziehst du mich auf den Arm, Sam, oder ist das wirklich ernst?"

„Warum sollten Sie an meiner Ernsthaftigkeit zweifeln, wenn ich fordere, dass Belletristik frei von Beleidigungen sein sollte?"

„Meinst du nicht, dass es an Wahrheit mangelt?" Er gewann seine Beherrschung und seine Perspektive zurück. Schließlich war er sehr knapp bei Kasse. „In Ordnung, Sam", sagte er. "Bearbeite mich. Zensiere mich. Ich dachte, ich wüsste Dinge, aber es gibt Tiefen unter den niedrigsten Tiefen, und du hast sie erreicht. Ich gebe auf. Was sind die Bedingungen?"

Sam bot Konditionen an, die recht großzügig waren. Vielleicht will er Stewart wieder.

Der Roman wurde von Hetty gelöscht und veröffentlicht. Das dreiseitige Gebet der verzweifelten Heldin wurde paraphrasiert von einer ganzen Reihe nonkonformistischer Kanzeln verwendet, und das Buch war ein großer

Erfolg. Es war der erste Teil dieser Reihe – Branstones „Happy Novels for Healthy Homes" –, der die Stärke des literarischen Brechmittels zu einem Punkt konzentrierter Süße steigerte, von dem man nie zuvor geträumt hätte, und irgendwo einen öffentlichen Magen entdeckte, der seine widerliche Marmelade nicht ablehnte, sondern darin schwelgte Es.

Kapitel XVI
: Das politische Tier

Wenn Ada nur den Mut gehabt hätte, zu ihren Überzeugungen zu stehen, wäre alles ganz anders gekommen. Aber sie hatte weder den Mut noch die Lebensfreude, irgendetwas anderes zu sein als ein fast perfektes Negativ, und ein Mann wird aus vielen Gründen um eine Frau kämpfen, aber nicht aus dem Grund, weil sie eine absolute Volltrefferin ist.

Ada konnte, wie Peter wusste, als er der Heirat zustimmte, geführt werden: Mit noch sichererer Hoffnung auf ein gutes Ergebnis konnte sie gefahren werden, und wenn Sam Lust gehabt hätte, mit Ada zu fahren und Petruchio zu spielen, hätte er ihr Negatives in eins verwandeln können vergleichend, wenn nicht sogar positiv.

Bedauerlicherweise waren seine Antriebskräfte anderweitig eingeschränkt und seine Ziele waren auf dem Schlachtfeld, seinem Büro, und nicht im Schlafsaal, den er in ein Zuhause hätte verwandeln können. Und da Ada alles hatte , was sie sich bewusst wünschte, empfand sie eine dumpfe Zufriedenheit. Zwei Bedienstete und Kredit in den Läden waren gut genug für Ada und auch gut genug für Sam, denn sie versprachen Erfolg. Wenn Ada aktiv bösartig gewesen wäre, wenn sie getrunken hätte, wenn Männer oder ein Mann von ihr besessen gewesen wären, wenn sie tatsächlich etwas gewesen wäre, das wahrnehmbar schlecht war, hätte Sam seine Gleichgültigkeit aufgegeben und eine starke und wirksame Linie mit ihr eingeschlagen. Vielleicht lag es zunächst nur daran, dass eine geradezu bösartige Ada schlecht für die Branstone + Classics gewesen wäre , aber am Ende wäre es gut für Ada und Sam gewesen: Es wäre der Anfang von Ada und *Sam* gewesen ihr Doppelleben, das noch nicht geboren war. Aber so wie die Dinge lagen, sah er nichts, wogegen er kämpfen könnte. Es gab eine oberflächliche Richtigkeit; Deshalb war alles in Ordnung, er konnte Ada vergessen und sich den Dingen zuwenden, die für ihn lebenswichtig waren, dem Geschäft um seiner selbst willen und dem Geschäft, das als Sprungbrett in die Politik betrachtet wurde.

Eine Zeit lang begnügte er sich damit, seine politischen Ambitionen aufzugeben, weil es ihm schien, dass für die Politik Geld, ganz schön viel Geld, nötig sei. Tatsächlich war er von seinem Ehrgeiz ziemlich beeindruckt: Das Unterhaus schien enorm weit von seinem Büro in Manchester entfernt zu sein, und er glaubte, dass für die Fahrt viel Geld nötig sein würde. Grundsätzlich war er bescheiden und überschätzte seine Fähigkeiten selten, aber er glaubte, dass er Glück hatte, und hielt Geld für eine gute erste Hilfe für mehr Glück. So gut es ihm auch im Geschäft ging, konnte er es sich nicht leisten, seine Energie vom Geldverdienen auf die Politik zu lenken, wobei er nicht vorhatte, ganz unten anzufangen.

Er war noch nicht bereit, sich politische Möglichkeiten zu eröffnen, aber wenn sich ihm politische Möglichkeiten boten, war das eine andere Sache. Und sie kamen. Als er Sir William Gatenby interviewte , warf er einen Kieselstein in einen Teich, dessen Welle ihn in die Höhe spülen sollte.

Dadurch gelangte er in die Kenntnis von Herrn Charles Wattercouch , dem Agenten der Abteilung. Wattercouch las Gatenbys Brief über Sam mit einiger Überraschung, da einer seiner Rekrutierungsgründe für freiwillige Helfer die Concentrics waren, und er glaubte sich daran zu erinnern, dass er Sam für die andere Fraktion sprechen hörte, aber er katalogisierte den Namen zur späteren Bezugnahme auf seiner Liste ernsthafter junger Menschen Männer.

Wattercouch hatte es wie Sam nicht eilig. Er zog es vor, dass Männer zu ihm kamen, anstatt sich auf die Suche nach ihnen zu machen, aber Sam kam nicht, und ein Brief von Gatenby durfte nicht vernachlässigt werden. Obwohl Gatenby das Thema wahrscheinlich aus seinem Kopf verbannt hatte, zahlte er die Hälfte von Wattercouchs Gehalt und würde sich vielleicht eines Tages nach Sam erkundigen . Also besuchte der Agent Sam im Büro.

Er war ein stämmiger Mann von etwa vierzig Jahren, mit eckigem Gesicht, rosafarbener, eupeptischer Gesichtsfarbe und hellem Haar, das sich sträubte. Ihr Organisator des Sieges neigt ebenso wie Ihr Herausgeber dazu, zynisch zu sein, wenn es um die Politik geht, für die er bezahlt wird, aber Wattercouch behielt seinen vollkommenen Glauben an den Liberalismus bei, trotz der Tatsache, dass er der Liberalen Partei gedient hat, eine Leistung bei der Anpassung tadelloses Prinzip mit skrupellosem Opportunismus, was er mit völliger Aufrichtigkeit tat. Man kann aufrichtig und jesuitisch sein, tatsächlich kann man kaum jesuitisch sein, ohne aufrichtig zu sein, und für Herrn Wattercouch waren die ungeheuerlich illiberalen Handlungen der Liberalen Partei gerechtfertigt, weil sie die Handlungen dieser Partei waren und müssen, so unwahrscheinlich es auch schien , sei Mittel zum Zweck, der Liberalismus sei.

Das soll nicht heißen, dass Herr Wattercouch komplex war, denn er war in der Tat recht einfach, wie die Vorliebe des Mannes für seinen grotesken Namen beweist. Er wusste, wie wertvoll es ist, lächerlich gemacht zu werden, wenn man Spott in Respekt verwandeln kann, und ein großer Teil seiner Popularität resultierte aus der freundlichen Art, mit der er Witze über seinen Namen aufnahm. Er nutzte etwas aus, was für einen weniger gutmütigen Mann vielleicht ein Handicap gewesen wäre. „In der Tat", sagt Ben Jonson, „haben Namen großes Glück, Sir", und Wattercouch nutzte das zweifelhafte Glück zum Guten.

Sam hatte die Gabe des Redens, was bedeutete, dass er wusste, wie und wann er sprechen und wie und wann er schweigen sollte. Er schwieg, während Herr Wattercouch von der wertvollen Arbeit sprach, die ein ernsthafter Arbeiter im Zusammenhang mit der jährlichen Revision des Registers leisten muss . Der Zweck der Arbeit bestand darin, dafür zu sorgen, dass alle möglichen bekannten Liberalen im Register eingetragen waren und alle möglichen Einwände gegen alle bekannten Konservativen erhoben wurden, und obwohl die Arbeit durch die Entfernungsgewohnheit unter den Wählern kompliziert war, war es kein leichtes Unterfangen. Sicherlich hätte kein Agent es ohne die Hilfe fleißiger Freiwilliger durchführen können.

Aber Sam sah sich nicht in der Rolle eines fleißigen Freiwilligen und schwieg aus zwei Gründen. Das erste war, dass sein Schweigen Mr. Wattercouch sichtbar in Verlegenheit brachte , und Sam mochte es, wenn der andere Mann in Verlegenheit war; Zweitens überlegte er, wie er Herrn Wattercouch klar machen könnte , dass sein Vorschlag absurd, wenn nicht sogar eine Beleidigung war.

Er lächelte mit recht höflicher Überlegenheit. „Aber ich denke, Herr Wattercouch , dass Sie einen Fehler machen“, sagte er als einer, der sich dafür entschuldigt, dass er unverblümt sein muss.

„Nun“, gab Wattercouch zu , „ich hatte meine Zweifel, weil ich glaubte, Sie hätten Stephen Verity bei den Concentrics unterstützen hören.“

„Das“, sagte Sam, „ist nicht der Fehler, auf den ich anspiele. Mir ist bewusst, dass ich Verity bei den Concentrics unterstützt habe. Und mir ist bewusst, dass man lernen kann, wie man einem Mann die Haare schneidet, indem man es am Kopf eines Schafes übt . Verity war der Kopf meines Schafes.“

„Ich fürchte, ich kann kaum folgen“, sagte Wattercouch , der tatsächlich ziemlich empört war über eine solche Anspielung auf Mr. Verity, der zwar ein Konservativer, aber ein Stadtrat und eine bekannte Persönlichkeit in der Kommunalpolitik war.

„Ich mache es dir leichter, indem ich zugebe, dass sogar ich lernen musste“, sagte Sam.

"Ah! Ich verstehe. Sie haben jetzt den Fehler Ihres Verhaltens erkannt. Sie erkennen die Größe des Liberalismus, der –“

„Das habe ich immer getan“, versicherte Sam. „Als ich Verity unterstützte, brachte ich mir selbst das Sprechen bei. Ich übte mich im Toryismus, um im Liberalismus perfekt zu werden. Die Tage, in denen ich mir den Toryismus zunutze machte, waren die Tage, in denen ich die Kunst des Sprechens erlernte. Hätten Sie mich für eine Sache wie den Liberalismus schlecht sprechen lassen? Nein. Aber wenn ich mich schlecht für den Toryismus aussprach, schadete ich nichts. Der Toryismus *ist* nichts, es sei denn, wie gesagt, er ist ein Schafskopf, an dem Liberale üben können , wenn sie Neulinge sind, und Sie haben den Fehler gemacht, anzunehmen, dass ich immer noch ein Neuling bin, obwohl –" Er hielt ausführlich inne und hoffte, dass Mr. Wattercouch die Lücke intelligent ausfüllen würde. „Aber es ist verfrüht, darüber zu sprechen", sagte er. „Was die Anmeldung betrifft, kann ich Ihnen einen meiner Sachbearbeiter schicken." Mit einer Geste tat er das wichtigste Ereignis im Agentenjahr als eine Angelegenheit der Pygmäen ab.

„Ich verstehe … ich verstehe", sagte Wattercouch und versuchte mit aller Kraft zu glauben, dass er Sam bisher durch das falsche Ende eines Teleskops gesehen hatte. „Und Sie selbst, Mr. Branstone ?"

Es verlockte Sam, dieser Tonfall des völlig erschrockenen Respekts, den Wattercouch jetzt annahm. Das Unglück an Sams fantasievollen Flügen war, dass er nie wusste, wann er aufhören sollte. Im Moment ging es ihm nur darum, bei Wattercouch den Eindruck zu erwecken, dass Sam Branstone zu wichtig sei, als dass er sich mit der Registrierungsarbeit herumplagen müsste. Er hatte es mit der Politik nicht eilig, aber als er anfing, würde er nicht als ehrenamtlicher Angestellter arbeiten.

"ICH?" er antwortete. "Zwei Dinge. Das eine ist eine Tatsache, das andere eine Prophezeiung. Tatsache ist, dass ich Redner bin, und die Prophezeiung besagt, dass Sir William Gatenby nicht mehr lange leben wird und dass ich seinen Platz als Mitglied der Division einnehmen werde. Hast du eine Erkältung?" fügte er hinzu, während Wattercouch vor unwiderstehlicher Verblüffung würgte.

Er hatte weder eine Erkältung, noch hatte er in diesem Moment die Fähigkeit zu sprechen, und die Stille wurde eindringlich, ohne Sam im geringsten zu beunruhigen. Nachdem er auf dem steilen Meer zu Wasser gelassen worden war, war Sam ein zäher Navigator, und er hatte die moralische Stütze, weil er wusste, dass sein einziges Ziel im Moment darin bestand, dem Job als Angestellter zu entgehen. Um dem Job als Angestellter zu entgehen, ist es gerechtfertigt, mehr als nur eine Romanze zu betreiben: Es ist gerechtfertigt, die meisten Verbrechen im Newgate- Kalender zu begehen. Sam wurde kaum dazu aufgefordert, aber Wattercouchs Husten war eine Herausforderung, und ein halb gebluffter Bluff ist schlimmer als gar kein Bluff. Es war eine Frage des Stolzes, diesen Ungläubigen zu überzeugen.

„Ich habe vor", sagte Sam selbstbewusst, „der Partei eine Menge Plattform zu bieten." Wenn bald Wahlen stattfinden, umso besser. Ich werde die Gelegenheit nutzen, mich bei den Wählern beliebter zu machen als Sir William Gatenby . Das ist einfach. Er zitiert in Wahlreden Latein, und ich bin ein Mann des Volkes. Danach erwarte ich eine Nachwahl um einen Sitz, den die Partei als aussichtslose Hoffnung ansieht. Wenn es möglich ist, diesen Sitz für unsere große Sache zu gewinnen, werde ich ihn gewinnen. Wenn nicht, vertraue ich auf zwei Dinge: den senilen Verfall von Sir William Gatenby und die Diskretion des Büros des Whip."

Wattercouch musste sich mühsam an die neue Perspektive anpassen. Er räumte ein, dass Sam plausibel sei und eine Gewissheit, die seiner erstaunlichen Aussage beinahe Überzeugung verlieh.

„Sie stehen in Kontakt mit den Whips!" Er hat tief eingeatmet.

Sam erinnerte sich an eine alte Formel und variierte sie. „Glauben Sie", fragte er empört, „dass ich so mit Ihnen reden würde, wenn ich es nicht wäre?"

Wattercouch glaubte es nicht. Zum einen war er mit den hinterhältigen Methoden der Whips vertraut, und nichts, was diese geheimnisvollen Autokraten taten, konnte ihn überraschen. Zum anderen wollte er glauben, was Sam von ihm wollte. Er sah in Sam den Ausweg aus einem Dilemma.

Sein Dilemma war weit verbreitet. Durch einen Todesfall war ein Sitz im Stadtrat frei geworden, und die örtliche Fraktion der Liberalen war bei der Wahl eines Kandidaten geradezu erbärmlich verlegen. Es gab mindestens drei erfahrene Mitarbeiter der Sache, die erwarteten, dass man sie mit Gerechtigkeit ansprechen würde, und keiner der drei konnte ausgewählt werden, ohne Interessen zu verletzen, deren Verletzung unhöflich war.

Für die Fraktion war alles in Ordnung: Sie überließen es Wattercouch , dem Allround-Handwerker, Vorschläge zu machen, und als er Sam zuhörte , dachte er, er hätte einen Kandidaten gefunden, der, nur weil er politisch unbekannt war, niemanden beleidigen konnte. Wenn die offensichtlichen Männer falsch lagen, musste er sich auf die Richtigkeit des Unerwarteten verlassen, und schließlich sagte Sam möglicherweise die Wahrheit. Bei Whips wusste man nie, woran man war, und hier war seine Chance, Sam zu besänftigen und gleichzeitig das Problem zu lösen, das die Fraktion beunruhigte. Sam war ein dunkles Pferd und er wünschte, er wüsste mehr über ihn; es war verblüffend, auf der Suche nach einem ehrenamtlichen Angestellten zu sein und einen Kandidaten zu finden; aber schließlich sah er darin einen legitimen Grund, ein Risiko einzugehen.

„Ich weiß nicht, Sir", sagte er mit einem sehr respektvollen Tonfall, „ob Kommunalpolitik einem Mann Ihres Kalibers gefallen wird , aber es gibt eine freie Stelle in St. Mary's Ward, und das glaube ich kaum." Wenn Sie kandidieren möchten, wird es bei Ihrer Annahme als Kandidat keine Schwierigkeiten geben."

Sam tat so, als würde er nachdenken. Die Wahrheit war, dass die Aussicht auf einen sofortigen Sitz im Rat sein Herz heftig schlagen ließ. Er hatte schon länger vorgehabt, das Geschäft über die Politik zu stellen, aber diese Art von Politik war Geschäft. Der Rat nahm Zeit in Anspruch, verlieh Branstone und den Branstone Publications jedoch ein Prestige, das die Zeitverschwendung mehr als ausgleichen würde.

Und es war köstlich unerwartet. Er hatte nicht darauf trainiert, Wattercouch zu beeindrucken , sondern hatte nur überheblich geredet, um sich von der unsichtbaren, undankbaren Plackerei der Organisation zu entschuldigen: Dennoch schien es, als hätte er beeindruckt. Ihm wurde praktisch ein Platz angeboten. Er sollte bald dort sitzen, wo Travers gesessen hatte, und noch vor seinem fünfunddreißigsten Lebensjahr Stadtvater werden. Er hatte leichtfertig über einen Vogel im Busch geschwärmt und sich dabei ertappt, dass er einen Vogel in der Hand hielt, und auch kein verächtliches Geflügel.

„Wir dürfen nichts verachten", sagte er, „was den Liberalismus fördert." Wattercouch nickte begeistert. „Natürlich", fuhr Sam fort, „streng unter uns, der Rat ist ein kleines Bier." Aber es ist für die Sache, und wenn ich aufgefordert würde, zu kandidieren, könnten Sie davon ausgehen, dass ich nicht zulassen sollte, dass die umfassendere Sicht, die ich über meine letzten Aktivitäten habe, meine Annahme beeinträchtigt. Ich habe Freude an der Pflicht und sehe es als meine Pflicht an, mich mit ganzem Herzen in diesen Konflikt zu stürzen, auch wenn dies die Verschiebung meiner parlamentarischen Ambitionen mit sich bringt." Er war wunderbar fromm.

Wattercouch war weniger emotional. Er hatte zu viele Reden von potenziellen Kandidaten gehört, um sich von Sams Reden mitreißen zu lassen. „Wahrscheinlich wird es keinen Wettbewerb geben", sagte er trocken. „Es ist ein sicherer liberaler Sitz."

„Ich hätte lieber kämpfen sollen", log Sam wehmütig. „Aber für mich steht die Pflicht an erster Stelle."

Tatsächlich gab es keinen Widerspruch, und wenn sich jeder der drei erfahrenen Arbeiter verletzt fühlte, hatte er den Trost zu wissen, dass die anderen beiden seinen Unmut teilten. Wattercouch äußerte sich in den internen Gremien der örtlichen Partei diskret über Sam, benutzte Gatenbys Namen frei und schaffte es zu vermitteln, dass Branstone etwas viel Größeres war, als er zu sein schien. Er hatte sie zumindest aus ihrer misslichen Lage herausgeholt.

Auch bei dem privaten Treffen, bei dem er sprach, und bei dem darauffolgenden öffentlichen Treffen diskreditierte Sam seinen Sponsor nicht. Er hatte gesagt, er sei ein Redner, Wattercouch hatte es unermüdlich wiederholt, und Sams Publikum glaubte es bedingungslos. Er war kein richtiger Redner, kam aber unter der Anleitung eines alten Schauspielers, der auf der Bühne versagt hatte und sich nun Professor für Sprechkunst nannte, gut zurecht.

Er wurde Herr Stadtrat Branstone , und in den Zeitungen tauchten immer wieder erfreuliche kleine Hinweise auf das Ereignis auf. Der *Sonntagsrichter* hatte zum Beispiel „keinen Zweifel daran, dass Herr Branstone seine ungehinderte Rückkehr in den Rat als eine unbedeutende Episode seiner politischen Karriere betrachten wird, und wir halten uns an die Regeln." Branstone wird es weit bringen, aber inzwischen ist es sogar für ihn etwas Besonderes zu wissen, dass er der beliebteste Mann im St. Mary's Ward ist. Wir hatten fast in der ganzen Stadt geschrieben, aber das wäre vorweggenommen. Wie wird es gemacht? Wie wird diese Popularität erreicht? Mit anderen Worten: Wie wurden Verdienste anerkannt? Mr. Branstone selbst lächelte nur, als wir ihn fragten, aber sein Lächeln ist die Hälfte seines Geheimnisses und seine mitreißenden, ernsthaften Reden die andere Hälfte. Sie sind in der Tat ein offenes Lächeln und ein offenes Geheimnis. Aber es gibt andere Geheimnisse, die weniger offen sind. Alles, was wir jetzt sagen werden, ist: „Pass auf Branstone auf . " Er wird dich nicht enttäuschen."

Es gab eine billige Abendzeitung, die im konservativen Interesse betrieben wurde und sich auf den Satz „Andere weniger offene Geheimnisse" stützte und die skurrile Aussage veröffentlichte, dass eines der weniger offenen Geheimnisse die Tatsache sei, dass Herr Stadtrat sei Branstones Mutter war Putzfrau, aber der Absatz erschien nur in der frühen Ausgabe und verschwand unerklärlicherweise aus späteren Ausgaben. Es hat nicht geschadet, da Erstausgaben nicht für Politiker, sondern für Sportler veröffentlicht werden, und auf jeden Fall gab es am nächsten Tag im *Manchester Warden eine kurze, aber würdevolle Laudatio auf Herrn* Branstone . Glücklicherweise war diese Zeitung in der Politik liberal und tatsächlich, wenn überhaupt, ein tapferer Zeitungsschreiber. Es rollte einen Baumstamm für Sam; Die Popularität von Branstone wurde festgestellt und von der Presse bestätigt. und ungefähr zu dieser Zeit wurde Stewarts zweiter Potboiler zur Aufnahme in Branstones Romane angenommen. Die Konditionen waren für den Autor noch günstiger als zuvor.

Kapitel XVII
: Die Wahrheitsaffäre

Der Fluch des wandernden Juden liegt auf dem Werbetreibenden: Er muss ständig umziehen. Nicht, dass Sam sich auf jeden Fall damit zufrieden gegeben hätte, untätig auf einem Platz im Ratssaal zu sitzen. Er verfügte nicht über die sesshafte Begabung und gehörte auch nicht zu Adas Rasse, die, sobald sie den Stand der Ehe erreicht hatte, in der Betrachtung einer Herrlichkeit lebte, die noch mehr pflanzlicher als tierischer Natur war.

Er musste etwas tun, um seinen Ruf als Beliebtheit auf dem Papier zu rechtfertigen, und er musste sich sogar davon überzeugen, dass er nicht bald aufwachen und alles nur als Traum empfinden würde. Es war zu einfach passiert, um wahr oder zumindest sicher zu sein. Wattercouch hatte angedeutet, dass von ihm einiges erwartet wurde.

Natürlich wurden sie von ihm als Liberalem erwartet, und Sam war in Wirklichkeit kein Liberaler, sondern ein Konservativer. Ein Konservativer ist ein Mann, der konservativ ist und „Ja" zu den Worten von Giovanni Malatesta sagt.

„Was ich gefangen habe, darin habe ich meine Zähne zusammengebissen

Und vor Qual verlieren."

Sam hatte eine Falle gestellt, er schlug vor, weiter zu fangen und niemals zu verlieren, was er gefangen hatte. Während ein Liberaler ein Konservativer ist, der durch sentimentales Mitgefühl für die Enteigneten geschwächt ist. Er ist nicht das Gegenteil eines Konservativen, sondern ein Konservativer, der schwachsinnig, schüchtern oder gewissenhaft genug ist, sich für einen Räuber zu halten und vorzuschlagen, den Armen etwa fünf Prozent seiner Beute zu geben. Das Gegenteil eines Konservativen ist ein Anarchist.

Politisch war er ein Liberaler, weil er davon ausging, dass die Liberalen bei der nächsten Wahl mit Sicherheit ein langes Inning abliefern würden, und wenn überhaupt ein Gefühl dabei war (abgesehen von dem Wunsch, auf der Siegerseite zu sein), dann für die Dicken Redner, dessen gewaltige Sätze seine Fantasie erregt hatten, als er das Unterhaus besuchte.

Was er tat, wurde als Verity-Affäre bekannt. Man hätte es mit gleichem und vielleicht sogar noch besserem Recht als die Branstone- Affäre bezeichnen können, wenn es nicht diesen böswilligen Impuls gegeben hätte, der dazu führt, dass die Leute einen Skandal eher mit dem Namen des Entlarvten als mit dem Namen des Aufdeckers bezeichnen. Es ist wie der Hass, den wir einem Mann entgegenbringen, der im Gefängnis war, wo er bereits seine Strafe erhalten hatte. Die Menschheit ist entschieden dagegen, schlafende Hunde lügen zu lassen.

Herr Alderman Verity war ein älterer Staatsmann des Rates und ein Konservativer der ehrlichen, unnachgiebigen Art, der der Meinung war, dass es entweder ein Schurke oder ein Narr sei, die Tory-Demokratie zu billigen, und Sam hatte keine Einwände gegen ihn, weil er ein Konservativer war. aber aus tieferen Gründen. Verity war der Vermieter von Sams Büros. Jeder Mieter widerspricht jedem Vermieter.

Man nennt Verity einen ehrlichen Konservativen, weil er keine Zugeständnisse machte, nicht weil er selbst eine Quelle der Ehre war . Er hatte kein Verständnis für die moderne Faulheit, die Menschen zu verwöhnen. Er gab zu, dass man Versprechungen machen müsse und dass der Weg, um Wahlen zu gewinnen, darin bestehe, den Wähler zu kitzeln, als wäre er eine Forelle, aber als Stadtrat saß er an der Spitze der Wahlkampagne und missbilligte die liberale Einstellung, zu der jüngere Konservative neigten eine Stimme bekommen. Und ihre Ansicht, dass der Rat für das Volk da sei, empörte ihn aufrichtig: Es war so offensichtlich das Gegenteil.

Der besondere Fall war Baths in Hulme. Er sah in Baths in Hulme keinen Sinn. Er war ganz ehrlich davon überzeugt, dass der Bau von Bädern in Hulme bedeutete, Perlen vor die Säue zu werfen. Hulme hatte nicht um Bäder gebeten und wollte auch keine Bäder. Bäder waren Gelegenheiten zur Sauberkeit und Hulme wollte nicht sauber sein. Hulme wäre nicht Hulme, wenn es sauber wäre.

Die Unreinheit von Hulme war eine Institution. Konservative bewahren Institutionen, und das Einzige, was seinen konservativen und aldermanischen Einwand gegen Baths in Hulme ausräumen konnte, war Eigeninteresse.

Eigennutz ist die größte Institution von allen.

Er widersetzte sich weiterhin den jungen Leuten seiner Partei, weil er lange Zeit nicht erkannte, woher sein Eigeninteresse kam. Er stellte sich sogar öffentlich gegen sie. Er sagte öffentlich, dass die Bäder in Hulme eine hässliche, nachgiebige Idee der Liberalen seien und dass kein anständiger Konservativer ohne Ekel darüber nachdenken könne. Und dann, plötzlich und lautlos, fand man ihn bei denen, die vorschlugen, Hulme solle baden, wenn er wolle. Sein Sinneswandel fiel mit der Entdeckung zusammen, dass es in Hulme keinen offenen Raum gab, auf dem Bäder errichtet werden konnten. Etwas musste herunterkommen, damit die Bäder gebaut werden konnten, und was herunterkommen würde und warum, war das Geheimnis von Mr. Alderman Verity und ein oder zwei anderen aus der Alten Bande, die die Angewohnheit hatten, einander loyal beizustehen, wenn es handelte sich um eine kleine, einfache Arbeit. Eigentlich war es zu einfach, um verwerflich zu sein. Wenn ein Stadtrat durch ein und denselben Beschluss ein Slum räumen und Bäder verleihen kann, wer profitiert dann doppelt davon, wenn nicht die Stadt? Selbstverständlich muss der Slumbesitzer entschädigt werden, wobei eine angemessene Entschädigung kaum hoch genug angesetzt werden kann. Slums sind so profitabel.

Wattercouch hatte im Moment viele Sorgen, aber seine Wachsamkeit war eine Gewohnheit, und er war beeindruckt von der Veränderung in der Haltung von Herrn Alderman Verity. Das Schweigen, das auf seine Beredsamkeit folgte, schien etwas zu bewirken, und Wattercouch fragte sich, was. Es war eine Fehleinschätzung des Alderman, zu diesem Zeitpunkt nicht krank zu sein, aber er hatte seine Spuren verwischt und die Angelegenheit war voreingenommen und geklärt, bevor sie jemals vor den Rat kam. Verity hatte weder ein Gewissen noch Angst davor, und die Konservative Partei, die die bevorstehenden Parlamentswahlen vorausschauend im Auge hatte, wollte ihre Mehrheit im Rat nutzen, um als die Partei aufzutreten, die Hulme Sauberkeit verlieh.

Wattercouch fragte sich, warum diese Wohltäter der Menschheit gerade die Simpson-Gebäude kaufen und abreißen wollten, um Platz für ihre Bäder zu schaffen.

„Das könnte Ihre Chance sein, Branstone ", sagte er.

„Ist es nicht eine große Herausforderung für das junge Ratsmitglied, ihm vorzuschlagen, dass er einen alten Hasen wie Alderman Verity angreift?" fragte Sam und lehnte sich in seinem Stuhl zurück, die Daumen in den Armlöchern seiner Weste.

„Wir alle erwarten Großes von Ihnen", schmeichelte Wattercouch , der seine Auswahl von Sam gegenüber der Fraktion der Liberalen noch rechtfertigen musste.

„Ich habe auch nicht vor, dich im Stich zu lassen. Aber ich kann diesen Bädern nichts entgegensetzen . Als Liberaler bin ich dafür ."

„Das sind wir alle auch. Aber wir sind nicht dafür , dass Alderman Verity sie befürwortet ."

„Es sind David und Goliath, die mich gegen Verity antreten lassen, Wattercouch ."

„David hat gewonnen."

„Und Samuel wird gewinnen. Aber er wird eine Bedingung stellen. Voraussetzung ist freie Hand. Ich brauche keine Hilfe und keinen Rat und verpflichte mich unter dieser Bedingung, Verity zu pulverisieren."

„Aber Sie werden mir sagen, was Sie vorhaben?"

„Ich habe freie Hand gesagt, Wattercouch . Überlassen Sie das mir und ich werde es regeln."

Wattercouch hatte den Eindruck , dass er jedes Mal, wenn er mit Sam zu tun hatte, gebeten wurde, ein Glücksspielrisiko einzugehen, aber er hatte keinen Aktionsplan, und der Mann ohne Plan ist immer im Nachteil gegenüber dem Mann, der, mit oder ohne Plan Sie wirkt selbstbewusst. Er überließ es Sam, und zufällig gab es niemanden, dem er es besser hätte überlassen können.

Wattercouch verfügte über keine Insiderinformationen und nur über vage Vermutungen, dass Veritys Sinneswandel auf denselben Wurzeln basierte wie Veritys Eigeninteresse. Aber Sam wusste etwas und prahlte nicht untätig, als er es unternahm, Verity zu „pulverisieren".

Was er wusste, im richtigen Moment richtig eingesetzt, war dynamisch genug, aber es fehlten ihm Beweise, und er sah nicht, wie er an Beweise kommen sollte. Die Ratssitzung stand bevor und es fiel ihm von Tag zu Tag schwerer, den stumm fragenden Wattercouch mit fröhlicher Sicherheit anzulächeln . Er fühlte sich deutlich unsicher.

Für ihn waren die Fakten klar genug. Verity stimmte den Bädern nun zu, da sie an der Stelle der Simpson-Gebäude errichtet werden sollten und Verity Eigentümer dieses heruntergekommenen Gebäudes war. Er besaß es nicht öffentlich, weil angesehene Stadträte kein Slumgrundstück besitzen; er besaß es im Namen von Mr. Sylvester Lamputt , Veritys Cousin zweiten Grades, einem Mann aus Stroh; und Sam wusste, dass es ihm gehörte, weil er ein gutes Gedächtnis hatte, er erinnerte sich an ein Gespräch zwischen Lamputt und Mr. Travers, das er belauscht hatte, und alle gegenwärtigen Umstände deuteten darauf hin, dass die Beziehungen von Lamputt zu Verity so waren, wie sie bei Sam gewesen waren war im Büro des Immobilienmaklers.

Verity war sich bewusst, dass die Gewinne im Einzelhandel höher sind als im Großhandel und dass die Gewinne kleinerer Einzelhändler höher sind als die der großen Einzelhandelsunternehmen. Wenn zum Beispiel eine arme Frau eine Unze Tee kauft, zahlt sie dafür einen höheren Preis als wenn eine reiche Frau ein Pfund oder zehn Pfund kauft, und wenn eine Familie ein Zimmer in einem Slumgrundstück mietet, zahlt sie in ähnlicher Weise immens mehr dafür verhältnismäßig, als wenn ein Baumwollkönig ein Lagerhaus im Zentrum der Stadt mietet. Aber es ist würdevoll, ein Lagerhaus an einen Baumwollkönig zu vermieten, und es ist unrühmlich, Einzelzimmer in Hulme zu vermieten, daher war Lamputt , Cousin zweiten Grades , der mutmaßliche Eigentümer von Simpson's Buildings. Sam lächelte bei dem lächerlichen Gedanken an den stämmigen Stadtrat, der sich hinter der verschrumpelten Gestalt seines zweiten Cousins Lamputt versteckte . Es war, als würde man versuchen, einen Stier hinter einem Wiesel zu verstecken.

Aber er lächelte damals nicht oft. In der Abenddämmerung stattete er den Simpson-Gebäuden einen Besuch ab und atmete leise, damit die Simpson-Gebäude nicht über ihm einstürzten. Offensichtlich fand der Stadtrat gerade noch rechtzeitig seinen Markt. Es beseitigte Zweifel, lieferte aber keinen Beweis.

Lamputt in Sachen „Simpsons Gebäude" mit Verity identisch war, aber er wollte Beweise, und um Beweise zu bekommen, musste er sich auf die Langweiligkeit von Herrn Lamputt verlassen und hielt ihn nicht für langweilig. Das Totem von Lamputt war zweifellos ein Frettchen, und Sam schrieb dem Frettchenstamm einen flinken Witz zu. Dann musste er flinker sein.

Er lehnte die Idee ab, Mr. Lamputt herrlich betrunken zu machen, weil es unmöglich schien, Ruhm, nicht einmal den Ruhm des Rausches, mit Mr. Lamputts schwachem Körper in Verbindung zu bringen . Es ging, wie bei Sam üblich, darum, Risiken einzugehen.

Er tat überhaupt nichts bis zum Morgen der Sitzung, bei der entschieden werden sollte, ob Hulme baden durfte, und selbst dann verließ er sein Büro nur kurz vor seiner üblichen Zeit, um zum Rathaus zu gehen. Er bog in eine Seitenstraße ein, rannte viele Treppen hinauf zum Büro im Dachgeschoss, dessen Tür den Namen Sylvester Lamputt , Agent, trug (im Namen der Entscheidungsfreiheit werden mehr Sünden begangen als im Namen der Nächstenliebe), und warf sich keuchend in das Einzelzimmer.

Er gewann den ersten Wurf in seinem Spiel. Sylvester war da.

Er saß auf einem hohen Bürohocker und schrieb auf der übelriechenden Seite eines riesigen Hauptbuchs und sah fast wie ein winziger Bürojunge aus, dem jemand aus grausamem Scherz einen graugrauen Kopf aufgesetzt hat. Wenn die Kalender an seinen Wänden vertrauenswürdige Zeugen waren, dann war er Agent für die Hälfte aller Versicherungsgesellschaften auf den britischen Inseln. Autolycus war Sylvesters anderer Name.

Er verehrte sein Hauptbuch, wie andere Männer die Bibel verehrten. Er führte kein anderes Tagebuch, denn das Hauptbuch war sein Lebensbuch, und als Sam über ihn herfiel , war er in seine Aufzeichnungen vertieft. Er schloss das Buch mechanisch aus purer Geheimhaltungsgewohnheit und steckte gerade genug Verstand hinein, um sich gegenüber Sam in einen Nachteil zu versetzen.

Sam gab keine Gnade. "Herr. Verity", keuchte er, bevor er ganz im Raum war. „Simpson's Buildings... die Eigentumsurkunden... hier, oder hat Mr. Verity sie?"

Es ist gelungen. Lamputt hielt ihn für einen dringenden Sonderboten von Verity. „Wenn Mr. Veritys Gedächtnis nachlässt", sagte er würdevoll, „dann ist es meines nicht. Die Eigentumsurkunden liegen in der dritten Schublade seines Safes in seinem Büro."

„In seinem Namen?" fragte Sam schnell.

„Natürlich", sagte Lamputt und wurde dann, zu spät, misstrauisch. „Ich sage", begann er, „was————?"

Aber Sam war gegangen, und obwohl Mr. Lamputt mit einem Satz seinen Hut und die Tür erreichte und wie der Bürojunge, den seine Figur nachahmte, seine vertraute Treppe hinunterstürmte, war Sam um die Ecke gebogen und verschwunden. Lamputt rannte zu Veritys Büro und stellte fest, dass der Stadtrat gerade an einer Ratssitzung teilnahm. Mehr konnte Lamputt nicht tun, tatsächlich hatte er für einen Mann mit einem schwachen Herzen bereits zu viel getan: Aber er hatte eine klare Vorahnung des Zorns von Alderman Verity und ging, eine unglückliche, schrumpfende Gestalt, aus dieser Geschichte zu einem Unbekannten Schicksal.

Sam ging mit seiner Bombengranate zum Rathaus, und sie missbilligen Bomben bei Ratssitzungen, also war er bestrebt, ihre Gefühle zu schonen. Er unterstützte den Teil der Resolution, der sich auf die Errichtung von Bädern bezog, schlug jedoch vor, dass dieser allein stehen sollte und dass die Benennung eines Ortes verschoben werden sollte. Kurioserweise löste sein Vorschlag bei der konservativen Mehrheit große Verärgerung aus: Der Beschluss sei eins und unteilbar. Sam bedauerte, dass er, um gegen den Missbrauch einer bestimmten Stätte zu stimmen, gezwungen war, gegen die Bäder zu stimmen, aber da er sich für Reinheit im bürgerlichen Leben einsetzte und auch nur den Schatten von Jobberie verabscheute, hatte er keine andere Wahl, als dies zu ändern der Beschluss wird abgelehnt. Hier handelte es sich um einen Vorschlag, der, so harmlos seine Formulierung auch sein mochte, in Wirklichkeit implizierte, dass das Geld der Zinszahler einem prominenten Mitglied der gegenüberliegenden Partei übergeben werden sollte, einem Herrn in dessen Safe, in dessen Büro, in der dritten Schublade des In diesem Moment wurden die Eigentumsurkunden des Grundstücks, dessen Erwerb durch die Stadt vorgeschlagen wurde, hinterlegt. Er verabscheute Persönlichkeiten, er schreckte davor zurück, einen Namen zu nennen, und wenn der zweite Teil der Resolution zurückgezogen würde, würde er –

Es war zu viel für ein junges, ungestümes, unschuldiges Gegenüber. „Du traust dich nicht, einen Namen zu nennen. Du lügst."

Sam hoffte, dass der Rat ihn davon entbinden würde, eine Szene zu verursachen.

„Beweisen Sie Ihre Worte", rief der unbesonnene Herr.

„Ich schlage vor", sagte Sam milde, „dass wir Unannehmlichkeiten vermeiden. Ich habe eine Aussage gemacht und werde gebeten, diese zu beweisen. Wenn eine dreiköpfige Abordnung mich und Herrn Alderman Verity in sein Büro begleitet, werden die Eigentumsurkunden von Simpson's Buildings an dem von mir angegebenen Ort gefunden."

Es war ein Drama, das den Lesern der Abendzeitungen mehr gefiel als dem Rat. Herr Bürgermeister, der den Vorsitz führte, war vor peinlicher Verzweiflung sprachlos. Sam hatte die Ruhe eines unvergänglichen Felsens in der windgepeitschten Brandung. Inmitten atemloser Aufregung kam Mr. Alderman Verity taumelnd auf die Beine. „Mir gehört das Grundstück", sagte er, ließ sich auf seinen Sitz fallen und zierte diesen Sitz nicht mehr.

Selbst für eine konservative Zeitung ist es unmöglich, Verity zu verteidigen, es ist unmöglich, mehr zu tun, als anzudeuten, dass Sams Manieren beklagenswert waren: Während seine eigenen Zeitungen ihn zum Helden machten, fanden seine Manieren ein Muster an Rücksichtnahme und sein Triumph ebenso anmutig wie vollständig.

Alles, was Sam wissen wollte, war, dass er sich auf dem Höhepunkt einer Popularitätswelle befand und dass Parlamentswahlen bevorstanden. Nacht für Nacht sprach er, und die banalsten Plattitüden, mit Sams Lächeln im Hintergrund, leuchteten wie neu entdeckte Wahrheit. Er war *eine Persona gratissima*, bevor er den Mund öffnete: Es gab ihm Selbstvertrauen, und Selbstvertrauen ist die halbe Miete eines Redners. Er prägte einige dieser hässlichen, klugen, zeitschriftenfreundlichen Schlagworte, die dabei helfen, Wahlen zu gewinnen, und die in den Zeitungen zitiert werden und auf den Plakaten blühen. Und mit all dem wurde er zu dem, was er sich selbst vorzeitig genannt hatte: ein Redner.

Er hatte die Genugtuung, das Publikum in der Langeweile von Gatenby sitzen zu sehen, um Branstone zu hören , und selbst der „Star"-Redner bei abgelegenen Treffen zu sein. Gatenby wurde mit einer Rekordmehrheit zurückgegeben und es war Bran-Stone, nach dem die Menge vor dem Rathaus schrie.

Die Wahl war früh und Sam wurde aufgerufen, in anderen Wahlkreisen zu sprechen. Er hatte Telegramme, nicht nur von Agenten aus weit entfernten Abteilungen, sondern sogar vom Hauptquartier. Er hatte Kontakt zu den

Whips! Weniger als ein Jahr, nachdem er Wattercouch angelogen hatte ,
wurde die Lüge wahr. Er stand in Kontakt mit den Whips, einem gesuchten
Redner, einem Mann von Ansehen, einem Namen, dem man applaudiert,
wenn er auf einem Podium bekannt gegeben wird, für alle Welt, wie die Leute
applaudieren, wenn die Nummer eines Starkünstlers auf der
Ankündigungstafel erscheint eines Musiksaals. Er gehörte nicht zu den
großen Unerwünschten, sondern zu den wenigen Gesuchten.

Zu dieser Zeit entdeckte jemand die alte Enttäuschung, die einmal in der
ersten Ausgabe einer Abendzeitung gestanden hatte, dass seine Mutter eine
Putzfrau war. Er leugnete es nicht, benutzte aber als Wattercouch seinen
Namen und machte so aus einem Handicap einen Vorteil. Er gehörte zum
Volk, Blut von ihrem Blut, ein Demokrat von Geburt an, der ihre Wünsche
und Bedürfnisse kannte, weil auch er etwas brauchte und strebte. In der Hitze
dieser Wahl wurde er zu einem radikalen Radikalen. Es zeigte sich, dass es
mit dem Publikum „passte": Das war es, was Sam zählte. Er hatte nicht den
Anschein eines Prinzips, er war auf der Siegerseite, er war auf der Siegerseite,
und er war mit sich selbst überaus zufrieden.

Und am Ende des Wahlkampfs stand er tatsächlich dort, wo er stehen
wollte: unter den potenziellen Kandidaten, die sozusagen Probewahlen
bestreiten, bei denen sie kaum eine sportliche Chance haben, sich für die Art
von Kandidatur zu qualifizieren, die sie haben gibt einem Mann seinen Platz.
Wenn die Konservativen ihm ohne Vorkampf einen halbwegs sicheren Sitz
angeboten hätten, wäre er eifrig losgefahren, und die Putzfrau seiner Mutter
wäre auf der anderen Seite in Dienst gestellt worden. Für Sam Branstone war
das alles eins .

KAPITEL XVIII
ALS EFFIE kam

DANN kam Effie mit Schönheit und zerstörte sein Leben, als die Sonne die Aprilwolken durchbrach. Zuerst wusste er nicht, was mit ihm passiert war: Es gab ein Strahlen, aber er hielt es für nichts Größeres als ihre körperliche Anziehungskraft. Er war beunruhigt und bewegt, wie ihn noch nichts bewegt hatte – nicht einmal Applaus –, aber er sah nicht, dass mehr zu ihm gekommen war als Lieblichkeit, wo alles unschön gewesen war. Er erkannte nicht, dass es an Effie Größeres gab als ihre Schönheit.

Sie war die Tochter eines Arztes, der bis zum letzten Penny seines Einkommens gelebt hatte und nach seinem Tod seiner Witwe nichts als ein Häuschen auf dem Land hinterlassen hatte, das ihr Wochenendaufenthalt gewesen war. Die Witwe verkaufte die Praxis und bekam dafür so viel, dass sie für ihren Lebensunterhalt in der Hütte sorgen konnte.

Dort lebte Frau Mannering unglücklich und verärgert, hegte einen Groll gegen ihre Armut und entwickelte eine bisher nicht dagewesene Ader kühner Sparsamkeit. Mit Management hatte sie zwar genug, aber es fehlte ihr die Gabe des Managements. Sie sah die Dinge nicht im richtigen Verhältnis, glaubte, tief in Armut versunken zu sein und stellte unvernünftige Forderungen an Effie. Auf Effie, nicht auf ihren Sohn, der eine Kautschukplantage in Penang bewirtschaftete und den verschwenderischen Gewohnheiten seines Vaters folgte. Vater und Sohn, die Mannerings waren mit einer Leidenschaft für Beliebtheit verflucht und empfingen alle Besucher mit einem Tag der offenen Tür. Im Osten kostete es Rex Mannering mehr als seinen Vater zu Hause, und angesichts seiner Gewohnheiten hatte er Recht, als er sagte, dass er nichts für seine Mutter tun konnte. Er konnte sich nichts versagen.

Umso mehr blieb Effie übrig. Sie, die nicht zum Arbeiten ausgebildet wurde, muss in die Welt gehen und nicht nur um ihr Brot, sondern auch um den Luxus ihrer Mutter kämpfen. Augusta Mannering war in ihren Forderungen gnadenlos. Sie glaubte ganz aufrichtig, dass Eflie in den Büros von Manchester zu Reichtum gelangte und ihr aus reiner Maßlosigkeit einen Teil davon vorenthielt. Konnten Dr. Mannerings reiche Patienten ihre Rechnungen nicht durch den Besuch ihrer Arztpraxen bezahlen? Und hatten sie nicht eine Armee von Freunden, die ihr Salz aßen?

Aber die Freunde, die Effies Stolz missverstanden, boten ihr keine Hilfe an, die sie annehmen konnte. Sie wollte Arbeit und keine Einladungen in Häuser, deren Leben sie mit Kleidung und Trinkgeldern der Bediensteten mehr kosten würde als in den Zimmern, die sie in Rusholme fand. Sie verfügte jetzt nicht mehr über die Mittel, um dekorativ zu sein, und es kam niemandem in den Sinn, dass Effie eine Angestellte war und eine Stelle als Angestellte haben wollte. Sie konnten nicht an sie denken, dieses brillante Mädchen, gefesselt an eine Schreibmaschine. Sie boten ihr nicht das an, was sie wollte, und sie war zu stolz, um danach zu fragen.

Dann sind die Erinnerungen kurz, vor allem an die beliebten Männer, die ihre Beliebtheit am Esstisch erkaufen und von den Kranken hohe Gebühren verlangen, um dem Brunnen reichlich Nahrung zu verschaffen; und als die Mannerings verschwanden, Augusta in ihr Cottage und Effie in Rusholme, wurden nur wenige Nachforschungen angestellt.

Ein anderer Entertainer sprang in die Bresche der örtlichen Gastfreundschaft; Effies Netzspiel wurde auf ihren Tennisrasen zur Legende; und es wurde angenommen, dass sie selbst bei ihrer Mutter auf dem Land war und an anderen Höfen als ihren glänzte.

Es war keine reine Gefühllosigkeit, aber die Dinge sind wie sie sind, und man kann nicht vom Geld leben und dann Geld verlieren, ohne mehr als nur Geld zu verlieren.

Effie ging ohne Freunde und allein in die Stadt, und ihre Mutter lebte geizig in ihrem Cottage. Sie schrieb Effie, dass sie dies und das brauchte; dass Effie von ihrem Überfluss sparen musste, sonst musste ihre Mutter verhungern, und Effie schickte zwar von ihren dreißig Schilling pro Woche, aber ihre Mutter kaufte nicht. Sie wärmte ihre Hände an einem Sparbuch, trug alte Kleidung und sah zu, wie ihr Kredit wuchs. Es war mehr als eine Perversion ihrer alten Extravaganz, es war Wahnsinn und Effie wusste es. Um eine verrückte Frau einigermaßen glücklich zu machen, opferte sie das Nötigste. Deshalb war sie schäbig, als sie an einem strahlenden, aufschlussreichen Nachmittag in Mr. Branstones Büro kam, um die Stelle als Stenotypistin zu übernehmen, kurz nachdem seine Partei bei den Wahlen gesiegt hatte und er sich bei den Wahlen einen Namen gemacht hatte.

Effie hatte in Rusholme Kameradschaft gefunden und kannte mittlerweile den Unterschied zwischen Freundschaft, die man gibt, und Freundschaft, die man erkauft. Sie war zu einer Expertin in Sachen Freundschaft geworden, und Sam kam ihr von der ersten Begegnung an eher wie ein Freund denn wie ein Arbeitgeber vor. Zu diesem Zeitpunkt hatte sie Erfahrung mit Arbeitgebern. Deshalb war sie arbeitslos.

Es war natürlich nicht der normale Sam, den sie traf, sondern ein Sam, der durch seine Wahlkampf-Berühmtheit erhaben, aufrichtig erzogen und nicht nur aufgeblasen war. Er hatte ein neues Selbstbewusstsein; es kam ihm so vor, als sei kaum etwas außerhalb seiner Reichweite, als dass er überhaupt hoffen könnte, sich mit Effie zu arrangieren. Nicht zu den Konditionen, die ihr letzter Arbeitgeber vorgeschlagen hatte. Sam war in diesen Angelegenheiten nicht der durchschnittliche sinnliche Mann. Der Punkt war, und das war ihm zu verdanken, dass er bereits in diesem Stadium etwas Gutes in Effie erkannte, und die Stimmung des Selbstvertrauens gab ihm die Hoffnung, dass er ihr nicht alltäglich vorkommen würde. Schon an diesem Nachmittag kümmerte er sich so sehr. Ihre Meinung war wichtig.

Es war so wichtig, dass er sich langsam daran machte, sie zu überraschen: denn das war es natürlich, was er zu tun glaubte. Sie wusste möglicherweise nichts über Branstone , das sie wissen sollte. Er könnte jeder Arbeitgeber sein, der eine Schreibkraft ausgeschrieben hat, aber er war nicht irgendein Arbeitgeber. Er war Branstone , der Klassiker und Romane; Stadtrat ; Politiker; und man muss ihr von ihm erzählen. Sie musste lernen, was für ein Mann er war. Er wollte ihr sagen, wie viel größer er werden würde, entschied aber, dass das warten konnte. Zuerst musste sie wissen, was er getan hatte, bevor es darum ging, ihr zu sagen, was er tun würde, und seine Bilanz würde besser von anderen als von ihm selbst stammen. Im Büro wussten sie alles, und selbst wenn sie keine Fragen stellte, würde ihr die Routinearbeit viel über ihn verraten.

Er zügelte seine Ungeduld und ließ sie für ein paar Wochen im Hauptbüro zurück, wo man annahm, dass sie einiges über das Geschäft lernte, bevor sie anfing, als seine Sekretärin zu fungieren, aber er hoffte, dass sie etwas über ihn lernte. Er hatte den Eindruck, dass er bei seinen Mitarbeitern beliebt war, und glaubte nicht, dass sie ihn ihr gegenüber verleumden würden.

Die ganze Zeit sehnte er sich danach, sie bei sich im Privatbüro zu haben. Zu diesem Zweck hatte er eine Stelle als Schreibkraft-Sekretärin ausgeschrieben, und ihre Abholung aus dem Hauptbüro löste keinen Kommentar aus. Im Gegenteil, sie so lange dort zu lassen, könnte seltsam aussehen oder zumindest den Eindruck erwecken, dass Effie eine Versagerin war. Ein Fehler! Es war ihm sehr wichtig, ob sie ihre Arbeit effizient erledigte. Dennoch war sie großartig effizient, und noch immer koketierte er mit seinem Vorsatz, sie bei sich zu haben. Es schien ihm, dass es ein Schritt wäre, sie herbeizurufen, ein entschiedener und unwiderruflicher Schritt, den er tun wollte und sich sogar danach sehnte, über den er aber sinnlich zögerte, wie ein Bräutigam auf der Schwelle des Brautgemachs zögern würde. Er versäumte es, zu dieser Zeit zwei sicherlich gewinnbringende Reisen nach London zu unternehmen, weil er sich das Vergnügen nicht verkneifen konnte, ihren Hals zu sehen, als sie sich über ihre Schreibmaschine beugte, als er durch das Büro ging.

Und er hatte kaum mit ihr gesprochen! Aber seine Träume vibrierten von der Musik ihrer Stimme, die wie eine Orgel anschwoll, bis sie sein Leben mit neuer Harmonie erfüllte. Es erfüllte sein Leben, nicht weil er sich weigerte, an Ada zu denken, sondern weil er nicht an sie denken konnte. Ada war nicht da; sie existierte nicht. Sie war für Sam im eigentlichen Sinne nie dort gewesen, so dass der Schritt von der Sitte, die das Nichts ist, zum völligen Nichts fast unmerklich war. Sie war ein Geist aus der Vergangenheit, der im Glanz der Gegenwart verblasste. Die Sonne löscht das Kerzenlicht.

Er sah Effie natürlich mit ziemlich grotesk unaufmerksamen Augen. Sie hätte, trotz allem , was er von ihr sah, die schöne Puppe sein können, die sie ganz und gar nicht war. Ihr Äußeres gefiel und befriedigte sein Auge, und er ging davon aus, dass die Frau im Inneren ihn genauso befriedigen würde wie die Frau draußen. Und das tat sie auf lange Sicht auch, aber erst, als Sam ein Hürdenrennen daraus gemacht hatte und auf der Strecke einige unangenehme Überholmanöver erlebte. Die Harmonie seines Orgeltraums könnte eine wahre Prophezeiung gewesen sein; es war sicherlich keine gegenwärtige Tatsache. Er sah sich selbst nicht so, wie Effie ihn sah, oder die Seitenblicke, die er auf ihren hübschen Hals warf, hätten vielleicht eher den Wunsch zum Ausdruck gebracht, ihn zu brechen, als ihn zu küssen.

Er kam ihr wie ein lustiges Monster vor, ziemlich liebenswert, wenn man ihn trainiert, aber derzeit so untrainiert wie ein schlecht erzogener Hund und vielleicht zu alt, um es zu lernen. Aber es könnte amüsant sein zu sehen, ob er etwas lernen könnte, und zwar von ihr, die es nicht gewohnt war, eine Dogge einzureiten. Das machte die Sache lohnenswert , seine Größe und die Liebenswürdigkeit, die sie hinter seiner Würde erkannte. Der Zufall würde ihr vielleicht nicht in den Weg kommen, und sie hielt es für unwahrscheinlich, aber wenn doch, dann wollte sie ihn mit beiden Händen ergreifen. Effie, 26 Jahre alt, schlug sich vor, Sam Branstone zu gründen, der 35 Jahre alt und ihr Arbeitgeber war! Sie lächelte über ihre absurde Kühnheit, aber je mehr sie sah und je mehr sie von ihm hörte, desto mehr Entschlossenheit packte sie. Drollig, aufdringlich, absurd – all das war ihre Idee, und sie mochte es, weil es fantastisch war und weil Sam Sam war. In Effies weisen, unverschämten Augen schienen Fantasie und Sam miteinander verbunden zu sein. Und doch zahlte er ihr den Lohn; Er war ein solider Mann, ein Mitglied des Rates und ein ernsthafter Politiker! Sie war in der Tat unverschämt.

Aber er konnte sie weder um seine noch um ihretwillen für immer auf der Schwelle halten. Trotz seines erst kürzlich gewonnenen Selbstvertrauens war er äußerst nervös und zögerte tagelang, sie in sein Büro zu rufen. Er betrachtete es als Initiation, ein Ritual, dem eine hohe Feierlichkeit beigemessen wurde. Er hatte die Absicht, dieser Feierlichkeit gerecht zu werden, sie mit all dem Beeindruckensten in dieses Amt zu führen und ihr zu zeigen, wie wichtig es war, Branstones Sekretärin zu sein ; und stattdessen suchte derjenige, der wortreich war, nach Worten, derjenige, der schmerzlich Recht hatte, verlor zwei Punkte in einem Satz und stand höchst komisch entsetzt über seinen Ausrutscher da.

Natürlich war das Ritual beendet; Man kann nicht rituell sein und sich der Schmerzlosigkeit bewusst sein . Ritual impliziert das Übermenschliche, zumindest das Etwas, das den Ausführenden über den gewöhnlichen Ton erhebt, und einen Juckreiz fallen zu lassen ist menschlich. Im Moment der Feierlichkeit, im Mund des Ritualisten, ist es drollig menschlich. Wir finden Inkongruenzen amüsant, und je feierlicher der Anlass, desto eher drängt sich unter leichtem Vorwand eine schelmische Fröhlichkeit auf.

Effie kicherte. Sie wollte nicht unfreundlich sein, aber der Anblick seiner Verwirrung war zu viel für sie. Sie hatte nicht die Kraft zu widerstehen, und obwohl sie ihr Kichern ganz geschickt in ein Husten verwandelte, hatte er es nicht bemerkt, bevor er es gesehen hatte.

Das war sein großer Moment, auf den er sich gefreut hatte, und sie kicherte ihn an! Er spürte, wie er einen Arsch niederschrieb, und fragte sich für den Bruchteil einer Sekunde, ob es ihm mehr Befriedigung verschaffen würde, sie zu schlagen oder sich selbst zu treten. Dann sah er, wie sie ihn ansah, und nichts schien eine Rolle zu spielen. Er ließ Juckreiz ausfallen und sie kicherte. Nun gut, dann war er kein Übermensch und sie war nicht göttlich. Sie waren Menschen, in diesem Moment im Verhältnis von Arbeitgeber und Arbeitnehmer.

„In Zukunft werden Sie hier an dem kleinen Schreibtisch sitzen, Fräulein Mannering.“ Er blickte ihr trotzig in die Augen, als er das „Hier“ sagte.

„Wenn Sie Ihr Notizbuch haben, können Sie diesen Brief zur Hand nehmen.“

Er rannte vor seiner ruinierten Situation davon. Ihr einen Brief zu diktieren, war überhaupt nicht geplant gewesen, so wie er es geplant hatte. Es war ein Zufluchtsort, und zwar ein sicherer, aber als er es diktierte , sah er in dem Brief eine Gelegenheit, ihr zu zeigen, dass er ihr das Kichern verziehen hatte. Er schrieb an einen Autor über ein Manuskript, das er veröffentlichen wollte, brach jedoch ab, bevor er den entscheidenden Punkt seines Briefes erreichte.

„Warte ein bisschen“, sagte er. „Hier ist der Roman, über den ich schreibe. Ich möchte, dass Ihre Meinung dazu meine eigene stärkt, bevor ich etwas Bestimmtes tue. Wirst du es dir hier ansehen? Ich muss an einer Ratssitzung teilnehmen und muss gehen.“

„Sicherlich, Mr. Branstone “, sagte sie; „Aber mein Urteil ist nicht sehr zuverlässig.“

„Das wissen wir erst, wenn Sie es versuchen“, sagte er und flüchtete aus seinem Büro ins Rathaus, wo er eine Stunde lang auf und ab ging, bis das Treffen begann. An diesem Tag kehrte er auch nicht zur Arbeit zurück. Er war schüchtern und fühlte sich deflationiert. Er brauchte Zeit, bis er wieder expandieren konnte.

Effie nahm die Lektüre des Romans eher gewissenhaft als ernst und ging nicht davon aus, dass ihr Urteil so oder so ausfallen würde, sondern schätzte seinen Anflug von Selbstvertrauen und die Tatsache, dass das Lesen des Romans, wenn man es als Arbeit betrachtete, angenehm war. Und da sie das Manuskript nicht im Büro fertigstellte, nahm sie es mit nach Hause nach Rusholme.

In Rusholme sind die Vermieterinnen von ihrem primitiven Grundyismus ein wenig humanisiert, teilweise durch die Verkäuferin, aber hauptsächlich, weil nur wenige von ihnen irgendwann einmal der theatralischen Untermieterin aus dem Weg gegangen sind, einem tapferen Kämpfer gegen Konventionalitäten; und es ist möglich, dass eine Frau in einer Unterkunft abends von einem Mann besucht wird, ohne dass sie als Sünderin ausgewiesen wird. Natürlich muss man seine Vermieterin mit Diskretion auswählen.

Effie, die keine Möglichkeit hatte, sich ihre Eltern auszusuchen, und entsprechend gelitten hatte, wählte ihre Vermieterin mit Diskretion aus. Mittlerweile hatte sie ihre Freunde, die sie in Manchester kennengelernt hatte, nicht die, die sie von ihrem Vater geerbt hatte; Es waren Männer unter ihnen, und sie kamen, um sie zu sehen. Tatsächlich war ihr Zimmer oft, besonders sonntags, überfüllt; Aber ein Bett, halb getarnt als Reiseteppich, fasst viele Besucher, und sie lösten das Problem der Gastfreundschaft, indem sie jedem einen Beitrag zum Fest brachten.

Heute Abend hatte sie einen Anrufer, Stewart, der es sich zur Gewohnheit gemacht hatte, so oft zu kommen, weil er eines Sonntags von einem Mann mitgebracht worden war, der eine Frau kannte, die bei Effie in deren vorletzter Wohnung als Angestellte tätig war er konnte. Er war an diesem Abend nicht im Büro *des Direktors* , aus demselben Grund, der dafür verantwortlich war, dass er nicht wusste, dass sie zu Branstone gegangen war . Er war von der Grippe genesen, zu schwach, um den Superjournalismus des *Aufsehers zu schreiben* , und es ging ihm gut genug, um das Stärkungsmittel namens Effie zu nehmen.

„Ich sollte dich heute Nacht nicht hereinlassen", sagte sie. „Gott sei Dank dafür", sagte er, als er hereinkam. „Das zu tun, was man tun sollte, ist das Langweiligste, was ich kenne – es sei denn, du meinst es wirklich ernst, Effie? In diesem Fall gehe ich." Seine Hand lag auf der Türklinke.

„Ich meine es wirklich ernst", sagte sie mit gespielter Eindringlichkeit. „Ich mache Überstunden. Erblicken!" Sie warf sich mit dem Manuskript in der Hand auf das Bett. „Das", verkündete sie, „ist Arbeit."

„Ich kann es glauben", sagte er, „denn das sieht aus wie das Typoskript eines Romans." Wenn es meins wäre, wäre es eine Freude, es zu lesen; aber da es nicht meins ist, ist es wahrscheinlich Arbeit."

„Oh, es ist schon Arbeit", sagte sie. „ Auch harte Arbeit . Ich lese es im Auftrag meines neuen Chefs. Er veröffentlicht solche Dinge."

Stewart setzte sich auf. „Nicht Branstone ?" er sagte. „Sag nicht, dass du zu Sammy gegangen bist!"

"Ja. Kennst du ihn?"

"Kenne ihn? Ich habe ihn erfunden. Trotzdem ein bisschen wie ein Frankenstein. Besser gesagt, ich kenne die meisten von ihm. Er kann mir immer noch Überraschungen bereiten, und Sie in seinem Büro sind einer von ihnen ."

"Warum? Gefällt Ihnen sein Büro nicht?"

„Es ist ein Büro. Solange Sie in einem Büro sein müssen, können Sie sich leicht eine schlechtere Lösung aussuchen. Sammy ist ein Bach mit vielen Untiefen, aber es gibt auch Tiefen, und ich habe sie nie ergründet. Da ist Schlamm in ihm, aber es ist nicht die ekligste Art von Schlamm."

„So viel habe ich gesehen", sagte sie. „Verschmutzt, aber heilbar."

„Du denkst doch nicht zufällig, dass du ein Branstone River Conservancy bist, oder?"

„Ich mag ihn ziemlich, Dubby ", sagte sie.

„Guter Gott! Du und Sam: Ich sage, Alter, nichts für ungut, aber du weißt, dass er verheiratet ist?"

„Ich weiß", sagte Ellie. "Wie ist sie so?"

„Ich habe sie nicht mehr gesehen, seit ich sein Trauzeuge war. Ich war nicht versucht, mehr von ihr zu sehen."

„Ist es so schlimm?"

„Oh, eher noch schlimmer, glaube ich. Schlagen Sie den Roman vor. Ich werde dir in fünf Minuten sagen, ob es einen Nutzen hat."

„Fünf Minuten sind dem Autor gegenüber nicht sehr fair", protestierte sie.

„Oh, ganz …" Ich bin Rezensent und Rezensionen werden schlecht bezahlt. Es lehrt Sie, schnell den Kern eines Romans herauszureißen. Rauch die Zigarette und ich erzähle dir alles darüber, wenn du fertig bist."

Er ließ die Seiten flattern, während sie rauchte. „Absolut", entschied er. „Absolut."

„Ich habe es noch nicht beendet", sagte sie; „Aber soweit stimme ich dir zu."

„Du wirst mir bis zum Ende zustimmen. Plusquamperfekter Müll. Sam wird es lieben."

"Was!"

"Du wirst sehen. Es ist einfach seine Linie."

„Versuchst du nicht, mir Vorurteile gegenüber ihm einzuflößen?"

Er starrte. „Ich versuche, Ihnen die Mühe zu ersparen, die scheußliche Sache zu lesen. Ich habe Ihnen eine Expertenmeinung gegeben. Es ist Müll und die Art von Müll, die er mag. Habe ich dir nicht gesagt, dass Sam Schlamm hatte?"

„ Du hast mir erzählt, dass du ihn erfunden hast. Ich glaube nicht, dass Ihr Einfluss positiv war."

„Sei nicht hart zu jemandem, Effie; Ich habe ihn nur mit dem Schlamm bekannt gemacht. Ich wusste nicht, dass er sich suhlen würde. Wie auch immer, lass uns über etwas anderes reden."

„Weißt du", sagte sie, „du beeinflussst Menschen, Dubby ."

"Natürlich. Dafür werde ich bezahlt. Ich bin ein Journalist. Haben Sie noch nie von der Macht der Presse gehört? Das bedeutet, dass viele kleine Journalisten wie ich schreiben, was ihre Redakteure ihnen sagen . Aber ich scheine keinen großen Einfluss auf Sie zu haben. Ich habe dich gebeten, das Thema zu wechseln, und du denkst immer noch an Sam."

„Ja", stimmte sie zu, „ich denke immer noch an Sam."

„Du und Sam!" wiederholte er und sah sie ungläubig an.

Effie nickte. „Aber", sagte sie, „ich weiß es noch nicht."

Er stand auf. „Bist du sicher, Effie? Bist du sicher, dass du noch nichts von ihm weißt?"

"Ziemlich sicher."

„Dann weißt du wirklich von mir? Effie, ich muss fragen. Bist du dir bei mir sicher?"

Sie begegnete seinem Blick tapfer, wohlwissend, dass sie verletzt sein musste. Sie war sich sicher, dass sie Stewart nicht liebte, der frei war, und nicht sicher, was Branstone anging , der verheiratet war. „Ich bin ganz , ganz sicher, Dubby ", sagte sie leise.

„Ich verstehe", sagte er. „Nun, ich bin nicht der Typ, der nervt, aber wenn du mich willst, Effie, wenn du merkst, dass du mich willst, werde ich da sein. Ich... ich denke, ich sollte jetzt besser gehen. Es wird einige Zeit dauern, das Thema danach zu wechseln."

„ Dubby , es tut mir leid. Dir geht es nicht gut und –"

Sie konnte sehen, wie er zitterte.

„Das nicht, altes Ding", unterbrach er. „Kein Mitleid. Das würde mich richtig krank machen. Liebe ist einfach eine Sache, die nebenbei passiert, aber ein einziger Starter macht noch kein Rennen." Er streckte seine Hand aus. „Nun, der Arzt hat angeordnet, früh zu Bett zu gehen. Gute Nacht."

„Gute Nacht, Dubby ", sagte sie und fügte zögernd hinzu: „Kommst du am Sonntag?"

„Herr, ja", sagte er. „Ich liebe nicht und renne weg. Gute Nacht."

Sie saß lange da und starrte ins Leere, dann stellte sie fest, dass etwas Nasses auf ihre Hände tropfte. Sie badete die Augen und nahm den Roman wieder auf. Sie fand, dass ein Vorschlag zwölf Seiten voll schwülstiger, emotionaler Dialoge umfasste; aber natürlich könnte ihre Erfahrung begrenzt sein. Sicherlich bestätigte es nicht die Ausführlichkeit des Buches.

Dubby Stewart nicht wollte . Er kam ihr überhaupt nicht humorvoll vor.

KAPITEL XIX
EFFIE IN DER LIEBE

VERSCHIEDENE Gründe zusammen führten dazu, dass sie Sam auch als überhaupt nicht humorvoll empfand, als sie ihn am Morgen sah. Im Gegensatz zu ihm war sie in den frühen Morgenstunden nicht in Bestform, und die Belastung, um neun Uhr morgens im Büro anzukommen, erholte sich erst nach einiger Zeit von ihr. Sie hasste Geschäfte, aber ohne das frühe Aufstehen hätte sie es vielleicht fast erträglich gefunden.

Sie wachte an diesem Tag mit dem Rap ihrer Vermieterin auf, ärgerlicher als sonst. Die Welt wurde abscheulich schlecht verwaltet. Warum konnte sie Dubby nicht lieben , der frei war? Sie konnte es nicht, aber sie hasste Sam, weil er verheiratet war, er hatte kein Recht, verheiratet zu sein. „Verdammte Frau Sam! Verdammt!" sagte sie herzlich im Rahmen eines Morgengebetes, während sie sich bösartig Haarnadeln durch ihr herrliches Haar fuhr. „Aber ich werde ihn von Schlamm heilen", fügte sie hinzu, während sie die Treppe hinunter rannte, um den Tee und das Toast zu schlucken, die sie fast in der gleichen Eile zu sich nahm, mit der sie von ihrem Schlafzimmer zur Straßenbahn getragen wurde.

Sie erreichte das Büro und ging in Sams Zimmer, um ihn bereits besessen vorzufinden. Seine offensichtliche Lebhaftigkeit zu dieser Stunde kam ihr fast unanständig vor; Es war auf jeden Fall ein weiterer Grund zum Groll, und einer, dessen er selbst völlig ahnungslos war.

Er stahl ihr ebenso wenig den Vortritt, wie er es gewöhnlich dem Rest der Welt verschaffte. Er wusste, dass ihm der frühe Morgen passte und nutzte ihn zu seinem Vorteil. Man war sich in der Stadt sicher, dass Branstone eher Glück als Verstand hatte, weil er faul war; aber wenn ein Mann um acht Uhr morgens in seinem Büro ankommt und bis zehn Uhr zwei Stunden solide Arbeit leistet, ist er seinen Kollegen aus der Arbeitgeberklasse, die um 9.21 Uhr von zu Hause aus ins Büro kommen, weit voraus. Er kann es sich leisten, faul zu wirken.

Er mochte die ununterbrochene Stunde mit den Büchern, öffnete die Briefe selbst und ließ sie kommentieren, bevor die Männer kamen, deren Aufgabe es war, sich um ihren Inhalt zu kümmern. Er plante die Arbeit des Tages und sah sie in der Hand, bevor sein erster Anruf kam. Nach zehn Uhr, also der ersten Stunde, in der es für einen Verkäufer zur Etikette gehört, anzurufen, war Sam nie zu beschäftigt, um über Dinge zu reden, die nicht rein geschäftlicher Natur waren – mit dem richtigen, dem gewinnbringenden Anrufer. Es war bekannt, dass man mit Branstone die Zeit angenehm totschlagen konnte . Branstone war ein fauler Kerl, und sein Büro war ein guter Sitzplatz an einem nassen Nachmittag, wenn es keinen Sinn hatte, nach Old Trafford zu fahren.

Er kam heute Morgen noch früher als sonst, um für Effie bereit zu sein, als sie um neun kam. Er hatte seine Verlegenheit ausgeschlafen und war in seiner frühmorgendlichen Überschwänglichkeit bereit, es zu vermasseln. Es war dumm, so außerordentlich empfindlich auf einen Juckreiz zu reagieren. Der Akzent hatte ihn immer beunruhigt, aber er brauchte seine Bedeutung nicht überbewerten, besonders jetzt, wo er das politische Abzeichen eines Demokraten trug und öffentlich zugegeben hatte, dass seine Mutter eine Putzfrau war.

Also war er hier, auf seinem Stuhl sitzend, die Rückenlehne seiner Morgenarbeit kaputt, und wartete auf sie, als sie kam.

Nein, entschied sie, heute überhaupt nicht humorvoll, sondern beeindruckend. Er hatte alle Vorteile; er saß; Er war als Erster auf dem Boden, und dieser Boden war sein eigener, und er war furchtbar wach. Gestern wäre er vielleicht weggelaufen, aber das war der Morgen der Bergung.

„Guten Morgen", sagte er und nahm eine entspannte Haltung an.

„Guten Morgen", sagte sie und sah dann, dass er das Paket, das sie bei sich trug, fragend betrachtete, als ob er es, wie sie dachte, mit ihrem Mittagessen verwechselte. „Ich habe den Roman mit nach Hause genommen, um ihn zu Ende zu lesen", erklärte sie nervös und bezeichnete sich selbst als Idiotin, weil sie ihm diese spontane Chance gegeben hatte, das Thema zu eröffnen, was sie ausgerechnet so lange aufschieben wollte, bis ihre Stunde der Liebe gekommen war. Sie könnte ihn vielleicht von Schlamm heilen, aber ein Arzt sollte sich am Krankenbett verhalten, und sie misstraute ihren Manieren, bis das Klopfen der Wirtin nicht mehr in ihren Ohren klingelte.

Wenn sie ihm nicht die Chance gegeben hätte, hätte er es geschafft. Er schenkte schlechten Startern keine Gnade. Hätte er von ihrer Schwäche gewusst, hätte er sie vielleicht verschont. Vielleicht, weil sie Effie war; Aber es war nicht seine Gewohnheit, sich mit den Schwächen anderer zu begnügen, insbesondere mit einer Schwäche, die er nicht teilte, die er nicht verstand und die er ablehnte, alles andere als Trägheit zu sein.

„Ja", sagte er aufmunternd. „Und das Urteil?"

„Spielt mein Urteil eine Rolle, Mr. Branstone ?" Sie fragte. Er hatte ihr keine Zeit gelassen, ihre Jacke auszuziehen!

"Was? Sicherlich ist es wichtig. Ich habe Sie nicht gebeten, Ihre Zeit zu verschwenden, als ich Ihnen das Manuskript zum Lesen gab. Die Frage ist, ob wir es veröffentlichen sollten, und die Antwort hängt von Ihrer Meinung ab."

„Ist das ganz fair – gegenüber dem Autor, meine ich? Meine Meinung zu Romanen ist unfachmännisch."

„Dieser Autor kann sehr gut auf sich selbst aufpassen", versicherte er ihr. „Er wird nicht verhungern, wenn wir seinen Roman ablehnen."

„Ich fürchte, meine Meinung ist auch intolerant", sagte sie.

„Trotzdem", lächelte er, „würde ich sie gerne hören."

„Sie könnten dich wütend machen, und – nun ja, ich möchte lieber nicht entlassen werden, wenn ich es verhindern kann."

„Wir werden vergessen, dass es in meiner Macht steht, Sie zu entlassen. Befriedigt Sie das?"

Oh, wie sie Menschen verabscheute, die um neun Uhr morgens großmütig sein konnten! „Sie sind sehr nett", sagte sie.

„Und du sagst mir nicht deine Meinung. Kommen Sie, Miss Mannering, Sie haben es gelesen. Was denkst du darüber?"

Später am Tag hätte sie es vielleicht sanfter ausdrücken können. Gerade jetzt konnte sie nichts Freundlicheres herausbringen als: „Ich finde es entsetzlich. Es ist von Anfang bis Ende falsch", und sie freute sich, als sie sah, wie sehr ihn ihre vehemente Offenheit beunruhigte. „Ich habe das erste Blut abgenommen", dachte sie; aber Blutungen als heilender Prozess sind diskreditiert.

„Aber", sagte er, „es ist den anderen meiner Serien sehr ähnlich." Ich habe dafür gesorgt, dass es beliebt wird."

„Das kann ich nicht beurteilen. Es ist möglich genug. Und jetzt" – sie lächelte ein wenig schief – „ Ich fürchte, Sie kennen meine Meinung zur Serie." „Ich habe Sie gewarnt", fügte sie hastig hinzu, „dass meine Meinung intolerant sei." Ich kann mir vorstellen, dass Sie nicht noch einmal danach fragen werden." Sie wandte sich entschlossen der Schreibmaschine zu und nahm die Abdeckung ab. Sie glaubte, die Diskussion beendet zu haben und ihrem Wort Taten folgen zu lassen, und setzte sich an ihren Schreibtisch, als er sie bedeutete, sich wieder auf den Stuhl ihm gegenüber zu setzen. Es war nicht die Art von Bewegung, die man ignorierte.

„Vielleicht frage ich noch einmal danach oder auch nicht", sagte er; „aber inzwischen habe ich dir bestimmt nichts zu tun an der Maschine gegeben und wir haben versucht zu vergessen, dass du meine Schreibkraft bist."

„Ich dachte nach dem, was ich gesagt habe, dass es vielleicht an der Zeit wäre, mich daran zu erinnern“, schlug sie vor.

„Überhaupt nicht“, versicherte er ihr. „Ich gehe den Dingen auf den Grund, und wenn Sie möchten, bringen wir das ans Licht.“

„Natürlich, wenn das Teil der Arbeit Ihrer Sekretärin ist –“, begann sie.

Er unterbrach sie. "Es ist. Finden Sie meine Romanreihe entsetzlich?“

Effie wurde wütend. *In vino veritas* – und im Zorn. „Ich könnte noch weiter gehen“, sagte sie. „Ich finde es erniedrigend.“

Er schlug auf den Schreibtisch. „Aber es verkauft sich, Miss Mannering, es verkauft sich. Wussten Sie das?“ Er lehnte sich in einer der Haltungen, die er einnahm, wenn er kräftig punktete, in seinem Stuhl zurück, die Daumen in den Armlöchern seiner Weste.

„Es ist die beliebteste Billigromanreihe auf dem Markt. Wenn Sie daran zweifeln, sehen Sie sich einen Bücherstand an.“ Er hielt inne, um sich zu entschuldigen.

Effie entschuldigte sich nicht. „Das ändert nichts an meiner Meinung dazu“, sagte sie kühl. „Eine öffentliche Gefahr ist nicht weniger gefährlich, weil sie groß ist. Ich fürchte, ich kann glauben, dass es keine Tiefe gibt, in der es unmöglich wäre, den Geschmack des Publikums zu verschlechtern, aber das macht mich nicht zu einer besseren Serie, die ihn herabwürdigt.“

Jetzt ist ein Kind ein Kind. Es mag deformiert sein, und sein Erzeuger hat sich vielleicht in hellseherischen Momenten die Missbildung eingestanden, aber er ärgert sich darüber, dass man ihn darauf aufmerksam macht. Sam war der Vater seiner Serie.

"Ich sage!" er protestierte. "Das ist ekelhaft."

„Es ist eine fiese Serie“, sagte sie hart. „Man ist stolz darauf, weil es sich verkauft, obwohl man sich dafür schämen sollte, weil es schlecht ist.“ Irgendwie musste sie es sagen. Sie konnte sich nicht vor dem verstecken, was sie als Wahrheit ansah, auch wenn sie erwartete, dass die Wahrheit ihn verletzen und im Gegenzug verletzt werden würde. Aber Sam beherrschte sich wunderbar. Er vergaß nachdrücklich, dass sie Stenotypistin war. Er erinnerte sich, dass sie Effie war.

Er wandte sich an die Decke. „Tatsache ist“, beklagte er, „dass Frauen kein Verständnis für das Geschäft haben.“ Sogar Geschäftsfrauen tun das nicht. Sogar du nicht.“

Im Geiste dankte sie ihm für sein „gleiches Du“. Es schien ihr ein guter Zeitpunkt zu sein, die Angelegenheit für diesen Morgen zu beenden. Sie misstraute ihren Manieren immer noch, und das nicht ohne Grund, wie sie dachte.

„Deshalb", sagte sie ihm ruhig, „kann meine Meinung keine Rolle spielen" und bewegte sich, als wollte sie zu ihrer Schreibmaschine gehen.

Er hielt sie an ihrem Platz fest. „Das wirft die Frage auf", antwortete er, „und wir sollten es klären."

„Aber", versuchte sie, „Sie haben mir gesagt, dass ich das Geschäftliche nicht verstehe."

„Und du hast mir nicht geglaubt."

Er forderte sie tatsächlich heraus. Nun, sie muss sein Messgerät abholen. „Ich verstehe das mit dem Geschäft nicht, Mr. Branstone . Was ist es im Geschäftsleben, das einen Mann wie Sie dazu bringt, sich damit zufrieden zu geben, ein Konditor zu sein, der den Leuten Waren verkauft, die ihnen geistige Verdauungsbeschwerden bereiten? Geschäft! Es ist der Name für die Hälfte der Gemeinheit und neun Zehntel der Hässlichkeit auf der Welt. Sie sehen, Frauen verstehen heutzutage tatsächlich etwas vom Geschäft. Es ist nicht ihre Schuld, dass sie nicht immer noch gemütlich zu Hause sitzen und sich an den alten Glauben halten, dass das Geschäft eine würdevolle, majestätische Sache ist, zu der sich nur der männliche Intellekt erheben kann. Es ist deine Schuld, die der Männer. Sie wollten billige Angestellte, und Sie haben den Schleier gelüftet, sodass Frauen das Geschäft aus nächster Nähe gesehen haben, und das Einzige, was sie nicht verstehen, ist, wie Männer so lange damit fortfuhren, seine niedrige Schikane und seinen unendlichen Humbug zu einem Kult aufzubauschen, der sie täuschte ."

Sam kam zu dem Schluss, dass Effie nicht perfekt war. Sie litt unter Hysterie, aber ihr musste eine Antwort gegeben werden. „Nun", sagte er, „Sie halten nicht viel vom Geschäft. Aber du bist hineingekommen."

„Ich brauchte Geld", verteidigte sie das.

„Ich auch", sagte er trocken. „Wir sind Vögel aus einer Feder."

„Du hasst es auch?" fragte sie hoffnungsvoll.

„Ehrlich gesagt", sagte er, „es gefällt mir." Aber", fuhr er mit schelmischem Blick fort, „ich kann dir etwas sagen, das dir gefallen wird." Dir gefällt die Romanreihe nicht. Du denkst, sie verschlechtern sich. Glaubst du nicht, dass sich die Klassiker verschlechtern?"

"NEIN."

„Mir wäre es viel lieber, wenn sich die Klassiker besser verkaufen würden als die Romane."

"Warum?" Sie war jetzt gespannt. „Weil es großartige Literatur ist?"

"NEIN. Das wäre sentimental gegenüber dem Geschäft, und das ist nicht möglich. Denn sie unterliegen nicht dem Urheberrecht und das spart Buchhaltung." Er grinste über ihr Unbehagen. „Geschäft", definierte er, „bedeutet, Geld zu verdienen." Er war außerordentlich zufrieden mit sich selbst, ihrem Meister im Streiten. Er gab ihr nachsichtig das Seil, denn sie war Effie; Dann zerschmetterte er sie völlig, denn er war Sam.

„Ist es nicht besser", fragte sie, „anständig ein wenig Geld zu gewinnen, als durch den Handel mit Gift viel zu gewinnen?" Ob Sie es wissen oder nicht, diese Bücher sind giftig."

„Ich weiß es nicht", sagte er barsch. „Sie machen Freude."

„Das gilt wohl auch für Opium. Es gibt viele angenehme Gifte. Würden Sie eine Opiumhöhle behalten, wenn sie sich bezahlt machen würde? Wenn Sie ein Milchmann wären, würden Sie Milch verfälschen und Babys vergiften? Ihr verfälscht Bücher und vergiftet den Geist. Für Geld! Oh ja; Auch ich brauchte Geld, und auch ich kam zum Geschäft. Aber wir sind keine Vögel im Gleichschritt. Ich mag kein Geschäft. Ich mag es nicht, Geld bekommen zu müssen. Ich mag kein Geld, aber ich brauche es. Ich habe etwas damit zu tun."

„Wieder mein Fall", schloss er sie ab. „Ich habe etwas damit zu tun." Er sah, dass sie ihn neugierig ansah und dass sie ihn so meinte, dass er Geld für Ada wollte. Im Übrigen tat er es, aber im Grunde tat er es nicht. „Politik", fügte er hinzu. "Leistung! Leistung!" Er wiederholte das Wort begeistert, nicht nur, weil er sie in die Intimität seiner privaten Gedanken einließ, nicht nur, weil er es für eine ekstatische Idee hielt, sondern weil er sie im Streit so gründlich besiegt hatte. Sie saß da und starrte sprachlos, und er jubelte, als er merkte, dass sie vor seinem scharfen gesunden Menschenverstand stumm war.

Nur war das nicht der Grund für ihr Schweigen. Sie glaubte, für den ersten Versuch weit genug gegangen zu sein, und hegte die Hoffnung, dass ihm etwas von dem, was sie gesagt hatte, vielleicht stechend im Gedächtnis bleiben würde. Sie konnte nur hoffen. Der Himmel wusste, dass es ein ziemlich seltsames Gespräch zwischen einem Arbeitgeber und seiner Stenotypistin gewesen war, und als sie dort saß und seinen Jubel zuließ, betete sie um eine Unterbrechung.

Ihr Gebet wurde erhört. Gerade als sie glaubte, er sei kurz davor, zu erkennen, dass ihr Schweigen nicht ganz nachsichtig war, nannte der Bürojunge den Namen eines Anrufers, den er unbedingt sehen musste, und Effie erhob sich mit großer Erleichterung. Sie brachte es nicht über sich, noch länger zu schweigen, und hatte das Gefühl, dass sie mehr sagen würde, als er ertragen konnte, wenn sie dann alles loslassen würde, was sie anfeuerte. Zwar hatte er lange standgehalten, aber sie hatte wenig von dem gesagt, was sie zu sagen hatte! Sie wollte es nach und nach sagen, um ihn zu ihrem Standpunkt zu führen, nicht um ihn anzuspornen. Sie vertrat bereits eine modernere Sichtweise auf die Vorzüge der Entblutung ihres Patienten.

Sie dachte auch, dass er der einfachere Teil war.

Sie hatte Ideale für ihren Sam, aber als sie versuchte, sie zu definieren, schienen sie im Widerspruch zu seiner einfachen Praxis der Zweckmäßigkeit tatsächlich vage zu sein. Er hatte seine Theorie, dass das Zweckmäßige gerecht sei, und sie – was war ihre Theorie, außer dass seine nicht gut genug für ihn war? Und es war überall im Besitz, wurde anerkannt, geehrt und von allen bis auf eine unbedeutende Minderheit empfangen. Er dachte mit der Masse, und sie meinte, Massendenken reichte ihm nicht. Es war schwer zu erklären. Er war kein Verbrecher, er war nicht einmal ein Individuum in Gedanken oder Methoden; Er spielte das übliche Spiel, spielte vielleicht etwas geschickter als der Durchschnitt, hielt sich aber ehrlich an die Regeln. Er folgte der Menge, und sie wollte, dass er dem Lichtschein folgte. Ein Leuchten ist undefinierbar, aber sie dachte, sie hätte eine Chance, weil sie so viel erwachsener war als Sam. Das Geschäft war ein Murmelspiel, und Mädchen spielen nicht mit Murmeln, sondern mit Puppen.

Er sollte nicht lange bei der Illusion bleiben, dass er sie bei ihrem ersten Gespräch zum Schweigen gebracht hatte. Es folgten viele weitere Gespräche, obwohl sie zu dem Schluss kam, dass Reden ihr Geschäft nicht nützen würde. Es half, es bereitete den Boden vor, aber es war hartnäckiger Lehm, in dem er seine Wurzeln hatte. Das Reden ging nicht tief genug; sie muss entwurzeln, sie muss verpflanzen.

„Politik“, hatte er gesagt, um ihre Argumentation zu pulverisieren.

„Noch etwas“, sagte sie ihm, „was für Frauen nicht ganz das Geheimnis ist, das es war.“ Politik, aber – warum?“

Und er antwortete mit dem Wort, das ihn in Ekstase versetzt hatte. "Leistung,"; er sagte.

"Ja?" sie fragte. „Das Geschäft führt zu Geld, Geld zu Politik und Politik zu Macht. Und danach? Du willst Macht – wofür?“

„Warum“, rief er, „Macht ist Macht.“

„Ein Selbstzweck?“

„Zumindest ist es ein Ehrgeiz“, antwortete er.

ein Ende, und so hatte auch Ada ihren Ehrgeiz gehabt, zu heiraten . Er dachte nicht an Ada, aber es fiel ihm schwer, sich zu rechtfertigen. Er konnte ihr nicht einmal sagen, dass er ein Liberaler war, weil er einen ordentlichen Hass auf einen Tory hegte; Er war nicht wegen eines Glaubens in der Politik tätig, der es ihm ermöglichte, ihre Kunstgriffe zu ertragen; Er genoss die Kunstfertigkeit, er war mit einer Axt zum Schleifen dabei, hatte aber keine klare Vorstellung davon, welchen Nutzen er von der Axt haben wollte, wenn sie scharf war. Ehrgeiz, Zweck auf zwei Buchstaben beschränkt: MP Er wollte Abgeordneter für Branstone werden , damit Branstone die Stimme Branstones im Unterhaus sprechen hören konnte.

Sie beobachtete ihn schlau und dachte, ihr Sauerteig würde wirken. „Natürlich", sagte sie beiläufig, „wäre es für Ihr Unternehmen nützlich, wenn Sie Abgeordneter wären."

„Enorm", stimmte er zu und tappte blindlings in ihre kleine Falle. „Es verleiht jedem Unternehmen Prestige."

„Und schließt den Teufelskreis", sagte sie. „Das Geschäft führt Sie in die Politik und die Politik bringt Sie zurück ins Geschäft."

Er erinnerte sich hastig an einen Termin und ging, um ihn einzuhalten. Sam Branstone war ratlos, denn eine Antwort war ein ungewöhnliches Phänomen, und sie gratulierte sich noch einmal, dass es funktioniert hatte. Es funktionierte, aber langsam. Sie war nicht ungeduldig, aber er tat immer noch unverändert die Dinge, die sie hasste, wenn er sie tun sah, und sie wollte, dass die Veränderung kam. Sie bezweifelte, dass es jemals allein durch Reden zustande kommen würde. Man bekehrte sich nicht durch Gespräche.

Sie hatte vorgehabt, so viel zu sagen, um einen stetigen Druck auf ihn auszuüben, und sie konnte es nicht tun, teils, weil ihr Standpunkt schwer zu definieren war, teils, weil sie glaubte, kein Gespräch, egal wie inspiriert, könnte ihn ändern von sich selbst. Sie wusste nichts von Anne, die geredet und den Druck aufrechterhalten hatte und hinter dem Gerede Opfer gebracht hatte, die sogar so weit ging, dass sie ihre Hand ins Feuer steckte; Aber auch Effie hatte Opfer im Sinn. Annes Opfer war gescheitert. Es war vielleicht nicht das richtige Opfer: Es war auf jeden Fall die unsterbliche Alltäglichkeit, das Opfer der älteren Generation für die jüngere, der Mutter für den Sohn, des Alters für die Jugend. So spektakulär und heroisch es auch war, es war doch im Plan der Dinge, und es ist das Opfer der Jugend für die Jugend, das durch Unerwartetes überraschen kann.

Für manche ist es ein Opfer, mit dem Reden aufzuhören, selbst wenn sie davon überzeugt sind, dass Reden zwecklos ist. Wenn Effie eine von ihnen war, brachte sie dieses kleine Opfer sofort. Sie sagte ihm nie, dass sein Leben gemein und hässlich und verabscheuungswürdig war, dass seine Triumphe wertlos waren, dass sein Erfolg ein Misserfolg war und dass sein größter Ehrgeiz darauf bestand, dass die Menschen vor ihm, seinem Geld und seiner

Macht kriechen würden . Sie sagte diese Dinge nicht, aber sie gab auch keinen Zentimeter ihrer Haltung nach, die sie andeutete.

„Ich werde gewinnen", sagte sie sich, „Ich werde gewinnen."

Mittlerweile kämpfte sie für die Seele von Sammy Branstone , und währenddessen wuchs ihre Leidenschaft, genährt sowohl von dem in ihm, was sie irritierte, als auch von dem, was sie anzog. Sie akzeptierte die Tatsache, dass er verheiratet war, und ignorierte es. Es war eins mit den anderen Ärgernissen und war für sie weniger wichtig, denn es war unlösbar. Sie konnte die Frau vernachlässigen: Was zählte, war der Mann. Sie muss Schönheit in sein Leben bringen.

Sie haben viele wilde Dinge in einer standardisierten Welt gezähmt ; Sie haben jahrhundertelang versucht, die Liebe zu zügeln und sie im Zaum zu halten; aber die Liebe weigert sich, durch den Trauungsdienst gezähmt und standardisiert zu werden. Man schreckt die Liebe nicht durch das Schreckgespenst „Eindringlinge werden strafrechtlich verfolgt" ab. Die Liebe ist wild, sie ist frei, blind gegenüber den Handschellen, die Kirche und Staat einem bestimmten Paar auf erbärmliche Weise anzulegen versuchen, gesetzlos, weil sie kein Gesetz kennt, zeitlos, weil sie weiß, dass es keine Zeit gibt. Manchmal dauert es so lange, wie ein Schmetterling den Honig einer Blume saugen könnte, manchmal so lange wie das Leben eines Menschen, und sie haben versucht, diese Liebe, diese Flüchtigkeit zu regulieren, um so zu tun, als ob sie, weil sie manchmal nicht verdunstet, nie bis zum Tod verdunstet. Sie versuchten, Liebe mit Eigentum zu verbinden und das Unkontrollierbare zu kontrollieren. Sie machen Gesetze rund um die Liebe, das ist, als würde man einen Adler in ein Spinnennetz einschließen; und wir leiden für ihre Gesetze. Wir halten das Gesetz und leiden; Wenn du es zerbrichst, leiden wir.

Sie wusste, dass sie leiden würde, aber sie würde Sam Schönheit bringen. Er hatte vor ihrer Rede nicht kapituliert und sie dachte, dass er in Manchester keine Chance hatte. Vielleicht war ihr Sam in seinen Träumen bei ihr, aber jede Morgendämmerung brachte ihn in die gewohnte Hässlichkeit, und Gewohnheit verstopfte seine Tage mit Schlamm. Er konnte nicht entkommen, er wollte Flügel und sie war da, um sie ihm zu bringen. Er wusste nicht, dass es eine andere Seite des Lebens gab, aber sie würde sie ihm zeigen. Er sollte ihre Schönheit sehen und dadurch auch die Schönheit der anderen Seite.

Sie war anmaßend, aber Anmaßung ist eine Eigenschaft des Glaubens. Sie hat sich eingemischt, aber es gibt drei unvermeidliche Eingriffe im Leben – Geburt, Liebe und Tod – und ihrer war einer davon. Es waren sie alle: Es war Liebe und die Geburt des neuen Sam und der Tod des alten. Sie mischte sich ein, wo sie das Recht hatte, einzugreifen. Sie liebte.

Zwischen dem Tag, an dem sie ihre Entscheidung traf, und dem Tag, an dem sie darauf reagierten, verging Zeit, und sie wusste nie, wie lange es dauerte und wie sie sie verbrachte. Sie gehörte zu einer lebendigen Tatsache, und es gab Schatten auf der Welt, wie ihre Arbeit, ihre Mutter, das alberne Detail, ihre Abreise zu arrangieren, und Stewart, ein eindringlicher Schatten eines Sonntagnachmittags, aber das waren Unwirklichkeiten und nur sie Die Idee war real. Sie erinnerte sich nie daran, wie sie es Sam gegenüber ausgedrückt hatte oder was er gesagt hatte, obwohl sie sich verschwommen daran erinnern konnte, dass er zutiefst schockiert und zutiefst humorvoll war als je zuvor. Aber sie dachte, dass er nur so schockiert war, wie das Richtige durch das Richtige erschüttert wurde, nicht wie das Falsche durch das Unrecht: und sie wusste, dass die Schwierigkeiten schmolzen: und sie kamen.

Sie kamen zum Marbeck Inn und betraten ihr Königreich für eine Woche.

KAPITEL XX
DAS MARBECK GASTHAUS

S AM reagierte anfangs auf abscheuliche Weise langweilig: Sein im Dreck steckengebliebener Verstand war der Situation überhaupt nicht gewachsen, aber es dauerte nicht lange; Er blickte mit Entsetzen auf seine aufgeblähten geistigen Prozesse zurück, als sie ihm sagte, dass sie gemeinsam davonkommen würden.

Er hatte einen Schatten, nicht mehr als einen Schatten einer Entschuldigung für sein absurdes Missverständnis ihrer Bequemlichkeit. Sam folgte der Menge, akzeptierte sofort ihre Prinzipien und ihren Mangel an Prinzipien, ihre Moral und ihre Unmoral, und für die Menge, der er folgte, bedeutete die Theorie Treue und die Praxis so viel Freiheit , wie sie sich leisten konnten, ohne entdeckt zu werden. Sie prahlten eher mit einer Verkäuferin oder einer Stenotypistin über ihre Affären, als dass sie ein Geheimnis daraus machten. Er hatte noch nie eine Affäre gehabt und fühlte sich geschmeichelt bei dem Gedanken, dass er jetzt eine haben würde.

Er dachte, dass eine Affäre eher etwas Männliches sei.

Als Effie sprach, erlebte er eine große Überraschung und verbilligte sie dann beleidigend. Er entschied, dass er sich in Bezug auf sie geirrt hatte. Schließlich war sie nichts weiter als eine hübsche Stenotypistin, mit der er seine erste Affäre haben würde, die ihm die Gelegenheit geben würde, an der hinterlistigen Prahlerei in den Raucherzimmern der Hotels teilzunehmen, die in seinem Publikum üblich war. Auch er würde zu den Sportlern zählen.

Aber selbst im schlimmsten Fall hatte er die Gnade, daran zu zweifeln, dass dies von der gleichen Art war wie diese anderen Angelegenheiten. Es hatte ein niedrigstes gemeinsames Maß mit ihnen, aber — Effie! So sehr er sie auch verbilligen wollte, er konnte sie sich dafür nicht billig genug vorstellen. Wenn andere dies taten , dann war das sicherlich ein Zeichen dafür, dass sie ihrer Grobheit freien Lauf ließen: Es war zumindest wohlwollend anzunehmen, dass die Frauen ihrer Liebesbeziehungen gröberer Natur waren als ihre Frauen, und Effies Liebesbeziehungen waren nicht gröberer Natur. Er trieb nachgebend und verwirrt durch den Nebel seiner Ratlosigkeit.

Die Erleuchtung kam ihm nicht in dem überfüllten Eisenbahnwaggon, sondern in der Falle, die sie vom Bahnhof zum Inn fuhr. Es geschah, dachte er, auf wundersame Weise, aber vielleicht war das Wunder nichts anderes als die Tatsache, dass ein Mann in Westmoreland klar sieht und in Manchester durch den Dreck sieht. Er verehrte Effie, die ihm alles opferte, und war beschämt darüber, dass er sie mit seinen erbärmlichen Leistungen überraschen wollte.

Er, der im Marbeck Inn zur Freude geführt wurde, hatte sich vorgenommen, Effie zu überraschen! Das war es, was es vom ersten Anbruch des Verständnisses an zu einem perfekten Wundermärchen machte. Er hatte das nicht berechnet; es geschah, wie ein Traum, in der Luft, losgelöst von einer Vorahnung. Aber das war alles, was es hatte, abgesehen von seiner hinreißenden Intensität, die an einen Traum erinnerte. Es war traumhaft, weil es lebendiger war als seine Lebenserfahrung, aber es war das Leben. Nur hatte er diese Dinge über das Leben vorher nicht gewusst. Er hatte das Leben unterschätzt.

Das Gasthaus lag in einer Hügellandschaft am Ende einer Straße, die ins Nirgendwo führte. Als Straße endete sie am Inn und führte nur noch als holpriger Karrenweg weiter, der kleiner wurde und sich über die Pässe in zwei Pfade teilte. Die Berge reichten in ihrer ganzen Pracht bis zum Inn – es war kein Ort, von dem aus man auf ferne Hügel blickte, sondern einer, wo die Hügel eng miteinander verbunden waren – und eine halbe Meile entfernt lag der See.

Sie waren zwölf Meilen von einer Station entfernt, am Ende der Welt, allein im Glück. Natürlich waren noch andere Leute im Gasthaus, aber Sam und Effie waren allein: die beiden mit dem Heidekraut, dem Adlerfarn und den Kiefern, die beiden mit der Liebe.

Marbeck nicht entdeckt . Das Gasthaus, die Kirche, das Pfarrhaus, unten am See die Halle, ein oder zwei Bauernhäuser entlang der Straße, und das ist alles. Sechs Meilen entfernt gibt es ein Postamt.

Er war in seinen seltenen Ferien der Menge gefolgt. Er kannte die Blackpool Promenade und Morecambe und wusste, was man in Douglas unternehmen kann. Hier hat man diese Dinge nicht getan. Man ging und kletterte und lag ausgestreckt auf der Heide oder in der vollkommenen Abgeschiedenheit hoher Farnwälder und badete im See oder in den Bächen oder in den Bergseen, willkürlich, nackt, wo man wollte und wann man wollte; und die ganze Zeit atmete man die Luft.

Es brauchte kein lautes Klopfen an der Tür, um sie aus dem Bett in die Luft von Marbeck zu bringen . Sam ging früh in den Pool unterhalb des Gasthauses, wo zwei Bäche in ein schwimmbares Becken mündeten, und wenn er zurückkam , war sie entweder auf oder bereit aufzustehen, damit er ihr die Haare bürstete, oder nicht, damit sie spielen konnte gereizt sein und von ihm aus dem Bett gehoben werden.

Und das Essen, das gute und reichliche im Marbeck Inn! Sie aßen reichlich davon und trugen schamlos große Pakete mit Sandwiches, Kuchen und Käse in die Berge , leerten sie bis auf den letzten Krümel aus und ernährten sich im Wald von Himbeeren und Nüssen.

Sie nahm ihn mit einer im Gasthaus geliehenen Angelrute mit auf den See und zeigte ihm das Angeln. Er genoss es unglaublich und fing kaum etwas außer den Geist der Sache ein, glücklich wegen der grünen Spiegelung des Waldes im Wasser und wegen ihr. Seine Unruhe fand ein Ende in einem Boot mit Effie, und sie stellte mit großer Freude fest, dass er den geschickten Korb des Postboten nicht beneidete, der morgens nach Marbeck radelte und fischte, bis er nachmittags mit den Briefen davonradelte. Sie empfand es als glücklichen Zugewinn, dass er weder glänzen noch versuchen wollte, diesen erfahrenen Fischer in seinem Spiel zu schlagen. Die Beiträge lenkten sie auch nicht ab. Sie hatten dort keine Briefe.

Sie badeten ununterbrochen, denn es war heiß, und auch hier gab er sich keine Mühe, sich zu übertreffen, aber man muss zugeben, dass sie die bessere Schwimmerin war. Umso besser, sie ließ es ihn nicht wissen. Sie wusste, dass er das Wasser hier als reiner empfand als in den alten Blackfriars- Bädern, wo er es während seiner Schulzeit gelernt hatte, und sie ermüdete weniger schnell als er. Aber er war wunderbar zufrieden mit seiner eigenen Minderwertigkeit.

Sie hatte einen tiefen symbolischen Glauben an das Baden. Sie waren hier, um seinen Schlamm abzuwaschen, und Wasser war sauberer als Reden. Tatsächlich war das Sprechen nur ein oberflächliches Muster ihrer Zeit. Sie brauchten es kaum, außer als Leichtfertigkeit, um eine tiefe Verbundenheit zu mildern, die manchmal fast unerträglich süß wurde.

Es war Blea Tarn, einer der vielen mit diesem Namen, den sie ganz besonders zu ihrem Lieblingsbadeplatz und ihrem besten Speisesaal machten. Effie streckte sich genüsslich auf dem kurz geschnittenen Rasen aus und war geistig und körperlich in Frieden.

„Sam", fragte sie, „ist dir dieser Frump im Gasthaus aufgefallen? Sie sitzt beim Abendessen hinter mir."

„Nein", sagte Sam wahrheitsgemäß. „Wenn ich bei dir bin, bemerke ich niemanden sonst. Und ich weiß nicht, wie du sie gesehen hast, wenn sie hinter dir sitzt."

„Augen in meinem Hinterkopf", erklärte sie. „Man hat sie, wenn man eine Frau ist. Macht es Ihnen etwas aus, wenn ich ihr einen Schock gebe?"

„Das würdest du, wenn sie dich jetzt sehen könnte", sagte er. „Ja, aber sie hat es nicht verdient", sagte Effie selbstgefällig. Sie musterte sich selbst und Sam tat dasselbe. Sie erfreute beide und nahm dort auf dem moosigen Rasen ihr Sonnenbad. „Aber ich könnte sie schockieren?"

„Du darfst alles tun", sagte er.

„Gott sei Dank dafür", sagte Effie freudig, und etwas glitzerte in der Sonne und fiel mit einem Platschen weit in den Teich. „Zu tief, um danach zu tauchen", entschied sie. „Bang kostet einen Schilling und ich bin froh. Ich mochte Vortäuschungen nie ."

"Ich sage!" Sam protestierte und verstummte dann verständnisvoll.

Sie sah ihn an und begrüßte sein Schweigen mit einem Nicken. „Ich werde mich nicht erkälten", sagte sie und hielt ihren Finger an die Stelle, an der einst der Ehering gewesen war. „Jetzt, wo ich das los bin, geht es mir besser."

Das Bemerkenswerte war, dass Sam verstand. Seine Ausbildung hatte Fortschritte gemacht, und er wusste, dass sie nicht für die Frump im Gasthaus war, die den imitierten Ehering ablegte, den sie der Form halber tragen sollte, sondern für ihn. Der Ring war eine Fälschung, er war ein falsches Symbol für etwas, das nicht wahr war: Er hatte im Marbeck -Plan keinen Platz.

Sie rollte sich glücklich zusammen wie eine gestreichelte Katze, teils aus purem körperlichen Wohlbefinden, teils aus Freude über den Erfolg ihres Plans. „Und zu denken", säuselte sie, „dass ich eine böse Frau bin!"

„Effie", flehte er und nahm ihre Hand. "Nicht."

„Als ob es mich interessieren würde", sagte sie, drehte sich auf den Rücken und nahm seine Hand mit, um ihre Augen zu beschatten. „Vielleicht habe ich das mein ganzes Leben lang gemacht." In ihrer völligen Abwesenheit von Peinlichkeiten könnte sie das tatsächlich tun. "Böse!" Sie warf einen Stein hinter dem Ehering in den See und lachte über eine verlorene Welt. „Der Frump wird es nicht verstehen, meine Liebe, aber ich denke, du verstehst es."

„Das glaube ich", sagte Sam, aber er hatte noch nicht das volle Verständnis erlangt.

Er nahm tatsächlich etwas von ihrer Feinheit wahr, aber nicht das Ganze, ihre völlige Selbstlosigkeit. Er erkannte ungefähr, was sie wollte: dass sie hier, in Westmoreland, als sie ihr Opfer brachte, hier, als sie neben ihm in der Sonne lag, in Taten zum Ausdruck brachte, was sie in Manchester nicht zum Ausdruck bringen konnte. Sie hatte ihn aus der Dunkelheit und dem Nebel und dem Ort, an dem sie Schmutz lieber mögen als sonst, weggebracht, weil Schmutz Geld bedeutet, dorthin, wo die Natur wunderschön war. Sie hatte ihm dort Schönheit gezeigt, ihre Schönheit und die Schönheit des Opfers und die Schönheit der Dinge. Sie hatte ihm beigebracht, dass es Schönheit auf der Welt gibt. „Wir werden nie wieder zurückkehren", rief er.

"NEIN. Nicht zurück", sagte sie. „Aber wir werden nach Manchester gehen."

"NEIN. Nein. Wir werden hier eine Stiftshütte bauen."

"Hier? Nein. Wir waren hier gesetzlos. Wir fahren nach Manchester."

Es klang in seinen Ohren wie die Posaune des Untergangs. Bisher waren sie in Gedanken zusammen marschiert, und er stellte sich vor, dass sie nach ihrem Plan bis zum Ende zusammenbleiben würden. Er glaubte, dass ihr Ziel darin bestand, dass sie beide zusammenarbeiten sollten, um der Schönheit Gestalt zu verleihen – und für Sam Branstone auch keine schlechte Übung in der Wahrnehmung .

Das war ihr Ziel, aber ihrer Ansicht nach sollten sie nicht in dem Sinne zusammenarbeiten, wie er es meinte. Ihr Geist war es, mit ihm weiterzumachen, aber sie selbst würde abseits stehen und sich das Recht und die Freude verweigern, seine Arbeit in physischer Partnerschaft mit ihm zu teilen. In Marbeck hätte sie ihren Teil dazu beigetragen : Sie war ein Wegweiser, dessen Richtung er befolgen sollte, den er aber zurückließ, und kein Führer, der ihn auf seinem Weg begleitete: und sie glaubte, damit zufrieden zu sein.

Sie verzichtete und stellte sich vor, dass sie die Realistin und er der Romantiker war, er war romantisch, weil er sie bei sich haben wollte, und sie die Realistin, weil sie sich an Ada erinnerte. Sie war nicht eifersüchtig auf Ada nein; Wenn sie Ada nicht segnen konnte, verdammte sie sie auch nicht. Ada hatte ihn noch nie so gehalten, wie Effie ihn jetzt hielt. Sie glaubte, es befriedige sie, zu wissen, dass sie ihn hielt, und die Tage ungezählt verstreichen zu lassen. Nichts ist unendlich außer unserer menschlichen Fähigkeit zur Selbsttäuschung.

Für den Augenblick, für die Marbeck- Blütezeit, befriedigte es sie tatsächlich, und sie ging ihrer Aufgabe als Vormundin mit der ungetrübten Gelassenheit eines erfüllten Ziels nach, jetzt fast unwillkürlich, ohne nachzudenken und alles in der leidenschaftlichen Intensität ihrer sakramentalen Liebe zu spüren. Es würde enden und sie würde leiden: In der Zwischenzeit gab es nur noch eine begrenzte Anzahl an Tagen, und es hatte keinen Sinn, endliche Tage durch das Bedauern, dass sie nicht unendlich waren, zu beeinträchtigen.

Die Gedanken galten dem Vorher und Nachher, nicht dem Jetzt, als sie mit der mystischen Verzückung einer Trance, voller Freude wie die anderen Arten wahrer Religion, nach der Seele von Sammy Branstone strebte. Sie würde aufwachen, aber sie hätte Sam seine Lektion erteilt; sie hätte ihm seinen Glanz gegeben; und sie war danach selbstlos...

Natürlich könnte sie sich selbst getäuscht haben. Es gibt spirituelle Liebe, aber Effie war aus Fleisch und Blut.

Sam jedenfalls hat die Dinge nicht ätherisch gemacht. Er schätzte das Glück nicht, auf das Glück zu verzichten. Er wollte, dass es anhielt, dass die fröhlichen Tage auf den Hügeln weitergingen, als sie Gesundheit in seinen Körper und Gesundheit in seinen Geist brachte, als alles ein ausgelassener Aufruhr ohne Sog war. Stundenlang lebten sie ihr Leben, ohne von einem Gedanken getrübt zu werden ... raue, raue, aufregende Übungen auf den glamourösen Fjälls wie an jenem berühmten Tag, als sie den Pike bestiegen, sich im Nebel verloren und sich genau dort wiederfanden, wo sie sein wollten , auf dem Abstiegspfad von Corner Tarn nach Yorkdale: dann auf dem Dampfer den See hinunter und der einsame Mondscheinspaziergang über das Moor nach Branley , wo die Falle vom Inn sie traf und sie angenehm müde nach Marbeck und einem Riesen brachte Fest. Und es gab andere, gemächlichere Tage an ihrem See oder im Wald, an denen mehr in seiner Seele und weniger in seinem Körper zu geschehen schien; und ihr Badetag, in fünf gut getrennten Teichen, mit einem Notbad im Marsland Beck als Glücksbringer. Er wollte, dass es Bestand hatte. Er war berauscht von den Hügeln, von ihr, von allem.

Er hatte die Möglichkeit, dass sie ihn verlassen würde, nicht gesehen, er wollte es nicht und er konnte es nicht erkennen. Er wusste nicht, dass es ein ebenso grundlegender Teil ihres Plans war, ihn zu verlassen, wie zu ihm zu kommen.

„Wir fahren nach Manchester“, sagte sie, und es schien ihm, als sei ihm befohlen worden, in die Hölle zu fahren. „Dort ist Ihr Geschäft“, fügte sie ein wenig schelmisch hinzu.

Geschäft! Hatte sie ihm nicht die Hässlichkeit seines Geschäfts und die Schönheit von Marbeck gezeigt ? Warum sollten sie jemals die Hügel verlassen? Er hatte die Extremität eines Konvertiten.

Effie wollte nichts mehr sagen, und jetzt, als das Ende ihrer Zeit näher rückte, kam ihm die Magie weniger magisch vor, weil er sie verlassen musste, weil sie nicht für immer an diesem einsamen Ort bleiben würde, sondern wollte, dass er ging wo andere Männer lebten, in einer hässlichen Stadt, wo er ein Geschäft hatte , das sie ihm beigebracht hatte, zu verachten, und Verantwortung und Ada.

Er versank in Trübsinn. Was nützte es, zu wissen, dass es Licht gab, wenn er in die Dunkelheit zurückkehren musste? War es nicht Verrat an ihr, so weit mit ihm zu gehen und ihn dann sich selbst zu überlassen?

„Effie!“ er flehte und sie stimmte zu, die Dinge klarzustellen.

„Verstehst du das nicht, Sam? Wir haben getan, wozu wir hierher gekommen sind. Du hast es gesehen, weißt du, und du wirst nicht zurückweichen. Das werde ich dir nicht erlauben.“

„Das wirst du nicht zulassen! Dann bist du da?“

„Ich hoffe, mein Geist wird immer da sein", sagte sie. „Bezweifeln Sie das?"

"Geist?" er sagte. „Du überschätzt mich. Du verlangst mehr, als ich geben kann. Ich kann nicht geben, was nicht da ist."

„Ich habe es dort abgelegt", sagte sie. „Du kannst nicht scheitern. Du kannst es nicht vergessen."

* „Ich würde es nicht vergessen, aber ich würde scheitern. Das sind wir, meine Liebe. Nicht ich allein, sondern du und ich. Ohne dich bin ich verloren."

Sie hat ein großes Zugeständnis gemacht. „Dann, wenn Sie sicher sind –"

„Ganz sicher", sagte er und sie beschloss, seiner Schwäche nachzugeben.

„Dann entlassen Sie Ihre Sekretärin nicht. Dann werde ich da sein."

„Als Sekretärin?"

„Natürlich." Sie sprach ungeduldig. Alles andere kam zum Schluss.

Das machte es nur noch unmöglicher denn je. Sie sollte dort sein – und nicht dort sein. Dort, in seinem Büro, wo er sie jeden Tag sehen würde, wo er nur seine Hand ausstrecken musste, um sie zu berühren, und wo er sie nicht berühren durfte, wo er vergessen sollte, dass er sie jemals berührt hatte. Er wollte sie, alles von ihr, die Berührung, den Glanz, ihr Leben, und sie bot – was? Ein geschlechtsloses Gespenst, eine spirituelle Führerin, ihre Präsenz in der Askese.

„Nein", sagte er. "NEIN. Ich würde lieber sterben als das."

„Oh, der Tod ist ein gutes Arrangement, Sam, aber seien Sie mutig."

„Selbst dem Mut sind Grenzen gesetzt."

„Nein", sagte der Realist. "Da sind keine."

Also schickte sie ihn, obwohl er nicht wusste, dass der Vorschlag von ihr kam, um im Frieden der ewigen Hügel Kraft zu sammeln. Sie schickte ihn zu Hartle Pike, damit er darüber nachdachte und sich vergewisserte, dass sie Recht hatte. Dort würde er sich an Ada erinnern.

Er erinnerte sich zwar an Ada, aber als er versuchte, seine Erinnerungen zusammenzufassen, schien es ihm, dass Ada nicht die Frau war, die in seinem Leben zählte. Die Frauen, die zählten, waren vor und nach Ada. Es waren Anne und Effie.

In der zunehmenden Dämmerung auf Hartle Pike versuchte er, cool zu bleiben und die Dinge im Verhältnis zu sehen. Effie hatte den größten Vorteil der Unmittelbarkeit. Während er von ihrem Glamour umgeben lebte, war es nicht einfach, Ada überhaupt zu sehen.

Aber er war zehn Jahre lang Adas Ehemann gewesen, eine lange Zeit, mehr als ein Viertel seines Lebens. In all den Jahren musste es etwas geben, an das er sich positiv an sie erinnern konnte, eine bestimmte Charakteristik; jedenfalls etwas, das für sie individuell war. Er suchte und fand nichts. Sie hatte weniger Individualität in seinem Kopf als sein Sideboard. Er nahm an, dass sie den Haushalt führte, oder doch? Erinnerte er sich nicht daran, dass der Lohn des Kochs um ein Jahr gestiegen war und dass der Koch Köchin und Haushälterin geworden war? In diesem Fall, dessen war er sich jetzt sicher, tat Ada nichts. Er war sich ebenso sicher, dass sie nichts war. Da er sich an ihre Geldforderungen gewöhnt hatte, war sie nicht einmal ein Ärgernis. Sie war eine Grundgebühr, wie die Lagermiete.

Als er über die Definition seiner Frau „eine ständige Anklage" nachdachte, erkannte er ganz plötzlich, dass sie zweischneidig war. Es traf ihn, und zwar auf schlaue Weise.

Ada war wie Effie eine Frau, und er wusste von Effie, was eine Frau sein konnte. Zumindest in Ada muss es Möglichkeiten gegeben haben. Lieber Gott, was hatte er mit ihnen gemacht, wenn sie jetzt nichts mehr war? Das war der Vorwurf – dass er sie geheiratet hatte und dass sie nichts war: dass er zugelassen hatte, dass sie nichts wurde. Er konnte keinen Zeugen zu seiner Verteidigung benennen , er erinnerte sich an keinen Anlass, bei dem er für Ada gekämpft hatte, so wie Effie für ihn gekämpft hatte. Und was das Opfern betrifft –! Dennoch soll er Ada geliebt haben.

Er hätte vor lauter Scham heulen können, fairerweise konnte er nicht glauben, dass Ada ihm etwas gegeben hatte, aber er krümmte sich darüber, dass er gerade jetzt an Anne und Effie als die beiden Frauen gedacht hatte, die in seinem Leben zählten. Sie waren die Frauen, die gaben. Sollte er den Frauen alles nehmen und einer Frau nichts zurückgeben? Wenn er von Ada, seiner Frau in den letzten zehn Jahren, sagen konnte, dass sie nicht zählte, dann war er selbst schuld und der Weg war vor ihm klar. Er sah, wohin der Glanz zeigte, den Effie ihm gab. An Ada. Es ärgerte ihn zutiefst, dass es auf Ada hindeutete.

In kalter Wut begann er den Hügel hinabzusteigen. Die Welt war abscheulich, Marbeck eine Illusion, Effie ein Narr. Nein: Effie hatte recht. Man konnte nicht vor den Tatsachen davonlaufen, seinen Kopf zwischen den Hügeln verstecken und sagen, es gäbe keine Fakten. Sie hatte ihn nicht dorthin gebracht, um Fakten zu verschleiern, sondern um sie aufzudecken.

Es blieb ihnen nur noch, sich ihnen zu stellen und mit neuem Wissen und neuem Mut nach Manchester zurückzukehren. Es brauchte Mut, Marbeck den Rücken zu kehren , vom Glück wegzugehen und sich Ada zuzuwenden.

Er stampfte auf diesen Gedanken ein wie auf eine Schlange. Es war Untreue gegenüber Effie, die ihm geopfert und ihm die ganze Schönheit ihres Opfers gezeigt hatte. Auch er würde Opfer bringen und darin eine Schönheit finden.

Es fiel ihm außerordentlich schwer, Effie kennenzulernen, und er verbrachte unnötig lange Zeit beim Wirt des Gasthauses. Dann ging er zu ihr hinein.

„Ich gehe", stammelte er. „Ich konnte keine weitere Nacht bleiben. Wenn ich fünfzehn Meilen fahre, kann ich um Mitternacht die South Mail erreichen. Ich habe dafür gesorgt, dass Sie morgen kommen."

Er riss jeden Satz schmerzhaft hervor.

Effie begegnete seinem Blick mit ihrem gelassenen Blick. „Das ist unendlich das Beste", sagte sie. "Ich bin stolz auf dich."

Er hatte gesehen! Es war ihr Sieg, vollständig und eindeutig, und sie war stolz auf ihn und auf sich selbst. Er hatte den Schlamm losgeworden und hatte Schönheit gesehen. Jetzt sah er sich den Tatsachen gegenüber, wie sie es von ihm erwarten würde, mit klarem Blick und ohne Romantik. Er war wie sie ein Realist, und sie war froh... froh.

Aber als er in ihr Zimmer ging, um seine Tasche zu packen, verließ Effie schnell das Gasthaus und ging zügig. Sie muss Raum zwischen ihnen schaffen: Raum, damit sie ungehört weinen kann. Es kam ihr so vor, als würde er nicht gehen, wenn er sie weinen hörte , und sie wollte, dass er ginge. Sie war eine Realistin. Sie ... unterdrückte ihr Schluchzen im Heidekraut; triumphierend im Sieg auf dem Marbeck Ridge.

Sie gewann, da sie gesagt hatte, dass sie gewinnen würde. Doch ihrem Mut waren Grenzen gesetzt.

KAPITEL XXI
SATANS LÄCHELN

Die Theorie, dass Satan ein subtiler Teufel ist, hält keiner Prüfung stand. Er ist ein grober Kerl, theatralisch, mephistophelesisch. Das kann natürlich nur daran liegen, dass seine Erfahrung mit der menschlichen Natur ihn zu einem Zyniker gemacht hat, und sicherlich sind seine Einmischungen in der Regel nicht deshalb erfolglos, weil es ihnen um Feinheit geht. Er griff Sam mit unverhohlener Unverschämtheit an, was darauf hindeutete, dass er Sam für einen verächtlich einfachen Fall hielt.

Sam erreichte Manchester sehr früh am Morgen und verbrachte den Rest seiner kaputten Nacht in einem düsteren Hotel in der Nähe des Bahnhofs. Hotels in Manchester sorgen selten für Fröhlichkeit, aber es ist wunderbar, wie schon eine kurze Nacht einen Blickwinkel verändern kann.

Er erwartete, dass er von der Luft Manchesters deprimiert werden würde, und stattdessen schnupperte er daran, so wie Mr. Minnifie einst die Gerüche von Greenheys mit der Gier eines Verbannten genossen hatte . Er wusste, dass er das Amt verabscheuen sollte, stellte jedoch fest, dass er die Briefe mit mehr als seiner üblichen Begeisterung öffnete. Er wusste, dass es falsch war, völlig falsch, und überprüfte seine juckenden Finger.

Es gab Gefangene, die, als ihnen die Freiheit angeboten wurde, darum baten, in ihrer vertrauten Zelle zu bleiben.

War es bei ihm so, fragte er sich, und war das Gefängnisfieber so träge in ihm, dass er die verdorbene Luft einatmen musste, um zu überleben? Aber wurde ihm Freiheit angeboten? Er musste zu Ada gehen, die ein Mühlstein war und die anderen Mühlsteine implizierte. Es sei denn, sie wäre kein Mühlstein, es sei denn, er könnte sie verändern. In der Zwischenzeit hatte sie sich jedenfalls nicht verändert, sie wollte die Dinge, die sie sich immer gewünscht hatte; und das Büro war ihre Quelle. Es schien ihm, als wäre er immer noch im Gefängnis, mit dem Unterschied, dass er jetzt wusste, dass es Gefängnis war. Er fand wenig Trost in diesem Wissen.

Sein Blick fiel wieder auf den Stapel Korrespondenz. Es schien ihm nichts anderes übrig zu bleiben, und er sah einen Umschlag, der nicht an die Firma, sondern an ihn selbst adressiert war und der ihm das Blut in den Kopf schoss, als bloße Vorahnung seines Inhalts. Anhand des Poststempels (SW – Satans Werk?) sah er, dass der Brief erst an diesem Morgen angekommen war und nicht auf seine Ankunft gewartet hatte. Er hielt das für ein Vorzeichen. Angenommen, er wäre noch einen Tag in Marbeck geblieben ! Vielleicht war er zu spät.

Es war ein vorsichtiger Brief, aber die Tatsachen waren aufgrund des plötzlichen Todes von Sir Almeric so Pannifer , der Sitz der Sandyford Division von Marlshire , wurde geräumt. Herr Morphew, der die Mehrheit von Sir Almeric in diesem landwirtschaftlichen Wahlkreis auf dreihundert reduziert hatte, konnte aus privaten Gründen nicht erneut antreten („Ich kenne diese privaten Gründe", dachte Sam. „Morphew ist der Meinung, dass er sich das nächste Mal einen Vorsprung verdient hat."), aber das Hauptquartier war der Meinung, dass ein entschlossener Kandidat mit einer starken Persönlichkeit usw. ...

Kurz gesagt, ihm wurde die Gelegenheit geboten, das Aushängeschild einer Demonstration für die Liberale Partei zu sein. Mehr war es nicht. Zweifellos hatte Morphew den Wahlkreis wie eine Mutter gepflegt, und wenn es ihm beim Erdrutsch der letzten Wahl nicht besser gelungen war, bis auf dreihundert Stimmen an die Stimmen seiner Gegner heranzukommen, waren die Chancen, dass ein Fremder den Sitz eroberte, gering. Aber es war das Sprungbrett, die *Verbindung* zwischen der Dunkelheit und dem Unterhaus. Es war das, was er angestrebt hatte.

Er versuchte zu glauben, dass der Brief ihn nicht so begeisterte, wie er es noch zwei Wochen zuvor getan hätte, und Satan, der Kenner guter Vorsätze, lächelte sein jahrhundertealtes Lächeln.

Er blickte zu Effies Stuhl hinüber. „Mein Geist wird immer bei dir sein", hatte sie gesagt; er fragte sich, ob es jetzt da war, und versuchte, sie zu sehen. Sicherlich war jetzt, wenn überhaupt, ihre Zeit gekommen; Jetzt, wo er sie vor so kurzer Zeit verlassen hatte, wo ihr Duft in seinen Nasenlöchern und ihre Stimme in seinen Ohren war. Ihre Stimme *war* in seinen Ohren. Er hörte es deutlich. Sie sprach ein Wort: „Verzicht."

„Ja, aber, meine Liebe", argumentierte er, „ich habe verzichtet. Ich habe auf dich verzichtet. Ich bin hierher zurückgekommen und gehe zu Ada, um die Tiefen von ihr auszuloten, das Gute in ihr zu finden und es an die Spitze zu ziehen. Ich werde nach Perlen tauchen", er wurde fast malerisch, als er zu seiner Verteidigung seine Absichten gegenüber Ada anführte , „und ich werde außer Atem geraten. Ich bezweifle nicht, dass die Perlen da sind, denn Ada ist eine Frau, und du auch, aber ich weiß, dass sie tief liegen, und ich brauche Atem für so einen Tauchgang. Ich habe dich aufgegeben und werde eine Frau aus ihr machen. Verdiene ich nicht eine Entschädigung, um Wiedergutmachung zu leisten? Es liegt hier unter meiner Hand und ich muss nur „Ja" sagen. Effie", flehte er, „wenn du wüsstest, was das für mich bedeutet, würdest du nicht die Stirn runzeln. Es ist kein Rückschritt." Er bestritt, dass es sich um einen Rückschritt handelte, wohl wissend, dass dem so war. „Es ist Politik, ich weiß, und du magst keine Politik. Du hast mir erzählt, dass Frauen jetzt etwas über Politik wissen. Oh, aber du weißt es nicht, du weißt es nicht. Lächle mich an, Effie, lächle, wie ich Frauen lächeln sah, als Männer über Golf sprachen. Ich weiß, dass wir Männer Babys sind, und Sie auch. Gib mir mein Spiel. Es ist nichts anderes als ein Hobby, wie Golf, aber das ist meins und ich möchte es so sehr. Ada ist meine Arbeit und das ist mein Spiel und genauso notwendig. Es wird kein Hindernis für das sein, was ich für Ada tun muss, es wird eine Hilfe sein. Effie, sag mir, dass ich meine Hilfe bekommen kann.“

Er versuchte, der Gestalt von Eflie, die er sich auf ihrem Stuhl vorstellte, ein zustimmendes Lächeln abzuringen. Es fiel ihm nicht schwer, sie sich dort vorzustellen; Er sah sie zu leicht, zu wirklich, um sich eine falsche Effie vorzustellen. Er konnte sich, so sehr er sich auch bemühte, nicht vorstellen, dass er die Zustimmung von ihr erhalten hatte. Dafür war er der echten Effie zu nahe. Und Effie sagte: „Verzicht.“

Dann kam seine Kassiererin ins Büro und der Alltag verschluckte ihn. In seiner Abwesenheit waren eine Reihe kleinerer Punkte aufgetaucht, die besprochen und geklärt werden mussten. Ihm kam der Gedanke, dass das Hauptquartier, wenn er morgens nach London telegrafieren würde, genauso schnell von ihm hören würde, als ob er heute schreiben würde. Sie könnten heute mit einem Telegramm rechnen; Nun, sie würden es nicht verstehen. Er stopfte den Brief in seine Tasche und beschloss, darüber zu schlafen, bevor er ihnen seine Antwort schickte.

Und wenn Satan immer noch lächelte, dann war es wehmütig, als würde er seine verlorene Subtilität bereuen; aber da war immer noch Ada, die verheiratete Frau.

Wenn Ada nichts anderes war, war sie eine verheiratete Frau; in einer Welt, in der viele scheitern, hatte sie Erfolg gehabt; Sie hatte geheiratet, und wie andere Menschen, die ihr irdisches Paradies erreicht hatten, wusste sie nicht, was sie tun sollte, als sie dort ankam, und tat nichts. Als sie heiratete, hörte sie auf zu wachsen.

Die Leere ihres Lebens war ein Staunen. Sie schlief, aß und kaufte ein. Die gewöhnlichen Pflichten der Hausführung und die Strapazen der Bediensteten blieben ihr erspart, weil die Köchin, eine ältere, zuverlässige Frau, (wie es schien) Gefallen an Sam fand und in erster Linie zu einem festen Bestandteil und dann in zweiter Linie zur Haushälterin wurde, was Ada von den Schultern nahm die Last, ihren Untergebenen zu engagieren. Sie hatte zwei „Zuhause“ pro Woche und ging zu den „Zuhause“ anderer Leute. Am Sonntag ging sie in die Kirche, wo man neue Kleider einem größeren Publikum präsentieren kann als bei der größten Privatveranstaltung „zu Hause“. Sie verbrachte die Abende irgendwie, in Gesellschaft einer Freundin oder bei den Modezeitungen.

Abende interessierten sie wenig; Es war die Zeit, in der Sam oft, aber nicht allzu oft, zu Hause war. Er war im Grunde kein Ärgernis, weil er sie nach einem ersten Experiment nie gebeten hatte, einen Geschäftsfreund zu bewirten, und das tat er auch in Hotels. Er bat sie auch nicht, ihn zu unterhalten. Normalerweise las er ein Manuskript, berechnete die Kosten oder tat etwas, was von Ada keine Anforderungen stellte, außer dass sie einigermaßen ruhig war. Sie war sehr still mit Sam, weil sie nichts zu sagen hatte.

Abends ging sie nicht viel aus und erzählte ihren Freunden, das liege daran, dass sie gerne mit ihrem Mann zu Hause sei. Sie sollten eine Idylle ehelicher Glückseligkeit ableiten, in der Nähe vollkommenes Glück bedeutete. Die wahren Gründe waren erstens reine Faulheit und zweitens ihre Schultern. Andere verheiratete Frauen würden in tief ausgeschnittenen Kleidern vielleicht ihre Schultern entblößen, aber nicht Ada. Es war nicht bescheiden. Ihre Schultern waren hässlich.

Sie ging nie zu Peter, der sie mit der Andeutung der Segnung der Arbeit beleidigt hatte. Er hatte es gewagt, sie, eine verheiratete Frau, zu belehren, und sie ließ sich auf eine Weise auf ihn ein, dass er es nie wieder versuchte, er beklagte seine Schwäche, aber er gab sie auf. Das Kind des Schusters ist am schlechtesten beschuht, und etwas Ähnliches passiert oft mit den Töchtern des Klerus: Ada war vielleicht die schlechteste aus Peters Herde. Er wusste es und da er wusste, welche Hoffnungen er in diese Ehe gesetzt hatte, litt er unter ihrem Scheitern, gestand aber im Stillen seine Ohnmacht ein. Es gab immer Bücher, in denen er vergessen konnte, und den Frieden, der in sein Haus eingekehrt war, seit Ada es verlassen hatte. Es ist nicht einfach, immer heilig zu sein, und ihr ungeheuerlicher Angriff war menschlich gesehen unverzeihlich.

„Da muss etwas in ihr sein", sagte er sich, als er das Büro verließ, „und ich muss es finden."

Natürlich war der Tag nach einer Abwesenheit ungewöhnlich arbeitsreich gewesen und hatte ihm keine Zeit zum Nachdenken gelassen. Er platzte vor Absicht, aber sie war vage, unformuliert, wenn auch dringend und doppelt dringend wegen des Briefes in seiner Tasche. Wenn er aus Ada eine Frau machen könnte, wenn er an diesem Abend einen guten Start hinlegen könnte, könnte er vielleicht die Gestalt von Effie heraufbeschwören, seiner geisterhaften Beraterin, die mit einem Lächeln im Gesicht zustimmte, dass er für den Sitz kandidierte.

„Oh", begrüßte ihn Ada, „ich dachte, du kommst erst am Samstag zurück."

„Das war ich nicht“, sagte er. „Etwas hat meinen Plan ein wenig geändert. Ich wollte nach Hause.“

Sie sah ihn verärgert an. Es gab keinen Grund, warum er seinen Plan nicht ändern und zwei Tage vor ihrer Erwartung nach Hause kommen sollte, aber das Unerwartete ärgerte sie. Und da war etwas an ihm, das seltsam erschien.

„Sag mir, dass du dich freust, mich zu sehen“, sagte er.

„Na ja, das sollte erst am Samstag sein“, wiederholte sie dumm.

„Denken Sie an das Abendessen?“ er hat gefragt. „Kate wird schon etwas schaffen.“

Sie dachte nicht an das Abendessen, und zweifellos würde Kate etwas hinkriegen. Es war Kates Sache.

„Du trägst lustige Klamotten“, sagte sie.

„Landkleidung“, erklärte er. „Sehen Sie, ich war auf dem Land.“

"Oh." Sie war nicht neugierig.

"Ja. In dem Land. Es war ziemlich schön, Ada.“

„Ich wäre fast mit Mrs. Grandage ins ‚ Métropole ‘ in Blackpool gegangen, aber ich mag es nicht, mich zum Abendessen anzuziehen.“

„Blackpool ist nicht schön“, sagte er. „Ada, ich möchte mit dir reden und weiß kaum, wie ich anfangen soll, außer dass du verstehst, dass ich es ernst meine. Es ist eine ernste Angelegenheit.“

"Geld?" sagte Ada und setzte sich abrupt in ihrem Stuhl auf.

"Kein Geld. Ich glaube, wir haben uns beide in Sachen Geld geirrt. Wir haben es beide zu ernst genommen.“

„Wenn Sie mir sagen, dass mit Ihrem Geld etwas schief gelaufen ist, ist das in der Tat sehr ernst.“

„Das ist nicht der Fall. Nein. Das ist eine größere Sache als Geld. Ich möchte, wenn ich kann, die Dinge zwischen uns ändern, Ada. Wie kann ich es ausdrücken? Da ist dein Vater –“

„Ich möchte seinen Namen nie wieder hören“, unterbrach sie. "Er hat mich beleidigt."

„Du gehst in die Kirche, weißt du; Du hörst ihm dort zu.

„Die Leute würden reden, wenn ich nicht gehen würde. Ich muss ihm nicht zuhören, wenn ich in der Kirche bin.“

„Er ist ein guter alter Mann. Es tut mir leid, dass wir von ihm abgewichen sind. Aber ich werde das jetzt nicht drücken. Wenn der Rest stimmt, wird auch das stimmen. Es könnte sogar so sein, dass ich meine Mutter mit einbeziehe."

"Mein Wort!" Sie sagte: „Sie *graben* die Vergangenheit aus. Ich verstehe nicht, wie man die Dinge richtig bezeichnen kann, wenn man mich mit einer Putzfrau zusammenbringt."

„Ada!" er protestierte.

„Es ist, was sie ist."

„Aus eigener Entscheidung. Aber bitte vergiss das, Ada. Ja, es stimmt, dass ich in der Vergangenheit wühle. Ich möchte zurückgehen und sehen, wo wir einen Fehler gemacht haben."

"Ging schief? Wann hat wer einen Fehler gemacht?"

„Warum, du und ich."

„Ich wusste nicht, dass wir einen Fehler gemacht hatten." Sie sah ihn an. „Du siehst gut aus", entschied sie, „aber das kann nicht sein."

„Ich bin besser als je zuvor", sagte er, „und stärker, und wenn es sein muss, werde ich meine Kraft einsetzen, aber ich hoffe, dass das nicht nötig sein wird." Ada, kannst du mir das sagen? Kannst du mir sagen, was du willst?"

„Sind Sie sicher, dass mit Ihrem Geld alles in Ordnung ist?" sie fragte besorgt.

„Ja, natürlich ist es richtig", sagte er ungeduldig.

„Dann weiß ich nicht, dass ich etwas will. Ich könnte natürlich mehr gebrauchen. Wer könnte das nicht?"

"Mehr Geld. Nicht mehr Schönheit? Kein neuer Zweck? Nichts, wofür es sich zu leben lohnt?"

„Ich weiß nicht, wovon du redest, Sam. Du bist heute Abend sehr seltsam.

„Ich kenne mich selbst kaum", gestand er. „Ich weiß, es ist alles verwirrend, und ich hätte die Dinge aus dem Gewirr herausbekommen sollen, bevor ich mit dir gesprochen habe. Aber ich dachte, Sie hätten es vielleicht gesehen und könnten mir so helfen. Nein, das ist in Ordnung, Ada", fuhr er fort, während sie ihn empört anstarrte. „Ich gebe niemandem außer mir selbst die Schuld. Es liegt in meiner Verantwortung. Du siehst es noch nicht, und ich muss es dir zeigen."

„Wenn etwas da ist, kann ich es sehen."

„Oh, es ist da", sagte er. „Das können wir beide sehen. Es ist nur das Heilmittel dafür, das nicht klar ist."

"Was ist dort?"

„Das Scheitern unserer Ehe, wenn ich es in Worte fassen muss."

"Versagen! Aber wir *sind* verheiratet. Wie meinst du das?" Was Ada meinte, war, dass der Ring an ihrem Finger war und die Heiratsurkunde in ihrem Schreibtisch lag. Scheitern in der Ehe bedeutete für sie, wenn es ihr überhaupt etwas bedeutete, das Scheitern der Ehe, die Auflösung der Verlobung, und da ihre Verlobung nicht gebrochen worden war und sie formell und rechtmäßig in der Kirche geheiratet hatten, konnte es kein Scheitern geben.

„Wir haben uns in der Ehe nicht gefreut", versuchte er.

"Frohlocken? Ich bin mir sicher, dass ich an dem Tag, als ich dich geheiratet habe, die stolzeste Frau in der Gemeinde war." Es war wahr. „Aber danach, danach!"

„Oh", rief sie, „wirfst du mir vor, dass ich kein Baby bekommen habe? War das meine Schuld?"

„Nein, nein. Aber es hätte uns trotzdem retten können, und als das Baby nicht kam , machten wir keine Anstalten, uns zu retten. Irgendwo in jedem von uns steckt ein Licht, und Sie und ich haben unsere Lichter gelöscht. Sie mögen klein sein, vielleicht kein so großes Licht wie das deines Vaters oder... oder das Licht, das ich auf dem Land gesehen habe, vielleicht sind sie nichts weiter als ein schwacher Schein, und wir können nur unser Bestes geben. Sie und ich haben unseres nicht gegeben. Wir haben nicht versucht, unser Licht zu finden, aber jetzt – nachdem wir herausgefunden haben, was die ganze Zeit mit uns falsch gelaufen ist – können wir es gemeinsam versuchen. Wir alle können der Welt etwas geben, in unserem Fall nicht den Kindern, sondern dem, wofür wir geschaffen wurden. Wir wissen nicht, was du geben kannst und was ich geben kann, und wir haben es zu spät gelassen, es herauszufinden, aber es ist noch nicht zu spät, nicht wahr, Ada? „Ada", flehte er, „es ist noch nicht zu spät?"

Sie schaute auf die Uhr. „Wenn du dir vor dem Abendessen die Hände waschen willst , solltest du es jetzt tun", sagte sie, „sonst kommst du zu spät." Sie stand auf, aber bevor sie ihn verließ, erlebte sie einen Moment der Erleuchtung. Sie glaubte zu sehen, worauf er hinaus wollte, dass er während seiner Abwesenheit eine glückliche Familie gesehen haben musste und mit dem Schrei des kinderlosen Mannes auf den Lippen zurückkam. „Ich nehme an, das bedeutet", sagte sie, „dass Sie möchten, dass ich ein Kind adoptiere." Das ist es, was Sie mit Geben meinen. Nun, ich werde es nicht tun, Sam. Ich habe etwas anderes mit meiner Zeit zu tun, als mich um die Göre einer anderen Frau zu kümmern."

„Was hast du zu tun?" er hat gefragt. „Was möchten Sie tun?"

„Um mein Abendessen zu essen", sagte sie. Sie hatte einen gesunden Appetit. Vielleicht wollte sie deshalb nichts anderes.

Er blieb an der Tür stehen, als sie gegangen war, und seine Hand wanderte zu seiner Tasche, als suchte sie nach einem Talisman. Er spürte, wie der Brief zerknitterte, dann riss er seine Hand los. Ada war Arbeit für einen Mann. Es gab keinen Platz für Ada und für Politik. „Ich bedauere zutiefst, dass private Gründe den völligen Rückzug aus der Politik erzwingen." Ja, das war der Wortlaut des Telegramms, das er verschicken würde: Es sei das Beste, gründlich zu sein, und offensichtlich hatte der Mann, der Ada in der Hand hatte, keine Zeit für ein Hobby, einen Ehrgeiz oder was auch immer Politik repräsentierte für ihn. Er hatte andere Aufgaben auf der Welt zu erledigen.

Er trat auf die Ruinen einer Hoffnung, die vor zehn Jahren entstanden war und die er tief in seinem Herzen mit sich getragen hatte und die, wie der Brief in seiner Tasche bewies, auch keine törichte Hoffnung war. Ja, er hatte diese Hoffnung geliebt, die in seinen Flitterwochen geboren wurde.

Ihm fiel auf, dass er in allem, was er zu Ada gesagt oder zu sagen versucht hatte, die Liebe nicht erwähnt hatte. Es schien ihm nicht das richtige Wort für ein Gespräch mit Ada zu sein, aber er hatte seine Hoffnung auf Politik seit der Zeit der Flitterwochen geliebt, dachte er wütend, und von da an hatte er Ada nicht mehr geliebt.

War das wahr? Hatte er die Substanz anstelle des Schattens vernachlässigt und die Liebe auf seine Hoffnung und nicht auf seine Frau angewendet? Wenn er sein Gespräch noch einmal mit ihr führen würde, könnte er es dann ernsthaft anders beginnen? Konnte er mit Liebe beginnen? Er wusste, dass er es nicht konnte, und stellte sich darauf ein. Es war also ein Fall für mehr Mut. Was hatte Effie gesagt? „Der Tapferkeit sind keine Grenzen gesetzt." Er fragte sich, aber er wollte es sehen.

Und Satans Lächeln war verblasst. Unter den Teufeln herrscht mehr Freude über einen Sünder, der rückfällig wird ... Aber dieses Mal nicht, Mephistopheles! Effie gewann immer noch.

KAPITEL XXII
DER ALTE KAMPAGNER

E FFIE und Sam wussten, dass sie in den folgenden Wochen glücklich sein sollten, denn gut zu sein bedeutet theoretisch, glücklich zu sein: aber sie waren nicht glücklich. Sam war in der Tat weniger unglücklich als Effie, weil er in eine seiner bleiernen, gefühllosen Stimmungen versunken war, von denen er einst wusste, dass sie die Bühne für seine hellsten Inspirationen waren, und er konnte resigniert, wenn nicht sogar glücklich, darauf warten, dass die Inspiration auftauchte .

Er brauchte entschieden, dachte er, Inspiration. Er musste Ada entdecken, nach ihrer Realität suchen und sie, nachdem er sie gefunden hatte, herausziehen und in den Vordergrund ihres Wesens stellen. Eine große Aufgabe: eine, deren Erfolg er nicht noch einmal gefährden darf, indem er ohne klaren Plan vorzeitig auf sie losgeht. Er hatte sie nur durch seinen ersten impulsiven Versuch misstrauisch gemacht, und die Zeit musste das Unheil wiedergutmachen, bevor eine Rückkehr zum Angriff entweder diskret oder angebracht war.

Er wartete, aber er genoss das Leben nicht. Wenn er Ada zum Leben erweckt hätte, wäre das Leben zweifellos den Lebensunterhalt wert gewesen, aber in der Zwischenzeit zog es sich in die Länge. Er sagte sich, dass er in diesem neuen Geschäft des Gebens noch zu jung sei, um die Freude daran zu spüren. Sicherlich war er nicht fröhlich, aber er war entschlossen. Ein grimmiges Zusammenpressen der Lippen und ein verbissener Blick in den Augen verrieten, dass es sich um Samuel handelte, den Sohn der Anna. In dieser Stimmung konnte er Äpfel aus dem Toten Meer essen und das Gefühl haben, dass sie eine richtige Ernährung seien. Die Politik war verschwunden und mit ihr auch jegliches Interesse am Rat. Und er wusste nicht, was er mit seinem Geschäft tun sollte. Er wollte Effie fragen, und Effie war nicht da, um gefragt zu werden.

Es war nicht so, dass sie nicht dort sein wollte oder dass sie nicht unter ihrer Abwesenheit litt. Effie war nicht taub und litt sehr, aber sie glaubte, dass ihre Abwesenheit Sam gestärkt habe. Als er mit seinem Entschluss von Hartle Pike herunterkam, ging sie davon aus, dass ihr Plan, wie sie ihn geplant hatte, abgeschlossen war und dass sie ihr schwaches Zugeständnis, ins Büro zurückzukehren, vergessen konnte. Sie sollte im Geiste dort sein, und der Geist ist stark, obwohl das Fleisch schwach ist. Effie im Büro hätte Sam am liebsten umarmt und geküsst, Dinge, die in gut geführten Büros unpassend sind. Und natürlich hat sie gelitten. Sie hatte immer gewusst, dass sie leiden würde, aber nicht, dass es so schlimm sein würde.

Das Büro war jeden Tag eine Versuchung: dorthin zu gehen bedeutete, bei ihm zu sein, Linderung für ihr Fieber zu finden, Frieden zu finden, aber auch hart erkämpfte Erfolge wegzuwerfen, und sie widerstand. Dieser Widerstand beschäftigte sie. Das war alles, wozu sie fähig war; es erforderte ihre ganze Kraft.

Wenn sie nicht in Sams Büro gehen wollte, lag das Offensichtliche und Praktische darin, zu jemand anderem zu gehen, um zu arbeiten, sowohl als Gegenmittel als auch als Lebensunterhalt , und sie konnte sich nicht dazu aufraffen. Sie verpfändete einen Teil des ihr verbliebenen Schmucks , Andenken an die verschwenderische Vergangenheit ihres Vaters, schickte ihrer Mutter das wöchentliche Arbeitslosengeld und lebte vom Rest. Sie war dazu verfallen, Effie, die Kreuzritterin, Effie, die Verfechterin des Mutes! Mit Mélisande , sagte sie sich, sei sie nicht glücklich. Sie war nicht glücklich, es ging ihr nicht gut und sie wollte, wollte Sam. Sie blieb zu Hause, damit sie nicht zu ihm ging und alles ruinierte, was sie getan hatte. Es konnte nicht von Dauer sein und sie wusste, dass es nicht von Dauer sein konnte, aber sie sah auch nicht das Ende davon.

Dann begann das Spiel der Konsequenzen: die Züge zweier Figuren, eine ein Bauer, die andere der Springer namens Dubby Stewart.

Es ist eine altbackene Welt, eine Welt, in der die Frumps, egal welchen Geschlechts oder keinem Geschlecht, in der einen oder anderen ihrer Erscheinungsformen viel mit der Ordnung der Dinge zu tun haben. Aus diesem Grund ist es aus Sicherheitsgründen eine Politik, die Frumps niemals zu ignorieren und sie niemals durch einen Akt galanten Trotzes herauszufordern, wie zum Beispiel durch das Scheuen eines nachgeahmten Eherings in die Gewässer von Blea Tarn.

es ehrlich sei, sich ihnen sowohl formal als auch inhaltlich zu widersetzen, da sie sich ohnehin den Frumps widersetzte, aber nur bestimmte Arten von Ehrlichkeit seien die beste Politik.

Die Frump, die beim Essen im Gasthof hinter Effie saß (ihr Name war Miss Entwistle), hatte an der Echtheit dieses Rings gezweifelt, und als er verschwand, verschwanden ihre Zweifel mit ihm. Sie sah, dass das Luder erkannt hatte, dass ihr Ring niemanden täuschte, und es auf die schamlose Art eines Luders zur Schau stellte.

Frauen sind böse, aber Männer sind nur schwach; Obwohl Miss Entwistle Sam beim Abendessen vom Nebentisch aus gegenüberstand, dauerte es einige Tage, bis sie ihre Aufmerksamkeit vom Rücken des größeren Sünders abwenden und auf das Gesicht des kleineren Sünders lenken konnte. Sie konnte nach Herzenslust starren; Für Sam war es egal, der nur Augen für Effie hatte: und der Blick von Miss Entwistle war in der Tat sehr hartnäckig.

Es war unhöflich, aber auch nachdenklich. Es schien nach etwas zu suchen, das es nicht finden konnte.

Sie konnte ihn nicht einordnen und war verärgert, weil sie sicher war, ihn schon einmal gesehen zu haben. Sie stand mehr als einmal früh auf, um die Namen auf den Morgenbriefen zu lesen, fand aber keinen, den sie mit Sam in Verbindung bringen konnte, und kam als enttäuschte Frau nach Manchester zurück. Dass sie ihn nicht identifizieren konnte, verdarb ihr den Urlaub.

Aber alles kommt zu ihr, die wartet, besonders, wie die Welt geschaffen ist, zu Frumps, und Miss Entwistle erlangte das Wissen, nach dem sie sich eines Nachmittags sehnte, als ihre Freundin Mrs. Grandage sie zu Ada Branstones „At Home" mitnahm .

Die beiden Fotos von Sam in Adas Wohnzimmer sollten ihren Ruf als perfekte Häuslichkeit aufrechterhalten. Sie konnte nicht ohne ihn leben; Sie atmete ganz von ihm ein, wenn er da war, und von seinen Fotos, wenn er nicht da war. Und da das eine vollgesichtig und das andere im Profil war, lieferten sie Miss Entwistle eine zuverlässige Identifizierung des Sünders von Marbeck .

Es war himmlisch. Ihr gehörte die Macht und der Ruhm an, einen Skandal auszulösen, eine Bombe explodieren zu lassen – was sicherlich den Frieden einer ganzen Reihe von Menschen stören würde – und in einem Strudel verleumderischer Teepartys als einziger authentischer Augenzeuge aufzutreten. Es war unwiderstehlich und außerdem eine klare Pflicht gegenüber ihrer verletzten Gastgeberin.

Der Tropfen Galle in ihrem überfüllten Honigtopf war, dass sie Ada nicht gut genug kannte, um ihr das Geheimnis selbst zu verraten, sondern die Aufregung dieser ersten Überraschung mit Mrs. Grandage teilen musste . Sie flüsterte einige kurze, hektische Momente lang mit ihrer Freundin, und die beiden Damen ließen hartnäckig den Rest der Anrufer hinter sich.

Sie erzählten es Ada mit wunderbarer Zärtlichkeit und beobachteten sie dabei, wie Katzen Mäuse beobachten, und Ada enttäuschte sie nicht. Sie zweifelte nicht an Miss Entwistles Geschichte; Sie sagte ihr nicht, dass sie wusste, dass Sam zu diesem Zeitpunkt in London war, weil sie Briefe von ihm erhalten hatte. Obwohl sie nichts auf der Welt hatte außer ihrer Ehe, unternahm sie keine Anstrengungen, ihren Ruf zu schützen. Sie stellte sich ihnen in der ganzen Wut ihrer Eifersucht zur Schau, so dass die Damen natürlich, als sie sahen, dass sie sofort an das glaubte, was sie ihr sagten, ihre eigene Schlussfolgerung bildeten.

„Es ist nicht das erste Mal", sagten die Augen von Mrs. Grandage , und die Augen der Jungfer blickten ernst zu ihr zurück und sagten: „Das ist es nie."

Ada war verheiratet. Sie hatte den Titel einer Ehefrau, und Untreue ihrerseits war sowohl von ihrer Vorstellungskraft als auch von ihrer Chance entfernt. Sie war mit Sam verheiratet; Sie war die Besitzerin, mit den Eigentumsurkunden auf ihrem Schreibtisch und dem Siegel am Finger, und das war eine eklatante Empörung. Es traf die Wurzeln ihrer Selbstzufriedenheit, und Selbstzufriedenheit war das Leben. Doch sie hatte nicht den Verstand, diese Bilderstürmer mit einer kleinen, einfallslosen Lüge zu verwirren. Das genügte, um Miss Entwistle in Verlegenheit zu bringen – die Gesichter der Männer ähneln sich oft, sie wusste genau, dass er in London war: Alles hätte getan, alles wäre besser gewesen, als dieser erbärmliche, sofortige Verrat an ihrer Zitadelle. Sie traf ihre Flagge, ohne einen Schuss abzufeuern, und verfiel in einen Strudel unartikulierter Wut.

"Was soll ich tun? Was soll ich tun?" Sie jammerte, sobald sie in der Lage war, zusammenhängend zu sprechen.

„Das", sagte Miss Entwistle, „das, Sie armer Schatz, ist Ihre Sache."

Sie hatte die frohe Botschaft verkündet, es bereitete ihr ein prickelndes Vergnügen, zuzusehen, wie Ada sie empfing, und jetzt wollte sie unbedingt gehen, die Neuigkeit verbreiten, die Erste sein, die mit der Nachricht in die Salons ihrer Freunde stürmte ein glorreicher Skandal. Sie flehte um einen weiteren Anruf und flüchtete zu ihrer Orgie.

„Ich werde ihn dafür bezahlen lassen", sagte Ada bösartig.

„Meine Liebe", riet Mrs. Grandage , die selbst einen Ehemann hatte, „ich hoffe, Sie werden taktvoll sein."

„Taktvoll", sagte Ada. „Taktvoll, wenn – oh! Oh!" Sie schrie ihr Gefühl für Sams Ungeheuerlichkeit hervor.

„Ja, aber wissen Sie, Männer werden Männer sein."

„Es sind keine Männer. Es ist Sam. Nach allem, was ich für ihn getan habe! Oh!" und das war ein anderes „Oh" als die anderen. Das ließ Mrs. Grandage scharf aufblicken. "Das Biest! Das Biest! Das erklärt alles. Ethel, dieser Mann kam zu mir nach Hause und bat mich, sein Kind zu adoptieren. Er hatte das Gesicht. Natürlich wusste ich nicht, dass es sein eigenes war, von dem er sprach, aber jetzt sehe ich es. Ethel, was soll ich tun?"

Grandage schien es, als würden sie in tiefere Gewässer abdriften, als sie schwimmen konnte. „Ich sollte einen Rat annehmen", sagte sie und meinte damit nichts anderes, als dass sie weder durch Ratschläge noch durch irgendetwas anderes in diese Angelegenheit verwickelt werden würde.

„Ein Anwalt ?" fragte Ada und verstand den Satz. "Ja. Natürlich. Sam soll bis zum äußersten Pfennig zahlen müssen." Ihre Vorstellung von rechtlichen Verpflichtungen war vielleicht nicht vager als die anderer Leute.

„Kein Anwalt", sagte Mrs. Grandage verzweifelt. „Zumindest, meine Liebe, noch nicht. Deines Vaters."

"Ja. Mein Vater hat mich dazu gebracht, Sam zu heiraten. Er brachte Sam nach Hause und warf ihn auf mich. Ich werde zu meinem Vater gehen. Natürlich kann ich auf keinen Fall hier bleiben."

Mrs. Grandage machte eine letzte Kundgebung für weltliche Weisheit. „Könnten Sie sich nicht dazu durchringen, zuerst Ihren Mann zu sehen?" Sie fragte.

"Sehe ihn!" sagte Ada heldenhaft. „Solange ich lebe, werde ich ihn nie wiedersehen."

Die Besucherin knöpfte ihren Handschuh zu. Schließlich ging es Ada nichts an, wenn sie sich lächerlich machen wollte, und sie hatte ihr Bestes gegeben, wenn ein absolut unverbindlicher Versuch das Beste sein kann. Sie küsste Ada mit echtem Mitgefühl.

„Meine Liebe", sagte sie, „ich würde viel dafür geben, das wieder rückgängig zu machen." Und mit „dies" meinte sie nicht die Kleinigkeit von Sam Branstone , sondern die Lüsternheit von Miss Entwistle. Sie war eine erfahrene Frau und wütend auf sich selbst, weil sie auf die Verführerin gehört und ihr geholfen und sie begünstigt hatte.

Als Mrs. Grandage nach Jahren von „dieser Frau" sprach, war klar, dass sie an Miss Entwistle dachte.

Ada begleitete sie zur Tür und ging direkt in die Küche.

„Kate", sagte sie zu ihrer Köchin, „Mr. Branstone hat sich blamiert, er war untreu. Ich gehe zu meinem Vater. Bitte sagen Sie ihm, dass ich alles weiß und nicht zurückkehren werde." Sie hatte keine Zurückhaltung.

„Sehr gut, Mama", sagte die fähige Köchin.

Das Ergebnis war, dass Sam, als er an diesem Abend ins Wohnzimmer ging, Anne Branstone dort sitzend vorfand und sich die Socken stopfte, und vielleicht lag es daran, dass sie froh war, dass sie keinen Tag älter aussah als bei seinem letzten Treffen; vielleicht passte das Verkohlen zu ihr; oder vielleicht hatte das Leben für eine Idee sie jung gehalten. Die Idee war, dass Sam sie eines Tages brauchen würde.

Es war kein Wunder: Es gab nichts Wundervolleres daran als die Tatsache, dass Anne eine sehr gute Freundin der Köchin Kate Earwalker war : Aber Sam stand hilflos mit offenem Mund da. In seinem eigenen Haus, in seinem Alter und nach all den Jahren stand er vor seiner Mutter, der Eindringling, wie ein Schuljunge, der sich seiner Schuld bewusst ist. Es mangelte ihr an nichts von der alten Souveränität.

„Nun", sagte sie, „du bist nicht nur glücklich, wenn die Leute über dich reden." Aber es sieht auch nicht so aus, als würde es dir gut gehen.

„Mutter", keuchte er, „was ist das?"

„Das wirst du mir sagen", sagte Anne.

„Wo ist Ada?"

„Zu ihrem Vater gegangen, und keiner kam zurück, sagt sie. Sagt, du wärst untreu und hast Kate gesagt, dass sie alles weiß. Was ist los, Sam? Was ist alles?"

„Wer hat dich hierher gebracht?"

„Kate hat es getan", sagte Anne ruhig. „Warum, Sam, hast du gedacht, ich hätte mit nichts Besserem gelebt als dem, was George Chappie und die Zeitungen mir über dich erzählt haben? Ich hätte Lust auf die Wahrheit, und die kann man von Männern nicht bekommen. Kate war sozusagen eine Spionin."

"Hat sie!" er weinte.

„Das hat sie, und du wirst dafür keinen Groll hegen. Du hättest in einem Schweinestall gelebt und wie ein Schwein gefüttert, wenn ich Kate nicht geschickt hätte, um für dich zu sorgen, aber dieses Mal bin ich selbst gekommen. Es sieht besser aus als Kate."

„Aber was ist passiert? Was ist es?"

„Du weißt besser als ich, was es ist. Die Leute reden über dich und sie haben mit Ada gesprochen. Untreu, sagte sie zu Kate, und sie ist nach Hause zu Peter gegangen."

„Sie muss zurückkommen", sagte Sam.

"Und warum?" fragte Anne. „Weil die Leute reden? Um ihnen den Mund zu stopfen?"

"NEIN. Weil ich sie hier haben will. Sie reden, oder? Nun, das können sie."

Anne sah ihn an. „Ist es dir egal, wenn sie es tun?"

"Warum sollte ich?"

„Und Sie sind Politiker?“

„Oh, Politik!“ er sagte. „Das ist weg.“ Das war der Fall, und wie er zum Glück sah, zum richtigen Zeitpunkt. Er versuchte sich vorzustellen, wie anders sich dies auf ihn ausgewirkt hätte, wenn es mitten in der Sandyford-Wahl geschehen wäre. Wähler setzen bei einem Kandidaten Seriosität voraus. Aber das war vorbei, und Klatsch spielte jetzt keine Rolle mehr. Die wahren Dinge zählten. Ada war wichtig.

„Dann haben Sie also einen Schritt weiter gemacht“, sagte sie, und weder ihr Blick noch ihr Ton ließen darauf schließen, dass sie diesen Schritt als unangenehm empfand.

„Das glaube ich“, sagte er nachlässig. „Aber Ada muss zurückkommen. Ich muss sie zurückholen.“

„Es kann sein, dass sie kommt und es passiert, dass sie nicht kommt, und ich hätte eine bessere Chance zu wissen, was passiert, wenn du mir gesagt hättest, was sie verärgert.“

"Was hat Sie gesagt?" er hat gefragt. "Untreu? Ja, es ist wahr. Ich bin seit zehn Jahren untreu. Ich war nie treu und ich war nie fair. Ich habe an das Geschäft und die Politik gedacht, als ich an sie hätte denken sollen. Ich habe bei ihnen gearbeitet und nicht bei Ada. Gib Ada nicht die Schuld, Mutter. Das werde ich nicht haben. Du mochtest sie nie und hast einen Misserfolg prophezeit. Es war ein Misserfolg, aber ich habe es geschafft; Ich ließ es treiben, obwohl ich es hätte ergreifen sollen. Aber es wird jetzt kein Misserfolg mehr sein. Ich habe die anderen Dinge aufgegeben und bin zu meinem Job zurückgekehrt, dem Job, den ich vernachlässigt habe, dem Job, den ich nicht gesehen habe, war überhaupt da, bis –“ Er hielt inne.

„Bis was?“ Sie fragte.

„Bis Effie es mir gezeigt hat.“

„Effie?“ Sie fragte. "Oh! Dann ist da etwas in ihrem Gerede.“

"Etwas? Es gibt alles und alles, was falsch und abscheulich ist. Da tut mir das weh, Mutter. Sie werden falsche Dinge über sie und Effie sagen.“ Er begann zu erkennen, dass Klatsch wichtig war.

„Was wäre das Richtige zu sagen?“ fragte Anne trocken. „Wer ist Effie? Und meinst du sie, wenn du sagst, dass du zehn Jahre lang untreu warst?“

"Ich meinte was ich sagte. Dass ich Ada andere Dinge vor Augen geführt habe.“

„Einschließlich Effie?“

„Effie ist ein Strahl vom Himmel", sagte er.

„Oh ja", sagte Anne skeptisch .

„Schau mal, Mutter, wirst du das nicht falsch verstehen?"

„Nicht, wenn du es mir verständlich machen kannst."

„Ich kann es versuchen", sagte er, „und die Chancen stehen gut, dass ich scheitern werde." Das Einzige, was dich Effie verstehen lässt, ist, sie zu sehen."

„Versuchen Sie es zuerst mit den anderen Möglichkeiten", sagte Anne grimmig.

„Sie hat mich sehen lassen. Sie hat mir alles gegeben. Sie hat es mir selbst gegeben. Durch sie habe ich mich selbst gefunden und lebe nur in dem Licht, das sie mir gegeben hat." Es war schwierig, Worte dafür zu finden, was Effie war und was er für ihn bedeutete. „Ich weiß nicht, ob ich es jemals erklären kann", stockte er.

"Mach weiter. Du machst das sehr gut." Er war – Annes Einsicht half ihr.

„Es ist wie eine Wiedergeburt. Es ist, als hätte ich gelebt, bis ich sie vor sechs Monaten mit schiefem Sehvermögen traf. Ich habe nicht richtig gesehen, und dann, Mutter –" Er zögerte, wie ein Mann zögern würde, bevor er seine tiefe Überzeugung äußerte, aus Angst, er könnte für absurd gehalten werden. „Dann habe ich die Erlösung gefunden, ich war ein Nehmer und wir sind hier, um zu geben. Ich habe von dir genommen————"

„Lass das", sagte Anne knapp. "Ich weiß es."

„Und das habe ich nicht", antwortete er. „Es scheint mir, dass ich nichts wusste, bis Effie kam."

„Warum willst du Ada zurück?"

„Es ist Zeit, die ich ihr gegeben habe."

„Hat Effie dir das gezeigt?"

"Ja."

Anne schwieg eine Minute lang. Dann: „Ich werde mir Effie ansehen", sagte sie. „Du kannst mich zu ihr bringen."

„Das kann ich nicht", sagte Sam. „Wir dürfen uns nicht treffen."

Sie dachte darüber nach, und er. „Kate hat mir erzählt, dass du krank aussiehst", sagte sie scheinbar folgenlos. „Nun, wenn du mich nicht zu Effie bringen kannst, muss ich alleine gehen. Ich gehe, egal auf welcher Straße. Geben Sie mir ihre Adresse und ich werde morgen gehen.

Er hat es aufgeschrieben. „Effie Mannering“, las sie. „Ja“, sagte sie grimmig, „ich werde dieser jungen Frau meine Meinung sagen.“

„Mutter“, sagte er alarmiert, „du wirst nicht unhöflich zu ihr sein! Du hast es nicht falsch verstanden?“

„Vielleicht“, sagte Anne, „aber ich glaube nicht. Ich glaube, ich verstehe, dass Sie mit Ihren dummen Köpfen in den Wolken stecken, und dass es Ihnen beiden sehr gut tun würde, sie auf die Erde zu bringen. Ich werde es sicher wissen, wenn ich sie gesehen habe.“

„Dann wirst du ihre Herrlichkeit sehen“, sagte er trotzig.

"Soll ich?" Sie fragte. „Wenn du mich fragst, Sam, wird dieses Geschäft viel zu sehr verherrlicht. Es prägt mich“, fuhr sie fort und vereitelte den Protest, der ihm über die Lippen kam. „Für mich wirkt es wie ein schlichter Fall von Liebe. Ja, und Liebe ist ein zu seltenes Ding auf dieser Welt, als dass man es wegwerfen könnte. Ich war nie jemand, der verschwendete.“

Also übernahm Anne Branstone die Kontrolle, und Sam saß da und starrte sie hilflos an wie ein Mann, der träumt.

KAPITEL XXIII
DER BEWEGUNG DES RITTERS

Es wäre Sam durchaus in den Sinn gekommen, zu erwidern, dass er und Effle „ihre albernen Köpfe nicht phantastischer in den Wolken" hatten als Anne selbst , als sie sich zu Madge zurückzog und ihren geliebten Sohn nur durch die Augen von Kate Earwalker beobachtete . Aber es kam ihm nicht in den Sinn, und wenn es so gewesen wäre, hätte Effie zumindest die Erwiderung widerlegt. Effle hat sie alle überholt.

Effle , sobald sie erfuhr, was mit ihr los war, nicht entsetzt, bestürzt, beschämt oder sonst wie einer jungen Dame in ihrer Situation angemessen war, sondern einfach und rein jubelte. Das Unglück fiel wie ein Mantel von ihr und ließ sie vor Freude strahlen. Und sie hatte sich selbst als Realistin bezeichnet!

Sie war eine Realistin; Sie war von den Tatsachen fasziniert, nicht von den umständlichen Einzelheiten ihrer Tatsache. Sie wollte Sam jetzt kaum noch, sie hatte ihn, sie war meilenweit von der Sorge entfernt, allein in einer strahlenden Welt mit ihrer transzendenten Tatsache. Der Mut kehrte in voller Flut zu ihr zurück und sie strotzte vor Tapferkeit und Stolz.

Sie war arbeitslos und musste schnell eine Arbeit finden, die sie gut bezahlte. Sie würde leiden, sie würde (gelinde ausgedrückt) missverstanden werden. Was bedeutete es, was bedeutete irgendetwas im Vergleich zu ihrer jubelnden Tatsache? Sie würde die Mutter seines Kindes sein. Marbeck war kein Traum; Marbeck wurde wahr, und die Wahrheit und Herrlichkeit davon trugen sie in einen Himmel, den nur Frauen kennen.

Vielleicht war sie ein Eindringling innerhalb der Tore, aber sie hatten sich für sie geöffnet und ließen sich nicht schließen. Sie könnte für ihr Vergehen strafrechtlich verfolgt werden. Lasst sie es versuchen! Man kann der Unverwundbarkeit nichts anhaben. Sie war eine Welt in einer Welt, selbstbefriedigend, selbstvervollständigend, die andere Welt nicht so sehr verächtlich, sondern völlig vergessend. Ihre Wolke der Herrlichkeit verbarg es vor ihren Augen, und wenn sie überhaupt durch Lücken in der Wolke spähte , sah sie Menschen, wie man sie auf der Straße unter einem Berggipfel sieht, wie kriechende Ameisen.

Es klopfte an ihrer Tür, und sie blickte amüsiert durch eine Lücke in den Wolken in die Augen von Dubby Stewart, aber es geschah nicht, um in die Welt zu blicken, die es nicht verstand. Es ging darum, Dubby anzusehen , der sie liebte.

Und Dubby wusste es. Es war nicht schwer zu wissen. Sie hatte ihn abgelehnt, sie hatte ihn sehen lassen, warum, und Sam und Effie waren zur gleichen Zeit nicht in Manchester gewesen. Es handelte sich nicht um präzise Beweise, aber er hatte Leitfäden zu nicht genaueren Beweisen verfasst und zweifelte nicht an den Fakten. Sie hatten ihn bisher von ihr ferngehalten, aber er konnte sich nicht länger von ihr fernhalten. Und bevor er ihr Zimmer betrat, wusste er alles, was es zu wissen gab.

„Effie", sagte er, „ich bin mir nicht sicher, ob ich willkommen bin."

„Oh, aber das bist du", sagte sie. „Ich hätte dir schon längst schreiben sollen. Ich bin seit meinem Urlaub schon Wochen zu Hause." Es war sinnlos, Dubby als kriechende Ameise sehen zu wollen, und sie reichte freundschaftlich ihre Hand.

„Das bricht das Eis", sagte er.

„Wenn es Eis zu brechen gäbe."

„Nun", erinnerte er sie, „ich sagte, ich liebe nicht und bin weggelaufen, und ich bin mehr oder weniger weggelaufen. Ich kam eines Sonntags, weil ich es versprochen hatte, aber ich konnte es nicht noch einmal tun. Das Problem mit mir ist, dass ich Journalist werden sollte, und nach ungefähr zwölf Jahren bin ich immer noch ein Mensch."

„ Dubby ! Es tut mir Leid!"

„In Ordnung, Effie; Ich bin nicht gekommen, um zu meckern. Das ist nur eine Entschuldigung dafür, dass ich nicht früher gekommen bin. Und jetzt bin ich hier –"

„Du trinkst Tee", sagte sie schnell und ging zur Klingel, aber er ergriff ihre Hand, bevor sie zog.

„Willst du einen Tisch zwischen uns stellen? Tun Sie es, wenn es sein muss" – er ließ ihre Hand los – „ aber ich hatte gehofft, dass es nicht dazu kommen würde. Soll ich klingeln, Miss Mannering?"

„Du brauchst mich nicht zu bestrafen, indem du Beschimpfungen nennst. Nicht klingeln." Sie rüstete sich mit Mut und drehte sich zu ihm um.

"Danke. Wirklich vielen Dank, Effie. Ich weiß, dass ich langweilig bin, aber wenn das alte Lied eine gute Melodie hat, sehe ich keinen Grund, warum ich nicht zweimal singen sollte. „Es *ist* eine gute Melodie", fuhr er mit einer Leidenschaft fort, die seine oberflächliche Leichtfertigkeit Lügen strafte. „Es ist das Beste, was ich in mir habe, was vielleicht nicht viel sagt, weil ich ein schlechtes Ohr für Musik habe, aber diese Melodie hat mich sehr erwischt, wie die Krankheiten, die sie auf den Drehorgeln spielen, und ich kann nicht." es verlieren. Ich stehe morgens auf und gehe abends zu Bett, und den ganzen

Tag klingelt es in meinen Ohren. Effie, ich bin kein großer Freund, und ich habe mir geschmeichelt, dass meine Aufrichtigkeit nachgelassen hat, als ich mir die Weisheitszähne geschnitten habe. Ich habe versucht, diesem Glauben gerecht zu werden, aber es ist mir nur zur Hälfte gelungen. Ich habe versucht, eine seltene Show des Lebens zu machen , draußen zu sitzen und den Puppen beim Spielen zuzusehen, und das Leben hat gewonnen. Das Leben hat mich erdrückt, und jetzt bin ich drinnen. Ich bin dort, wo du mich hingestellt hast, und zwar an einem guten Ort: Ich bin in der Nähe des Heizkörpers und es wärmt mir das Herz. Aber ich mochte Heizkörper nie. Wohlgemerkt, ich kann sie gut gebrauchen und ich kann ihnen dankbar sein. Wenn Sie mir nur eine lebenslange Dauerkarte für einen Sitzplatz in der Nähe des Kühlers geben können, kann ich eine steife Oberlippe behalten und Ihnen für das danken, was ich habe. Aber ich hatte nie eine Leidenschaft für Heizkörper, und ich mag Feuer. In einem Feuer steckt Leben. Muss es nur der Heizkörper sein, oder können Sie daraus einen Herd und ein Zuhause für uns machen?“

„ Dubby “, sagte sie, „ich habe es dir schon einmal gesagt.“

"Ich weiß. Nichts im Nachhinein tun?“ Sie schüttelte den Kopf.

"In Ordnung. Ich habe mich nur letztes Mal betrunken. Dieses Mal wird es den Rausch meines Lebens brauchen. Darauf hatte ich gehofft.“

„Betrunken“, sagte sie vorwurfsvoll. „Mit steifer Oberlippe?“

„Oh, ich weiß nicht “, sagte er. „Es braucht eine steife Oberlippe, um mich zum Zahnarzt zu bringen , aber ich lasse ihn trotzdem ein Anästhetikum verwenden. Dennoch, wenn es Ihnen lieber wäre, wenn ich es nicht tun würde —“

„Ich denke, es wäre mutiger.“

"Rechts. Aber ich möchte etwas treffen. Es gibt niemanden, den ich schlagen soll, oder?“

"Natürlich nicht."

"Sicher?" er sagte. Er hatte sich klar vor Augen geführt, dass jemand Sam schlagen sollte. „Kehren wir dorthin zurück, wo wir waren, bevor ich eine kurze Rede hielt — als ich hereinkam und du mich wie einen Freund ansahst.“

„Ich hoffe, ich werde es immer tun.“

"In Ordnung. Es ist das Privileg eines Freundes, unverschämt zu sein, und ich bin ziemlich gut darin, unverschämt zu sein. Weißt du, altes Effie, du solltest einer der Arbeiter der Welt sein, und du bist heute nicht im Büro. Du warst seit Wochen nicht im Büro. Ich weiß es, weil ich Florrie eine halbe Krone gegeben habe.“ Florrie war das Dienstmädchen. „Und es ist nicht so, dass du zu Geld gekommen bist, weil Florrie mir erzählt hat, dass du gehungert hast."

„Das habe ich nicht." Effie war empört. Sie hatte nicht gehungert. Während alles trostlos war, hatte das Essen sie sicherlich nicht angezogen, aber auch nichts anderes; und sie erwartete, dass sie sich jetzt lebhaft dafür interessieren würde. „Das habe ich wirklich nicht."

„Was du sagst, gilt", sagte er. „Und Florrie hat es sich eingebildet, aber sie hat sich nicht eingebildet, dass du nicht ins Büro gehst, und wenn da etwas nicht stimmt, vergiss nicht, dass ich Branstone ziemlich gut kenne. Ich kann wie ein Vater mit ihm reden."

„Es ist nirgends etwas falsch", sagte sie, und tatsächlich waren die Dinge nicht nur nicht falsch, sondern überschwänglich richtig, nur konnte sie ihm nicht sagen, warum.

„Bist du dir da sicher?" er blieb hartnäckig. „Es gibt nichts, was du einem Kumpel erzählen kannst? Kannst du mir nichts sagen, wenn du weißt, dass ich für dich durchs Feuer gehen würde? Verdammt, ich kann nicht so tun. Ich bin kein Freund. Ich bin ein verliebter Mann und bitte dich, fair zu sein."

„ Dubby ", flehte sie, „mache es mir nicht zu schwer."

„Bin ich es, der sie hart macht?" Er fragte: „ Oris Ist es Sam?"

Sie sah ihn verblüfft an, und sicherlich war Effie damals dumm oder zumindest zu sehr mit ihrer großen Beschäftigung beschäftigt, um wachsam zu sein. „Oh, sei nicht kleinlich", sagte sie. „Ich habe dich nicht mit Eifersucht belastet."

"NEIN? NEIN? Und doch habe ich ein gewisses Recht, auf ihn eifersüchtig zu sein. Ich denke, Sie werden es nicht leugnen."

Es lag nicht an dem, was er sagte, noch an der tiefen Bitterkeit seines Tons, es war etwas in seinen Augen, wie das eines verletzten Tieres, das sie ganz plötzlich und als etwas anderes als seine Worte erkennen ließ, was passiert war. Aber sie erkannte auch jetzt noch nicht die ganze Liebe von Dubby und die Schönheit seines ritterlichen Schachzugs.

"Du weisst!" Sie sagte. „ Dubby , du wusstest es, als du gerade gesprochen hast. Du wusstest, dass Sam und ich —"

„Ich habe dir gesagt, dass ich mit Florrie gesprochen habe."

„Florrie?" Sie fragte. „Was könnte Florrie dir sagen?"

„Nichts", sagte er, „von dem sie wusste, dass sie es erzählt hat. Raten gehört zu den Dingen, in denen ich gut bin."

Da sah sie, zu welcher Scharfsinnigkeit seine Liebe ihn gebracht hatte, zu welcher großen Tatkraft. Es hatte ihre Wolke beschleunigt und sie sah mit klaren Augen wie er seine feine, tadellose Treue.

"Oh! Und ich habe dich kleinlich genannt! Ich habe dir gesagt, dass du eifersüchtig bist. Dubby , ich wusste es nicht. Das hättest du für mich getan!"

„Nun ja", entschuldigte er sich, „ich bin in dich verliebt."

„Warum können wir Liebe nicht befehlen? Warum läuft alles schief?" Sie weinte.

„Es ist nicht so schief gelaufen, aber ich kann es für Sie in Ordnung bringen", sagte er und machte sein Angebot noch einmal.

"ICH? Ich meinte nicht mich selbst", sagte sie und wunderte sich. „Die Liebe ist für mich kein Fehler. Ich denke an dich."

„Aber ist es das Richtige für dich?" er hat gefragt.

„Oh ja", lächelte sie. „Fantastisch."

"Ist es? Wenn Sam seit Wochen nicht in deiner Nähe war?" Es war ihm eingeprägt, dass Sam den Bösewicht spielte. „Wenn du alleine hier bist, siehst du ihn, Effie?"

"NEIN. Deshalb ist alles so richtig."

Er schüttelte verwirrt den Kopf. „Es mag eine gute Metaphysik sein, aber es klingt schlecht. Ich bin ganz ehrlich zu dir. Ich leide ziemlich stark unter dem unterdrückten Wunsch, Sam Branstone auszupeitschen . Ich denke, er hat es verdient, ich weiß, dass es mir Spaß machen würde und ich denke, du versuchst, mich davon abzuhalten. Ich wage zu behaupten, dass es primitiv von mir ist, aber es wird mir gut tun, und es macht mir nichts aus, Ihnen zu sagen, dass mir etwas Gutes getan werden muss. Effie, darf ich nicht Sam auspeitschen?"

„Wenn jemand Sam auspeitschen will", sagte eine Stimme, „dann bin ich es. Ich bin für diesen Job verantwortlich, nicht du, mein Junge."

Sie hatten Anne nicht hereinkommen sehen. Jetzt sahen sie sie, eine kleine alte Frau aus der Arbeiterklasse in ihren besten Kleidern, mit einem Bugumhang und Baumwollhandschuhen, Gummistiefeln und einer urigen Haube, die mit einem Band unter dem Kinn zusammengebunden war, und Unerklärlicherweise füllte sie den Raum. Sie wären auf der Straße ohne einen zweiten Blick an ihr vorbeigegangen, als wäre sie eine aus der Menge , auf den ersten Blick unbedeutend; aber das war nicht Anne auf der Straße. Es war Anne, die für Sam kämpfte, und als Effie und Stewart anschließend ihre Notizen verglichen , gestanden sie beide, den gleichen Gedanken gehabt zu haben: dass ihre Augen Verräter waren und dass das, was sie sahen, Fantasie war und dass das, was sie fühlten, real war.

„Ich bin Sams Mutter", stellte sie sich vor, „und es ist so, als hätte ich ihn übertrieben geliebt, als er ein Junge war, und nicht genug geprügelt, aber ich bin nicht zu alt, um noch einmal anzufangen." Du wirst Effie sein? Ja, ich bin hierher gekommen, um die Dinge an ihren Platz zu bringen. Sie alle sind ein bisschen schief, und was ich gehört habe, als ich hereinkam, wird nicht helfen." Sie sah Dubby vorwurfsvoll an . „Du wirst ihr Bruder sein, schätze ich?"

Es schien ihm der beste Ausweg zu sein. Anne war gekommen, um „die Dinge an ihren Platz zu bringen", und sie vermutete, dass er Effies Bruder war, und das war, wie er jetzt darüber nachdachte, genau sein Platz. Die Bruderschaft wurde ihm aufgedrängt, aber er glaubte, er hätte es erreicht. Offensichtlich gab es für Effie trotz aller Rätsel nichts anderes, und er ließ sich von Anne in die Schranken weisen.

„Ja", sagte er, ohne einen Blick auf Effie zu werfen, „ihren Bruder."

„Ihr seid eine Familie mit sauberen Gliedern", lobte sie sie, und Dubby warf einen verstohlenen Blick auf Effie, halb humorvoll und halb herausfordernd, seiner Bruderschaft zu widersprechen. „Nun, ich bin gekommen, um Effie zu sehen, aber ich werde nicht leugnen, dass ihr Bruder das Recht hat, zu bleiben und zuzuhören, wenn er ruhig zuhört."

„Ja", sagte Dubby und forderte Effie immer noch heraus, „ihr Bruder hat ein Recht." Und Effie verleugnete ihn nicht. Sie hatte ihren Mut, aber die Unerwartetheit von Anne und ihre Kraft, als ob sie all die Jahre lang ihren Willen aufgezogen hätte, der nun wie eine gewaltig in extrem gespannten Windungen gespannte Feder ins Spiel kam, lösten in ihr Verlangen aus ein Verbündeter und sie stimmte zu, dass Dubby ein Recht hatte, wenn nicht das, das ihm Anne verliehen hatte.

„Wollen Sie sich nicht setzen, Mrs. Branstone ?" Sie sagte.

„Ich habe mich gefragt, wann ich deine Stimme hören sollte", sagte Anne. „Du bist kein Redner, Mädchen."

„Nein", sagte Effie.

„Eher ein Macher." Effie fragte sich, ob das Lob oder Verurteilung war, als Anne hinzufügte: „Dafür mag ich dich umso mehr, obwohl es eine gute Stimme ist. Ich habe es nicht oft gehört, aber ich habe es gehört. Ich habe dich nicht oft gesehen, aber ich habe genug gesehen. Ich bin auf deiner Seite, Effie." Sie überraschte sie beide, indem sie aufstand, als wollte sie gehen.

„Aber", sagte Dubby , „ist das alles?"

Anne sah Effie mit humorvollem Mitgefühl an. „Das sind doch überall Männer, nicht wahr?" Sie sagte. „Sie nennen Frauen gern Rednerinnen, aber ein Mann ist erst zufrieden, wenn etwas in Worte gefasst ist. Ich und deine Schwester verstehen uns jetzt."

„Ich bin mir nicht ganz sicher, ob ich das tue", sagte Effie.

„Na ja, vielleicht hast du recht", räumte Anne ein. „Es ist eine Tatsache, dass ich Sam gestern Abend gesagt habe, dass ich hier vorbeikomme, um dir meine Meinung zu sagen, und ich merke nicht, dass ich es tue. Das Verlangen schien zu verschwinden, als ich dich sah, und ich bin ziemlich überzeugt von einer Sache, die ich tun möchte, nur habe ich nicht ganz das Gesicht, danach zu fragen."

„Was ist los, Frau Branstone ?"

„Ich möchte dich küssen, Mädchen", sagte Anne.

Dubby Stewart hatte zum zweiten Mal an diesem Tag den Eindruck, dass Frauen sozusagen in Hieroglyphen sprachen ... Es schien eine Art weibliche Kurzschrift zu geben, zu der nur Frauen den Schlüssel besaßen, und er verstand die plötzliche Milderung nicht von Ellies Gesicht noch ihrer schnellen Reaktion. Und er wusste nicht, warum Effie „Nein, nein" sagte, als Anne sie küsste, und auch nicht, warum Anne sagte: „Das ist kein Nein." Es ist ja." Ein Kuss schien verschiedene Bedeutungen zu haben.

Anne hatte Effie praktisch zum Ausdruck gebracht, dass sie ihr dankte und sie darüber hinaus ehrte . Effie bestritt, dass sie Ehre verdiene , und Anne beharrte darauf, dass sie es verdiente.

„Ja", sagte Anne, „er hat zweimal in die Wundertüte gegriffen und dieses Mal einen Preis gezogen." Es ist mehr, als irgendein Mann verdient, aber wir werden es dir nicht gönnen, Sam, oder, Effie?" Und für Dubby bekam die Sache einen neuen Aspekt der Verwirrung. Wenn das etwas bedeutete, bedeutete es, dass Anne eine Tochter begrüßte. Wusste die Frau nicht, dass Sam verheiratet war?

„Ich habe ihm nichts gönnen", sagte Effie.

Anne dachte darüber nach und blickte dann Effie mit einem Anflug von Schüchternheit an. „Du hast ihm nichts gönnen", widersprach sie, „außer deinem Stolz, aufgegeben zu haben. Und du kannst es schaffen, du kannst aufgeben, aber Sam ist kein Mensch, und sie sind ein schwaches Fleisch, Männer. Er sieht aus wie ein Schatten seiner selbst", übertrieb sie entschieden.

"Tut er?" sagte Effie besorgt und Anne nickte mit düsterem Gesicht. „Was soll ich tun, Frau Branstone ?"

„Ich möchte, dass du aufgibst. Sam hat letzte Nacht etwas zu mir gesagt. Er sagte, du würdest dafür sorgen, dass er die Erlösung findet. Nun ja, passieren; Aber was sicher ist, ist, dass du ihn dazu gebracht hast, die Liebe zu finden. Er hat es gefunden, Mädchen, und er darf es nicht verlieren, und das wird er auch, wenn du die Dinge dort lässt, wo sie sind. Er versucht etwas zu tun, was unmöglich ist. Er versucht, neben Ada zu leben und dich zu lieben. Er wird versuchen, sie aus Liebe zu dir zu lieben und sie zu küssen, wobei er sich einredet, dass er dich küsst, und du wirst es nicht sein; und die Liebe, die er ihr entgegenbringen will, wird in seinem Herzen in Abscheu umschlagen. Und was passiert dann, wenn die Liebe in ihm sauer wird? Äh, Mädchen, du hast deinen Jungen in den Himmel gebracht und schickst ihn in die Hölle.“

Es war Stewart gegenüber nicht fair. Es war kaum zu ertragen: Er war nicht ihr Bruder und er hatte nicht die Gefühle eines Bruders. Er sah großes Glück in Effies Gesicht, als ob sich dort zwei Glücksgefühle vermischten: das eine, ihren Traum aufzugeben, und das andere, zu einer süßen Realität zu erwachen. Er sah, wie sie eine Hand nach Anne ausstreckte, sich ergab, zustimmte, alles in einem schnellen, berauschenden Sprung von der Wolke auf die Erde tat, und dann sah er sie schwanken und fing sie rechtzeitig auf, um ihren Sturz abzufangen.

Anne musterte ihn scharf. „Haben Sie in letzter Zeit schon einmal davon gehört, dass Ihre Schwester ohnmächtig geworden ist?“ ,,, fragte sie, während sie mit Effie auf den Knien beschäftigt war.

"Ja. Florrie hat es mir erzählt. Zweimal. Kann ich irgendetwas tun?"

„Ich bringe sie vorbei“, sagte Anne. „Aber man kann etwas tun. Sie können zu Sam in seinem Büro gehen und ihm sagen, dass er hier gesucht wird. Sag ihm, dass ich ihn will, und es gibt Neuigkeiten für ihn. Schicken Sie Florrie unterwegs hoch, und Sie brauchen die Reitpeitsche auch nicht mitzunehmen.

"NEIN. Ich muss es jetzt nicht nehmen.“

Also begab sich Dubby , Effies Bruder, auf eine Botschaftsreise für Anne. "Es fühlen? Gefühl?" Er dachte: „Du von Gott verlassener Teufel, welches Recht hast du zu fühlen?“ Ein Journalist. Ein Hingucker. Darin steckt eine Geschichte für Sie. Da ist der Mut einer Geschichte, die einem mit einer Tasse Tee geschenkt wird ... nein, den Tee hatten wir nicht ; ordentlich gegeben, und man kann nicht anständig dankbar sein. Wie lautet der Titel? „Der Sohn der Putzfrau“? Nein, verdammt noch mal. Etwas über Bruder. Bruder! Ja, du Mistkerl, Bruder... Bruder, und stolz darauf. „Stolz der Verwandten.“ Das reicht, und Gott helfe mir, dem gerecht zu werden.“ Er ging in Sams Büro und überbrachte seine Nachricht mit kalter, emotionsloser

Stimme. Es schien, dass Effie, die selbst mutig war, der Grund für den Mut anderer war.

„Effie! Meine Mutter! Was hast du mit ihnen zu tun?" fragte Sam erstaunt.

„Ich habe dir eine Botschaft gegeben", sagte der wortkarge Herold.

„Aber was steckt dahinter, Dubby ? Ist Effie krank?"

Stewart schwieg.

„Ist sie – tot?"

Dubby war versucht zu sagen, dass er es nicht wusste. Es; Es schien ihm, dass die Dinge mit Branstone zu glücklich liefen , dass es angemessen war, Sam denken zu lassen, dass Effie vielleicht tot sei, und sei es nur für die zwanzig Minuten, die er brauchen würde, um Busholme zu erreichen, um ihn den Geschmack der Folter schmecken zu lassen . Dubby litt und würde leiden, nicht für zwanzig Minuten, sondern, wie er düster erwartete, ein Leben lang. Lass Sam seine Minuten davon haben! Dann fiel ihm ein, dass er Effies Bruder war, und bevor Sam Hut und Mantel anzog, hatte ihn die Bosheit verlassen. „Es ist alles in Ordnung, Mann", sagte er. „Sie ist weder krank noch tot. Sie haben gute Nachrichten für Sie."

———————

KAPITEL XXIV
DAS NEUE BUCH DER MÄRTYRER

Wenn es Neuigkeiten gab, die Anne ihm eilig übermitteln musste, damit er sie nicht hörte, und wenn Effie weder krank noch tot war, brauchte er seinen Verstand nicht zu überanstrengen, um sie zu erraten. Doch an diese ganz natürliche Fortsetzung der Marbeck- Woche hatte er nie gedacht, und Tatsache ist, dass er jetzt auch nicht besonders daran denken wollte.

„Ich mag deine Effie", sagte Anne zu ihm. „Mir gefällt sie sehr gut. Sie wird eine Großmutter aus mir machen."

Er glaubte, seine Mutter sei noch nie zuvor albern gewesen; sie meinte, er habe die Nachricht missmutig aufgenommen, und vielleicht sei ihre Erwartung zu hoch gewesen. Sie ging davon aus, dass ein Kind die erste Überlegung im Leben eines Mannes sei; was nicht einmal für alle Frauen und nur für eine Minderheit der Männer gilt.

Tatsächlich war Sam auch nicht mürrisch. Er war noch nie so intensiv und still am Leben gewesen. An sich war diese Sache richtig, mit einer strahlenden, jubelnden Richtigkeit, die ihn bis ins Mark erwärmte. Es krönte und vervollständigte Marbeck und es krönte und vervollständigte ihn. Wer kinderlos war, sollte Vater werden, und bei Effie! Dafür empfand er nur ein dankbares Gefühl und schaute mit sehnsuchtsvollen Augen auf Effie, die alles andere gab, die ihm nun dies schenken sollte. Er hatte nicht gewusst, dass ihr Staunen größer werden könnte.

Er sah, dass mehr von ihm erwartet wurde, als dass er sie bewundernd ansah. Anne war voller Vorfreude auf den Zehenspitzen. Ihre Schwierigkeit, falls sie sich überhaupt eingestanden hatte, dass es welche gab, bestand darin, diesen Visionären klarzumachen, dass Liebe wichtig war und dass Ada das nicht tat; und ihr Erfolg mit Effie war vollkommen. Sie hatte nie an ihrem Erfolg bei Sam, dem schwächeren Gefäß, gezweifelt, denn es gab Liebe, die an sich genügte; und da war jetzt das zusätzliche Argument von Effies Kind. Sie konnte nicht sehen, dass er eine Wahl hatte.

Er stand da und war sich der Erwartung ihrer Aufmerksamkeit bewusst und wusste, dass er sie im Stich ließ. Er dachte, sie hätten eine engstirnige Sichtweise und sahen das Kind und nichts anderes. Für sie stand offenbar das Kind an erster Stelle: Sie waren hypnotisiert von etwas, das eigentlich nur ein nachträglicher Einfall war, und es bestand für ihn ein umso größeres Bedürfnis, die Wahrheit fest im Auge zu behalten. So wie er es sah, war die Wahrheit, dass er seine Hand an einen anderen Pflug gelegt hatte; Auf Hartle Pike hatte er durch Effies Gnade eine solche Kerze angezündet, von der er vertraute, dass sie niemals erlöschen würde; und er war zu Ada gegangen.

Zwar hatte sich Ada von ihm getrennt, aber das war nur vorübergehend und trivial, wohingegen dies eine echte Ablenkung war und er zwei Loyalitäten vor sich sah – gegenüber Effie und der Idee und gegenüber Effie und ihrem Kind. Es schien Sam, dass der Erste der Größere von diesen beiden war.

Er hatte zuvor mit einem nachträglichen Einfall gekämpft, der der Versuchung kaum nachgab, dem sich ihm jetzt entgegenstellte, und er hatte ihn verworfen. Er hatte sich geweigert, gegen Sandyford anzutreten, weil in einem Plan, an dem Ada beteiligt war, kein Platz für Politik war, und noch weniger Platz für Effie. Er fühlte sich schwach vor Entmutigung bei dem Gedanken, dass Effie, sofern ihr äußeres Erscheinungsbild sie nicht widerlegte, vor ihrem nachträglichen Gedanken kapituliert hatte, aber er stand fest zu ihrem Vertrag. Sie hatten beschlossen, dass die Pflicht an erster Stelle stand; er hatte die Pflicht übernommen; und er hatte jedenfalls keinen Raum für nachträgliche Gedanken.

Er war Effie und dem Marbeck -Pakt gegenüber loyal, der Knecht der Pflicht, Adas Ehemann. Er machte eine Geste der Entscheidung, die Anne falsch interpretierte.

„Ja", sagte sie ein wenig selbstgefällig, „damit ist alles klar. Früher war es für dich kein gesunder Menschenverstand, dich zu trennen, aber ich gehe davon aus, dass es jetzt keinen Abschied mehr geben wird."

„Nein", sagte Effie leise, „nicht jetzt." Sie warf Sam einen schüchternen, freudigen, zuversichtlichen Blick zu, und es fiel ihm außerordentlich schwer, ihr in die Augen zu sehen, und noch schwieriger war es, zu sagen, was er um jeden Preis gesagt bekommen musste.

„Ich bin mir nicht so sicher", sagte er schließlich und wünschte, die Erde würde ihn verschlucken.

In diesem Moment hätte er gerne mitgeholfen, um nicht von ihnen abweichen zu müssen. Sie waren Effie und seine Mutter: Sie waren seine Mutter und Effie: die beiden Frauen, denen er alles verdankte: Mehr noch: Er liebte Effie so sehr, dass jede Faser in ihm sich nach ihr sehnte, und darüber hinaus war er empfindsam für sie Effie in ihrem vorliegenden Fall. Aber es konnte ihn nicht ändern. Seine Loyalität galt dem Fanatismus eines anderen Effie, dem hohen Effie der Berge, des Kreuzzugs und der Idee; und dies schien ihm irgendwie eine niedere Effie zu sein, eine Effie, die die Fahne ihres Ideals auf ein kommendes Baby gesenkt hatte, während er der alten, unbeugsamen Effie treu blieb, die einen nachgeahmten Ehering weggeworfen hatte. Es schien fast so, als ob sie diesen Ring zurückhaben wollte, obwohl er aus unedlem Metall war.

Ein Fall von Haarspalterei vielleicht, aber auf jeden Fall der Fall eines Mannes mit einem Glauben auf der einen Seite und der kläglichen

Überzeugung, dass Glück nichts für ihn sei, auf der anderen Seite. Er hatte das Glück aufgegeben, als er Marbeck verließ , und lebte nun an einem Ort, wo das Glück von Ada ausgeschlossen wurde.

„Ich bin mir nicht so sicher", wiederholte er düster. „Sehen Sie, da ist Ada und ich muss ihr gegenüber fair sein."

„Ada hat dich verlassen", schnappte Anne. Ein streitsüchtiger Sam würde sie nicht liebenswürdig finden.

Er entschied sich, es anders auszudrücken. „Meine Frau", sagte er, „wohnt derzeit bei ihrem Vater. „Ja, Mutter", fuhr er bestimmt fort, „ich werde Ada gegenüber fair sein und ich muss mich umso mehr vor Ungerechtigkeit hüten, weil du nicht fair sein wirst." Normalerweise wirst du nicht gerecht sein. Du hast Ada immer gehasst."

„Ja", stimmte sie bösartig zu. „Ich bin eine saubere Frau. Ich habe Ungeziefer immer gehasst."

Sam wandte sich an Effle, ungemein ermutigt über diese Bösartigkeit. „Siehst du!" Er legte Berufung ein und rief dazu auf, Zeuge der hoffnungslosen Voreingenommenheit seiner Mutter zu werden. Es war, so wollte er andeuten, dieser blinde Hass von Anne auf Ada, der für die Haltung seiner Mutter verantwortlich war, für ihre Überheblichkeit − nun ja − der Geliebten gegenüber der Frau, für ihre offensichtliche Unmoral ... Er versuchte, all dies in seine Geste zu integrieren. „Und du", bekräftigte er, „du hast mich zu ihr geschickt, Effie."

Sie senkte den Kopf und gab es zu, aber Anne war nicht bereit, es dabei bewenden zu lassen. „Sogar Effie", sagte sie, „kann einen Fehler machen. Sie würde dich jetzt nicht schicken."

Und als er Effie ansah, erkannte er, dass es wahr war. Er hatte es von Anfang an gesehen und es beunruhigte ihn zutiefst. Effie hatte sich verändert: In allem, was sie sagten, war die Betonung des „Jetzt" spürbar, um sie vom „Damals" zu unterscheiden. Was war es? Annes Argumente oder das Baby, oder hatte Effie, unbeeinflusst von beidem, wirklich ihre Meinung über den Marbeck- Vertrag geändert? Das konnte er zuletzt nicht glauben. Marbeck war unfehlbar und standhaft im Glauben. Er reagierte auf das Marbeck- Glaubensbekenntnis wie die Nadel eines Kompasses auf den Meridian, und wenn es auch bei dieser Nadel zu Abweichungen kam, wurde dies durch seine rassische Sturheit korrigiert. Er hatte den seltsamen, verliebten Stolz seines Volkes auf die Betrachtung ihrer eigenen Hartnäckigkeit, selbst wenn, vielleicht meistens, wenn es weh tut, hartnäckig zu sein.

Effie hingegen wusste, seit Dubby Stewart sie aus dem Wolkenland zurückgebracht hatte, dass Marbeck tatsächlich sehr fehlbar war, oder besser gesagt, Marbeck war eine Sache und Marbeck gerecht zu werden eine andere. Wenn er gesagt hätte, dass sie jetzt eine niedrigere Effie sei, anstatt nur darüber nachzudenken, hätte sie ihm nicht widersprochen, obwohl sie keinen Ehering aus einem der beiden Metalle wollte. Sie wollte Sam. Sie hat sich von der Idealistin verändert, die glaubte, sie könne als Wegweiserin und spirituelle Führerin glücklich sein. Sie war zu Mutter Erde gekommen, wo Männer und Frauen leben. In Marbeck befanden sie sich auf einer Höhe, in der die Luft für menschliche Lungen zu dünn war, und sie wollte mit Sam von der Selbstlosigkeit zur bloßen Menschlichkeit stürzen.

„Nein", stimmte sie Anne erneut zu, „ich sollte dich jetzt nicht schicken."

„Ich muss mir das ausdenken", sagte er. Effie gab zu, irdisch zu sein, und war schrecklich bestürzt! „Effie", schrie er vor Schmerz, „verstehst du das nicht?" Er wollte unbedingt von ihr verstanden werden, wenn nicht von Anne.

„Ich verstehe", sagte sie, und auch nicht ohne Stolz. Was auch immer in ihm in Ordnung war, was auch immer auf einen auf die Erde gekommenen Eflie reagierte , war ihr zu verdanken, und sie war stolz auf ihn, selbst wenn er, wie jetzt, ihren gehärteten Stahl gegen sie einsetzte.

Anne beobachtete mit grimmiger Anerkennung sein Bemühen, einen Hechtstab sichtbar zu machen. „Wir alle sehen", sagte sie. „Du bist nicht so tiefgründig und wir sind nicht so dumm wie alle anderen. Du hast eine Made in deinem Gehirn und ich kenne ihre Form. Ich hatte das Gleiche bei mir, und wenn Sie zehn Jahre zurückdenken, wissen Sie, was ich meine. Wir sind vom gleichen Schlag, Sam, und wir können beide dumme Dinge tun und dabei zusehen und dafür leiden. Ich bin von dir zu Madge geflüchtet und habe dich von diesem Tag bis letzte Nacht nicht gesehen. Das meine ich mit Leiden."

Und mit diesen wenigen Worten wurde die Tragödie von zehn Jahren eingestanden. Von Sam getrennt, lebte sie im Exil und litt, und natürlich hatte er es gewusst und absichtlich vergessen, so dass es bei ihrer Offenbarung nicht um die Wahrheit ging, sondern um die erstaunliche Tatsache, dass sie überhaupt darüber sprechen sollte. Anne hatte den Stolz, der im Stillen leidet.

"Mutter!" sagte er, verzweifelt um sie.

„Nein, nichts davon", befahl sie ihm barsch. „Wenn ich weich genug wäre, um zuzulassen, dass es mir weh tut, dann muss ich aufpassen. Aber hier ist der Punkt, Sam. Es gibt auch eine andere Frau, die sanft zu dir ist, und sie ist nicht dieselbe wie ich. Ich hatte dich, seit ich dich geboren habe, und ich war noch nicht jung, als du und ich uns trennten; Aber sie ist jung, und du wirst

Eflie nicht den Weg erleiden lassen, den ich erlitten habe, solange ich die Kraft habe, Nein zu sagen. Ohne Effie wäre ich zu Grabe gegangen, ohne dass du es gewusst hättest. Es ist nicht gut für einen Mann, zu viel zu wissen. Sie sind einfach voller Stolz.“

Mit großer Großmut tat sie so, als ob sie glaubte, er hätte es nicht gewusst, bis sie es ihm erzählte, aber sie wussten beide ganz genau, dass er es schon immer gewusst hatte. Sie beschäftigte sich nun bewusst damit, um ihn nicht über ihr Leid, sondern über die Intensität ihrer Gefühle für Effie zu informieren. Es war so intensiv, dass sie über ihr eigenes Leiden sprechen konnte: Effie zuliebe hatte sie sich enthüllt, ihren Stoizismus abgelegt und ihm die ausgesprochene Wahrheit als Herausforderung und Offenbarung entgegengeschleudert.

Er wusste, was es sie kostete, auf diese Weise zu sprechen, aber er war immer noch hartnäckig darin, alles, was sie sagte, mit ihrem unbändigen Hass auf Ada in Verbindung zu bringen; wohingegen Anne Ada nicht unbändig hasste, sondern nur, als Ada Sam verletzte.

Wieder sagte er „Mutter!“ und kam damit nicht weiter.

„Ich weiß, dass ich deine Mutter bin“, sagte sie, „und du kannst jetzt aufhören, an mich zu denken, und an Effie denken.“

„Ich versuche es“, sagte er.

"Also?" sagte Anne ungeduldig. Sie hatte sich keinen Eigensinn vorgestellt, der dem, was sie gesagt hatte, nicht nachgeben würde. Sicher wusste er, wie stolz sie war, als sie das sagte! Und da war auch Effie, die wenig sagte und umso mehr blickte.

„Ich weiß es nicht“, verzweifelte er.

„Dann müssen andere es für dich wissen“, sagte Anne, und als sich seine Lippen dabei nur zusammenzogen, „Sam“, flehte sie, „du wirst uns bestimmt nie gegen uns beide vorgehen.“

Aber es gab zwei Effies , und er wollte sich nicht gegen sie beide stellen, während er Anne davon abhielt, vom Hass auf Ada fasziniert zu sein. Trotzdem machte es ihn trostlos, jetzt in Opposition zu ihnen zu stehen, zu Anne und Effie, den Frauen, die zählten, den Frauen, die gaben. „Trotzdem“, musste er sagen, „da ist Ada.“

Er sagte es, wie er es endlich sagen wollte. Er wollte von diesen beiden wegkommen, ihrer ablenkenden Präsenz entfliehen und an einen Ort gelangen, an dem er nachdenken konnte. Schließlich hatte Hartle Pike sein Problem noch nicht gelöst, und er musste es woanders versuchen – vielleicht in Platt Fields. Sie hatten eine Art Raum.

Aber er konnte nicht entkommen – zumindest nicht, bis Anne ihr Ass ausgespielt hatte. Anne war noch nicht fertig, obwohl sie gehofft hatte, dass zehn Jahre in der Wildnis ausgereicht hätten. Es schien, dass dies nicht der Fall war, und sie musste still umherwandern. Nun, sie konnte tun, was sie musste.

„Oh ja", sagte sie trocken, „da ist Ada. Da ist dein schlechter Cent , und ich schätze, mit ihr muss Schluss sein . Aber wenn du aufhörst, dir Sorgen zu machen, Junge, und im schlimmsten Fall werde ich Ada auf mich nehmen."

Effie kam auf sie zu. „Nein, nein", rief sie.

„Halten Sie den Mund", sagte Anne. Das war Annes Spiel, nicht Effies.

Sam starrte sie immer noch an. "Du!" er sagte. "Was kannst du tun?"

„Ich kann euch und Effie glücklich sehen, und ich weiß nicht , was sonst noch wichtig ist." Es spielte keine Rolle, was es für Anne kostete. „Wenn Sie früher zum Tee aus Mr. Travers' Büro nach Hause kamen, war das, was Sie hinterlassen haben, immer gut genug für mich, und ich kann Ihre Überreste immer noch ertragen."

Es erschreckte Effie, die sich für eine Spezialistin für Opfer gehalten hatte. Das war die Grausamkeit der Selbstverleugnung.

Bislang hatte Effie, müde und überfordert, Frieden gefunden, indem sie Anne die Führung überließ, aber hier war ein Hinweis, dem sie nicht folgen konnte. Es war nicht so, dass sie Annes Absicht verkennte oder an ihren Fähigkeiten zweifelte. Ihr Glaube an Anne war jung, aber unerschütterlich, und sie wusste, wenn Anne Sam durch Ada ersetzen und sich selbst zur Erbin des Marbeck- Plans machen würde, würde sie zweifellos für Ada tun, was Sam sich vorgenommen hatte. Aber das Ding war einfach nicht gut genug.

„Nein, Mrs. Branstone , nein", sagte sie bestimmt.

„Komm mit dir", sagte Anne unhöflich. „Ich kann Ada mit einer auf dem Rücken gefesselten Hand angreifen."

„Natürlich", stimmte Sam zu, „das könntest du, aber du wirst es nicht tun." Ada ist mein Job."

„Ich kann genauso dickköpfig sein wie du, mein Junge", drohte ihm Anne.

„Das ist es nicht, Mutter."

„Nein, das ist es nicht", sagte Effie und meinte vielleicht, dass es für sie an der Zeit sei, sich auf diese Tragikomödie der Rivalität in der Selbstaufgabe einzulassen. „Sam hat recht. Ada ist wichtig, und ich bin der Versager, ich, der den Glauben gebrochen hat, ich, der arrogant war. Ich dachte, ich könnte eine Fackel ertragen, aber ich kann nur ein Kind ertragen. Aber ich weiß jetzt, was ich tun muss. Ich kann weggehen. Ich kann verschwinden."

Anne schien es ernst zu sein, denn offensichtlich war es ein Ausweg; Aber sie fand es weitaus schrecklicher als der Plan, den sie selbst vorgeschlagen hatte, „Ada aufzunehmen". Sie war alarmiert. Bei einem anderen als Effie wären es vielleicht Heldentaten gewesen, aber bei Effie handelte es sich nicht um das Zeug, das Tapferkeit hervorruft. Anne gab dem zu und sah, wie sich ein tragischer Abgrund auftat. Sie signalisierte Sam ihre Besorgnis, der sie mit einem Blick beantwortete, der ihr gefiel, ohne von seiner Hartnäckigkeit etwas preiszugeben.

„Wenn du weggehst", sagte er, „geht meine Mutter mit dir. Das habe ich von Anfang an so gemeint."

Anne nickte ohne Begeisterung. Sicherlich war das eine Lösung und auch nicht die Lösung. Es gab Sam an Ada, und Effie schien darin überhaupt keine Lösung zu sehen. In dieser jungen Frau steckten seltsame Möglichkeiten, dachte Anne, und sie wollte nicht, dass sie zu sehr auf die Probe gestellt wurden. Effie war keine Rednerin, und wenn sie etwas sagte, übertrieb sie es nicht. Es bestand Gefahr. Nun, Anne war vorgewarnt und sprach sich auf ihre humorvollste und vernünftigste Weise an, um außergerichtlich darüber zu lachen. Man kann mit Gefahren auf schlimmere Weise umgehen, als sie mit Säure zu versehen – der Lächerlichkeit.

Sie legte ihre Arme in die Seite und musterte Effie und Sam abschätzend. „Ich weiß nicht ", sagte sie, „dass es zwischen uns dreien eine Anstecknadel für kichernde Dummheiten gibt, die man wählen kann." Wir alle stellen uns so sehr wie möglich als Märtyrer vor und arrangieren Adas Leben für sie. Es ist noch keinem von uns aufgefallen, dass Ada die Dinge wahrscheinlich selbst in die Hand nehmen wird."

Und wenn Sam den Drang verspürte, düster zu sagen: „Das ist überhaupt nicht wahrscheinlich", unterdrückte er es, als Annes Blick auf ihn fiel, und sagte stattdessen: „Das ist so", ohne zu wissen, warum er es sagte, und ohne es zu glauben.

Der Anflug eines Lächelns huschte über Effies Gesicht; Sam als Verschwörer kam ihr grob humorvoll vor. Anne sah das Lächeln und verstand es, verdrängte es jedoch dreist. „ Natürlich ist es so", sagte sie und trotzte Effie. „Ada ist eine arme Frau, aber sie ist nichts weiter als einen Verstand und das, was sie sagt. Ich war immer jemand, der aus Schwierigkeiten den kurzen Weg nahm, also werde ich jetzt zu Peter Struggles gehen."

„Sehr gut“, stimmte Effie zu, und Anne verstand, dass die Krise, falls eine solche drohte, verschoben wurde. „Aber“, sagte Effie, „natürlich habe ich es gesehen.“

Was auf seine Art eine Herausforderung war; Es ging ihr jedenfalls darum, Anne zu sagen, dass Effie wusste, was man ihr verdächtigt hatte.

Anne empfand es als Herausforderung. "Also?" Sie sagte.

„Sie waren ziemlich verärgert, Mrs. Branstone “, sagte Effie leise. „Ich bin kein Feigling.“

Anne band ihre Haubenringe fest und fand es praktisch, nach unten zu schauen. In diesem Moment zog sie es vor, Effie nicht in die Augen zu sehen. „Ich weiß, dass ich überängstlich bin“, murmelte sie entschuldigend.

„Und das ist nicht nötig“, sagte Effie, ein wenig grausam in ihrem Sieg.

Für Sam schien das Gespräch in eine andere Dimension abgerutscht zu sein. Er hatte nicht die leiseste Ahnung, wovon sie sprachen.

KAPITEL XXV
WEN GOTT VERBUNDEN HAT

Peter Struggles ging in seinen Tabakladen und stellte seine Schnupftabakdose auf die Theke. Es war nicht nötig, seine Anforderungen darzulegen; Tatsächlich hatte er sie viele Jahre lang nicht ausgesprochen. Verkäufer und Kunde verstanden sich sehr gut und das Geschäft stand an erster Stelle; Wenn dann, wie üblich, eine Neigung vorhanden war, folgte das Gespräch.

Heute jedoch starrte der Verkäufer Peter überrascht an und drehte den Kopf halb, damit er seinen Kalender sehen konnte. Mittwoch war Peters Tag, an dem er mit einer Regelmäßigkeit Schnupftabak kaufte, der die Zeit die Kraft eines A verliehen hatte Tradition, und der Tabakhändler hatte sogar die Angewohnheit, Peters Besuch als Erinnerung an eine fehlbare Erinnerung zu nutzen, dass er seine Uhr aufziehen musste. Der Kalender bestärkte ihn in seiner Überzeugung, dass heute Donnerstag sei, und er war sich sicher, dass Peter am Mittwoch wie üblich da gewesen war.

Peter hatte. Schnupfen ist natürlich in jedem Fall eine verschwenderische Angewohnheit, und eine zitternde Hand verfehlt das Ziel leichter als eine ruhige; Trotzdem hatte Peter in seiner seelischen Qual in einer Nacht den größten Teil seines Wochenvorrats an Schnupftabak verzehrt. Die Kiste war zweifellos leer. Er war nicht ohne gewisse Gewissensbedenken gekommen, um es wieder aufzufüllen – ein Taschengeld ist ein Taschengeld –, aber er hatte das Gefühl, dass das Leben, das Ada in ihrer gegenwärtigen Stimmung umfasste und nicht aus Schnupftabak bestand, unerträglich war. Ada schien unvermeidlich zu sein: Er musste Ada mildern.

„Das Übliche, bitte, Thomas“, sagte er ungewöhnlich.

„Ja, Sir“, sagte Thomas und füllte die Kiste. „Du hattest einen kleinen Unfall?“

"Ein Unfall? Oh!" Dann wurde ihm klar, wie zutreffend diese Vermutung war. „Ja, Thomas, ein kleiner Unfall. Wissen Sie übrigens etwas über Scheidung?“

„Nun, Sir, ich habe den *Sunday Judge gelesen*“, antwortete Thomas abwertend. „Sehr menschliches Thema, Sir, Scheidung.“

„Finden Sie es so?“

„Es bereitet mir große Befriedigung, über meine sündigen Mitgeschöpfe zu lesen.“

„ Ganz , ganz“, sagte Peter vage und verließ den Laden, einen verwirrten Verkäufer zurücklassend. „Ich habe vergessen zu bezahlen und so“, dachte

Thomas. „Nicht, dass ich es ihm übel nehmen würde, wenn er nicht zahlen würde, aber es sieht ihm nicht ähnlich. Er sieht heute traurig aus. Der alte Junge macht Schluss. Ihn und Scheidung! Warum will er sich wegen der Scheidung den Kopf zerbrechen?"

Peter wusste gegenüber seinem Tabakhändler nicht, dass er von der Scheidung gesprochen hatte. Es hätte ihn schockiert, wenn er es gewusst hätte. Er sprach unbewusst und hörte mechanisch auf die Antwort des Mannes, machte sich aber erschütternde Gedanken über die Scheidung. Er nahm auf der Straße Schnupftabak, ein noch nie dagewesenes Ereignis, aber sein schmerzendes Gehirn wurde dadurch nicht von dem schicksalhaften Wort „Scheidung" befreit.

Ada hatte es in ihrer dummen und unbesiegbaren Bösartigkeit zu fest auf den Punkt gebracht. Sie hatte ein Ziel: Sam den größten Schaden zuzufügen, den sie konnte. Sein Vergehen war hochrangig und sie verlangte eine angemessene Rache.

Sie hatte als verheiratete Jungfer und angeheiratete Ehefrau gelebt. Die Ehe war keine Pflicht, sondern ein Zustand der Seligkeit, und sie hatte im Glauben an ihre groteske Illusion gelebt, dass ihre Ehe ein einzigartiger Segen sei. Es war kinderlos, und das war umso gesegneter: Es gab keine Eindringlinge in die vollkommene Vereinigung von Mann und Frau. Es war eine Illusion und eine wildere Verdrehung der Wahrheit, als der gewöhnliche Selbstbetrüger erreichen kann; Aber Illusion ist der Atem des Lebens, und sie hatte sich von ihrer Täuschung genährt, bis sie, wie eine Drogenabhängige, ohne sie nicht mehr leben konnte. Sie hatte es in hundert Salons im Ausland verkündet. Wenn leise Gespräche über diese oder jene Angelegenheit geführt würden, wenn angedeutet würde, dass Männer jemals treulos seien, würde Ada überlegen werden und sich der makellosen Rechtschaffenheit von Sam rühmen. Dies waren Dinge, die anderen Menschen passierten, die sie höchstwahrscheinlich verdient hatten, und die ihr auf keinen Fall in den Sinn kommen konnten. Sie war nicht so in Dummheit versunken, dass sie leugnete, dass sie tatsächlich passierten, und zwar an Menschen, die dem Namen nach verheiratet waren; aber sie waren ungesunde Menschen, unsicher verheiratet. Es gab einen grundlegenden Unterschied zwischen ihren und ihren Ehen. Sie konnte es nicht erklären; es war zu offensichtlich für eine Erklärung. Sie war verheiratet, und diese anderen waren irgendwie verheiratet, aber nicht verheiratet. Sie hatten aus Mangel an Verdiensten kurz vor dem siebten Paradies Halt gemacht, wo nichts die vollkommene Glückseligkeit erschüttern konnte. Sie waren nicht so wie sie.

Und nun musste sie der Tatsache ins Auge sehen, dass ihr das Unmögliche widerfahren war, und dass es nicht nur geschehen war, sondern sogar bekanntermaßen geschehen war. Da traf der Schlag ein. Sie hatte ihre absolute Überzeugung öffentlich dargelegt, sie hatte seine Treue gepriesen, die Kardinalsehe mit Sam, und Miss Entwistle verbreitete die Nachricht, dass sie eine vernarrte Narrin gewesen sei! Und das hatte sie nicht. Sie war nicht in Sam vernarrt. Sie war nicht in ihren Mann verliebt gewesen, sondern in die Idee eines Mannes, die sie geschaffen und aufrechterhalten hatte. Wenn sie nur den Mut gehabt hätte, sich Miss Entwistle zu widersetzen! Hätte sie nur ihren Glauben an die Geschichte genauso erfolgreich geheim gehalten wie die Tatsache, dass Sam ein separates Zimmer hatte! Sie war überrascht gewesen, hatte standardmäßig alles zugegeben und, was noch schlimmer war, sie hatte Mrs. Grandage versichert , dass sie Sam nie wieder sehen würde. Sie zweifelte trotz Mrs. Grandages Gutmütigkeit nicht daran, dass diese kleine Fortsetzung der Geschichte von Miss Entwistle schnell verbreitet wurde.

Sie wurde öffentlich gedemütigt, und ihrer Meinung nach bestand die einzige Möglichkeit darin, Sam eine ebenso drastische und öffentliche Demütigung erleiden zu lassen wie ihre eigene. Obwohl es ihr weh tat, musste er dafür bezahlen; Obwohl sie starb, musste er bestraft werden, und sie erwartete aufrichtig, dass es sie töten würde. Sie lebte in einem Garten der Lügen, und ein Leben ohne die Illusion ihrer Ehe wäre für Rappaccinis Tochter genauso unmöglich wie ein Leben ohne den Duft ihrer giftigen Blumen, aber egal. Ada muss gerächt werden, und eine Scheidung würde, auch wenn sie ihr das Leben kostete, der größte Schaden sein, den sie einer Politikerin und pietistischen Verlegerin zufügen konnte. Auch sie hat es geschafft, die Quadratur des Kreises zu schaffen. Sie sollte sterben und einen Mörder aus ihm machen; sie sollte sein Geschäft ruinieren und ihn bankrott machen; und gleichzeitig sollte sie als Entschädigung einen stattlichen Unterhalt erhalten. Aber vielleicht ist Rache immer irrational und gehört deshalb Gott.

Sie brachte ihr Wort mit der gnadenlosen Wiederholung eines verletzten und heulenden Kindes in Peters Ohren. Es war ihr erstes Wort und ihr letztes, und Appelle, die sich auf die Religion stützten, scheiterten daran ebenso fruchtlos wie der Appell an die Vernunft. Was sie gesagt hatte, hatte sie gesagt: und sie hatte gesagt: „Scheidung." Alternativen gab es nicht.

Für Petrus reiht sich die Scheidung in eine Reihe mit den Abscheulichkeiten der Welt ein, ein von Menschen erfundener juristischer Vorwand, um dem Gesetz Gottes zu entgehen. Es könnte durchaus vorkommen, dass eine Scheidung als vergleichsweise kleines Unrecht geduldet werden musste, das ein großes Recht bewirkte, und er versuchte ganz ehrlich, Adas Bedürfnis als eines dieser heroischen Bedürfnisse zu betrachten. Er scheiterte: Er konnte nicht einmal sehen, dass Ada seelisch verletzt war oder in etwas anderem als Stolz. Sie war nicht in einer Stimmung geistiger Empörung, sondern in einer Stimmung verdrießlicher Unzufriedenheit.

Kein Wunder, dass er in dieser Nacht erstaunlich schnupfte. Er hatte genug Leid und überhäufte sein kleines Konto mit schrecklichen Selbstvorwürfen. Er, nicht Ada und nicht Sam, war für ihre Gewalt und deren Ursache verantwortlich; er und die Bücher auf seinen Regalen; Lesen, seine Lieblingssünde. Er machte sich selbst Vorwürfe, weil er ihrer Heirat zu bereitwillig zugestimmt hatte. Sam, hatte er gedacht, würde Ada führen: Aus welchen Gründen hatte er das gedacht? Was hatte er von Sams Führung gewusst – einem weitschweifigen, fließenden Jungen bei den Concentrics? Er hatte seine Tochter gegen friedliche, einsame Abende mit seinen Büchern eingetauscht – „Selbstsüchtig!" dachte er – und der Austausch sollte jetzt auf ihn zurückfallen. Er hatte seinen Versuch, ihr zu zeigen, dass das Tragen eines Eherings nicht die ganze Pflicht einer Frau sei – „ Die Sünde des Stolzes", dachte er –, nach einer harten, unzüchtigen Zurückweisung aufgegeben und war zurückgekehrt, um in seinen Büchern zu stöbern. Sam schien auch ein guter Kerl zu sein. Da waren diese Klassiker und die Texte und das wohlhabende Alter von Mr. Carter, der ohne Sam seine Tage sicherlich im Arbeitshaus beendet hätte. Aber als er bei Ada scheiterte, hätte er sich an Sam wenden sollen ... Ja, er hätte sich gegenüber Sam entschieden durchsetzen sollen, anstatt sich von Sams weltlichem Erfolg blenden zu lassen. Sam schien zu groß zu sein, als dass Peter Struggles sich damit hätte auseinandersetzen können – die Sünde der Feigheit.

Nun war es soweit! Sam hatte das siebte Gebot gebrochen, und Ada wollte die Worte vergessen, die Petrus ihnen vorgelesen hatte, als er ihre rechten Hände zusammenlegte und sagte: „Die, die Gott zusammengefügt hat, soll niemand trennen." Sie ordnete die Scheidung an, und es war für Petrus sinnlos, aus seinem kleinen Vorrat an weltlicher Weisheit darauf zu bestehen, dass die Scheidung nicht ihre Aufgabe sei. Sam war nicht „grausam" gewesen.

Ihre Wut verdoppelte sich nur. Vorbei, verschwunden wie der Schnee vor langer Zeit, war ihre gemalte Idylle häuslicher Glückseligkeit.

"Grausam?" Sie sagte. „Er war nie etwas anderes als grausam. Ich bin schwarz und blau vor seinen Gräueltaten."

Ganz sanft versuchte er ihr zu sagen, dass er es nicht glaubte. „Wir dürfen nicht übertreiben", sagte er.

"Übertreiben!" sie brannte. „Willst du mir nicht glauben, bis du es siehst? Ich gehe nach oben und ziehe mich aus. Komm, wenn ich rufe."

Daraufhin beruhigte er sie, da er sah, dass sie in der Lage war, sich selbst eine offensichtliche Verletzung zuzufügen, um Beweise zu erheben.

„Na dann", sagte sie, „ich will meine Scheidung: Lass mich scheiden." Das war ihre einfache Forderung an den Priester, der sie heiratete: Das war der Grund, weshalb Petrus reuelos in einer Nacht so viel Schnupftabak nahm, wie er normalerweise in einer Woche nahm, und warum er, mit aufgefülltem Vorrat, am nächsten Tag damit fortfuhr, Schnupftabak zu nehmen verschwenderische Hand.

Es irritierte Ada, obwohl sie Peter immer mit einer Schnupftabakdose in Verbindung gebracht hatte, und die Unordnung dieser Angewohnheit konnte sie nicht beleidigen, die sich nie durch Schmutz irritiert fühlte, da jede mechanische Bewegung in einem anderen jemanden irritieren würde, dessen Nerven schlecht unter Kontrolle sind. Sie hatten sich zum Stillstand geredet und saßen in düsterem Schweigen da, unterbrochen nur durch das beklagenswerte Geräusch des Schnupftabaks.

Sie sah ihn bösartig an. „Wenn du das noch einmal tust, verlasse ich den Raum", sagte sie.

„Es tut mir leid, meine Liebe", sagte er, obwohl es eigentlich eine angenehme Drohung war; aber als er es noch einmal tat, geschah es aus purer Geistesabwesenheit, und er war furchtbar bekümmert über seine Selbstsucht, als Ada aus dem Zimmer stürzte. Zur Strafe ließ er die Gefühle eines Kindes in die Ecke drängen, und um sie zu lindern, nahm er erneut Schnupftabak. Sie hörte ihn von der Treppe aus und hörte ihn gleich danach im Feuer schüren; und sie glaubte, die abscheuliche Selbstbezogenheit der Männer und ihre völlige Gefühllosigkeit gegenüber den Qualen sensibler Frauen seien zweifelsfrei bewiesen. Sie warf sich auf das Bett in ihrem alten Zimmer, allein in einer Welt ohne Freunde ... Das Bett hatte eine warme Daunendecke.

Peter schürte das Feuer, weil es geschürt werden musste. Das tat es oft. Der Rost gehörte zu den arbeitsintensiven Vorrichtungen, die in regelmäßigen Abständen von der Asche befreit werden mussten, damit das Feuer überhaupt brennen konnte, und er wurde nur selten gereinigt. Die Frau, die für Peter „getan" hat, hat schlecht für ihn getan, und er war in dem Alter, in dem ein Mann künstliche Wärme braucht: eine hagere, geschrumpfte Gestalt, so verwahrlost wie sein Haus. Kein Wunder, dass er, abgesehen von seiner Verbundenheit mit St. Mary's, immer noch Pfarrer war. Als sein Pfarrer vor einigen Jahren umzog, hatten sie ihn für den Lebensunterhalt gehalten, sie hatten an den kleinen Kreis reicher Gemeindemitglieder gedacht, die an diesem wilden Ort eine Oase der Zivilisation bildeten, und sie waren zu dem Schluss gekommen, dass es Peter an gesellschaftlichem Anstand mangelte. Sie hatten seine Fäustlinge gesehen, seinen unfertigen Mantel... sie hatten gesehen, wie er eine Orange aß: und er blieb Pfarrer.

Das Feuer war außerhalb der Reichweite seines unwissenschaftlichen Herumstocherns verschwunden. Das passierte auch oft einem Mann, der die Angewohnheit hatte, gefräßig an seinem Bücherregal zu stehen und zu lesen, während sein strenger Körper zu einer grotesken Haltung erstarrte, ein Buch, das er nicht die Geduld hatte, es zum Kamin zu tragen: und jetzt war er dran Seine Knie unternahmen erbärmlich ungeschickte Versuche, die Flamme wieder zum Leben zu erwecken, als seine ineffiziente Haushälterin die Tür öffnete und Anne ins Zimmer führte.

Es entspannte die Situation für beide. Anne war tatsächlich nervös, so nervös, dass sie dreimal an der Tür vorbeigegangen war, bevor sie klingelte. Sie hatte eine angemessene Ehrfurcht vor dem Priester und großen Respekt vor dem Mann. Da die Umstände dort angespannt waren, schien es ihr bei Effie eine leichte Sache zu sein, zu Peter zu kommen, aber sie hatte ihre Mutreserven aufbieten müssen, um ihren Platz vor der Tür zu behalten, nachdem sie geklingelt hatte.

Als sie nun jedoch ins Zimmer kam und sah, was er vorhatte, schob sie ihn sanft beiseite und nahm ihm den Schürhaken aus der Hand. Sie schürte das Feuer geschickt ; Sie war mit vertrauten Dingen zusammen, die ihr ihr Selbstvertrauen zurückgaben.

Was das Problem angeht, hat sie es sofort diagnostiziert. „Deine Frau ist eine Schlampe“, sagte sie. „Und ich werde mit ihr reden, bevor ich gehe. Ich denke, ich habe das Recht, da du und ich durch Heirat miteinander verbunden sind.“

Sie blickte ihn über die Schulter an und sah, dass er sie nicht erkannte. Wie sollte er tatsächlich? Sie war Adas Hochzeit aus dem Weg gegangen und gehörte zu einer großen Schar: ein Gesicht vielleicht, aber kein Name für ihn. „Ich bin Anne Branstone “, erklärte sie. „Sams Mutter; und ich werde nicht zulassen, dass du Sam dafür verantwortlich machst.“

„Für das Feuer?“ fragte Peter vage, er war ziemlich verwirrt über ihr forsches Vordringen.

„Nein“, sagte Anne fast fröhlich; „Für das Fett, das im Feuer ist.“

Sie dachte, sie hätte jetzt sein Maß erreicht – die Art von Mann, die in einem schmutzigen Raum wie diesem leben könnte, mit einem verstopften Aschenkasten und Feuereisen, auf denen dicker Rost klebte. Aber Petrus war größer als das. Sie beurteilte ihn anhand seiner Umgebung, die für sie von Bedeutung war, und nicht anhand von Büchern, die alles für ihn und nichts für sie ausdrückten.

"Frau. Branstone !“ sagte er, als würde ihm jetzt klar werden, mit wem er es zu tun hatte.

„Sams Mutter", wiederholte sie und erhob sich von einem gesunden Feuer; „Und ich habe dir gesagt, wem du nicht die Schuld geben sollst. Sie können sich vielleicht selbst den richtigen Ort ausdenken, um es zu platzieren."

„Ja", überraschte er sie, indem er sagte; „auf mich."

"Du! Oh, wenn du nach hinten gehen willst, kannst du Adam und Eva die Schuld geben. Aber das habe ich nicht gemeint."

„Auf mich", sagte er noch einmal. „Ich habe dieser Ehe zugestimmt. Ich habe es genehmigt."

„Nun", sagte Anne, „ich bin nicht hergekommen, um zu krähen, aber darin bin ich dir überlegen. Ich habe nicht zugestimmt", und ihr Blick wanderte unwillkürlich zu einer Narbe an ihrer Hand, die an die Form ihres Widerspruchs erinnerte. „Ich habe nicht zugestimmt, weil ich wusste, dass sie nicht verliebt waren. Ich habe Sam gesagt, dass ich es wusste."

„Dann", sagte Peter, „sind Sie würdiger als ich, Mrs. Branstone ."

„Weil ich wusste, dass Liebe wichtig ist? Es ist nicht so wunderbar, das zu wissen, und es ist nicht so schlau, vorauszusehen, dass eine Ehe, in der es keine Liebe gibt, von Anfang bis Ende ruiniert ist."

„Liebe ist wichtig", stimmte er zu. „Es zählt alles, denn Gott ist Liebe."

„Wir werden uns einigen, du und ich", sagte sie anerkennend. „Wir haben die gleiche Meinung über die Wurzel der Dinge."

„Das ist eine schreckliche Angelegenheit, Mrs. Branstone ."

„Ich leugne es nicht. Es ist eine schreckliche Sache für einen Mann und eine Frau, zusammenzuleben, wenn die Liebe nicht im Haus ist. Es ist falsch, und das Schlimmste ist, dass es nicht Single bleiben wird. Es muss Unrecht passieren. Aber so", beendete sie energisch, „ich sage Ihnen, was Sie wissen, und wenn alles gesagt ist, ist es nicht so schlimm, dass es nicht mehr zu reparieren ist."

„Ada will sich scheiden lassen", sagte Peter, und ein plötzlicher Glanz des Triumphs erschien in Annes Augen, der jedoch genauso schnell wieder verschwand, wie er gekommen war. Sie hatte gesagt, ohne es zu glauben, dass Ada vielleicht Vorkehrungen treffen würde, und das hier war, tatsächlich Vorkehrungen zu treffen. Es hat die hohle Ehe aufgelöst, es war eine Lösung, die wirklich gelöst hat, es war ein sauberer Schnitt; und sie wollte Ada verherrlichen, die in letzter Minute bewies, dass sie über die rettende Gnade des gesunden Menschenverstandes verfügte.

Peter tat etwas Merkwürdiges. Er stand auf, nahm zufällig ein Buch aus seinem Regal, kehrte zu seinem Stuhl zurück und schlug das Buch auf. Er las es nicht und war auch nicht unhöflich, aber das war eine Aufregung, die über die Maßen von Schnupftabak hinausging. Er versuchte, sich zu beruhigen, indem er seinen Blick auf die Schrift ruhte.

Anne war nicht in den Gewohnheiten bücherkundiger Männer geübt ,
aber durch eine seltsame Einsicht verstand sie, dass Peter zu einem Buch
gegangen war, so wie sie zu seinem Kamin gegangen war, um sich von dessen
Vertrautheit trösten zu lassen, und ihre Freude über seine Worte versiegte
abrupt Ende. Sein Handeln brachte ihr deutlicher vor Augen als sein
entsetzter Ton, dessen Bedeutung ihr in ihrer Freude über Adas praktische
Lösung beinahe entgangen wäre, seine Abneigung gegen die Scheidung: und
ganz plötzlich kam es ihr so vor, als sei das Wichtigste in dieser ganzen
Angelegenheit war, dass Peter sich darüber freuen sollte.

Es war wichtiger als für Sam und Ada und noch wichtiger als für Effie,
dass Peter, der sozusagen ein alter und schlafender Partner war, mit ihrer
Lösung zufrieden sein sollte. Es war ihr egal, ob dies die Werte verfälschte:
Der Rest von Peter Struggles' Leben war wichtiger als das junge Leben der
aktiven Mitglieder der Firma. Und weil sie einen praktischen Verstand hatte
und glaubte, dass man nur dann seelisch glücklich ist, wenn man zuerst
körperlich glücklich ist, dachte sie bereits über ihr aktuelles Problem hinaus:
Sie überlegte, wie die Schlampe in Peters Küche durch ihre eigene Hausfrau
ersetzt werden könnte selbst.

Sie verwies diesen Gedanken entschieden in die Zukunft und wandte sich
wieder der heutigen Frage zu. Ada wollte sich wunderbarerweise scheiden
lassen, aber Anne verlangte, dass Peter darüber glücklich sei, und sie erkannte
die Unvereinbarkeit. Sie erkannte, dass die Gegenüberstellung kaum grober
sein könnte . Er war ein Priester, der Priester, der sie geheiratet hatte, und sie
wollte, dass er ihrer Scheidung zufrieden zustimmte.

„Will sich scheiden lassen, oder?" Sie sagte. „Nun, es gibt mehr als nur
Ada, an das man denken muss."

„Das gibt es tatsächlich", sagte Peter und dachte an seine Kirche.

„Da bist du", sagte Anne und dachte an ihn. „Wenn sie eins bekommt,
wird sie sich dann wieder auf dich einlassen?"

Das vermutete er, da er seine Depression angesichts dieser Aussicht nicht
verbergen konnte.

„Aye", sagte sie unterstrichen, „du warst einst Ada los. Es liegt nicht in
der Natur des Menschen, sie wieder zurück zu wollen." Sie dachte nur an
seinen Trost.

Peter seinerseits deutete ihr an, dass er, wenn er sich einer Scheidung
widersetzte , dies aus Interessengründen tat, damit er weiterhin „Ada
loswerden" könne. Er sah mit Bestürzung, dass es sich um eine
Interpretation handelte, die vernünftigerweise auf jeden Widerstand
seinerseits angewendet werden konnte. In seiner Demut dachte er, dass es

eine vernünftige Interpretation sei, während es, da Peter Peter war, eine lächerlich ungerechte Interpretation war, und natürlich hat Anne sie nicht gemacht. Sie hatte nur als Tatsache festgestellt, dass Ada zu Hause das Wohlergehen ihres Vaters beeinträchtigte, und das Wohlergehen von Adas Vater war zu einer Angelegenheit geworden, die Anne Branstone fast berührte.

„Und es gibt auch andere Leute. Da ist Sam", fuhr sie fort, „und er ist ein verzweifelter, schlimmer Fall. Er liebt Ada nicht. Er hat seine Vorstellung von seiner Pflicht höher gehoben als von einer lebendigen Liebe. Er möchte, dass Ada zurückkommt."

„Es tut mir leid, sagen zu müssen", trauerte Peter, „je mehr er es will, desto unwahrscheinlicher ist es, dass sie geht."

Sie versuchte, darüber nicht allzu offen zu frohlocken. „Und dann", sagte sie, „ist da Effie."

„Effie!" Er sprach in empörtem Protest.

„Ja, das ist ihr Name, und das ist genau der Tonfall, den ich selbst hatte, als ich zum ersten Mal von ihr hörte. Ich möchte, dass du Effie siehst."

"Niemals!" sagte Peter, und für einen milden Mann war seine Bitterkeit bemerkenswert.

„Dann muss ich sie dir zeigen", sagte Anne ruhig, „und das bedeutet, dass ich ein Stück zurückgehe und dir auch andere Dinge zeige. Das würde bedeuten", und sie bedauerte es sehr, „dir das zu zeigen." Sie streckte ihre Hand aus und zeigte auf die Narbe. „Als Sam mir sagte, dass er Ada heiraten wollte, kam ich zu ihr. Ich habe gesehen, was ich gesehen habe, und ich habe ihm gesagt, dass sie sein Verderben bedeuten würde. Er glaubte mir nicht und ich versuchte ihm klarzumachen, dass ich es ernst meinte. Ich habe meine Hand ins Feuer gelegt und wollte sie dort lassen, bis er mir zustimmte, aber er ist stärker im Arm als ich, und er hat mich weggebracht." Sie sprach ohne Leidenschaft, in einer einfachen Erzählung, die Peter zutiefst beeindruckte. „ Also verließ ich ihn und verdiente meinen Lebensunterhalt und so weiter. Sam hat sie geheiratet und der Ruin ist gekommen, aber er kam nicht plötzlich. Es kommt die ganze Zeit. „Ich würde es zurückdatieren", überlegte sie, „auf den Tag, als er Sie wegen der Broschüre ‚Social Evil' getäuscht hat." Er tat das, weil er einen reichen Ehemann für Ada wollte."

Peter hatte nichts zu sagen. Wenn er vorher nicht gewusst hatte, dass Sam ihn „getäuscht" hatte, zweifelte er jetzt nicht daran.

„Und daraus ist es gewachsen. Er hat Geld verdient, weil Ada Geld wollte, und danach wurde es zu einer schlechten Angewohnheit. Er hat es damals geschafft, indem er Lügen über sich selbst in die Zeitungen geschrieben hat, und ich weiß nicht, wie er es seitdem geschafft hat, außer dass es durch weitere Lügen geschehen ist. Er fing an, sich für die Politik zu begeistern. Er wollte ein krähender Hahn sein, und es spielte keine Rolle, ob er auf einem Misthaufen krähte, solange er krähte. Und Ada war es egal. Er gab ihr Geld, und es war ihr egal. Sie hat nicht geliebt, und er hat nicht geliebt, und es gibt eine Sache, die Sie gerade gesagt haben, an die ich Sie erinnern möchte. Du hast gesagt, Gottes Liebe. Ich überlasse es Ihnen, zu benennen, was es ist, wenn es keine Liebe gibt.

„Und dann kam die Liebe zu Sam. Effie kam und du sagst, dass Gott Liebe ist. Sam hat es mir anders ausgedrückt. Er sagte, er hätte die Erlösung gefunden. Nun, es ist ein großes Wort, und ich weiß es nicht . Aber ich weiß, dass er die Liebe gefunden hat und dass sie ihn verändert hat. Er hat Schluss mit der Politik, er hat Schluss mit dem Jubeln und auch mit dem Reichtum. Effie hat das durch die Kraft der Liebe getan, und sie hat noch etwas anderes getan, das dieses Mädchen für mich zur schönsten und seltsamsten Frau auf der ganzen Welt macht. Sie gab ihn auf und schickte ihn zu Ada zurück. Nun, ich habe schon einmal von Opfern gehört, und ich habe selbst einiges auf diese Weise getan, aber einen Mann, den sie liebte, aufzugeben und ihm beizubringen, wie man aus seiner Frau eine Frau macht, und ihn nach Hause zu schicken, um es zu tun – das ist mehr als ich ertragen kann. Und das ist Effie Mannering.

„Er ging nach Hause und versuchte es, und Ada lachte ihn aus. Sie konnte es nicht verstehen: Da war nicht das Einzige, was sie begreifen konnte: Es gab keine Liebe. Und in der Nacht, in der sie ihn auslachte, gab er seine Politik auf, um sich die Freiheit zu lassen, gegen Ada vorzugehen. Jetzt hat Ada ihn verlassen, und es ist auch noch etwas anderes aufgetaucht. Das kannst du dir denken." Er blickte scharf auf. „Ja, das ist es, und der Rum hat sie beide überrascht. Ihre Liebe ist diese Art von Liebe, und ich glaube, es gibt Leute, die es als nachlässig gegenüber ihnen bezeichnen würden. Ich würde selbst neun Fälle von zehn, ja, und neunundneunzig von hundert, aber nicht diesen Fall. Dies war kein Grund zur Fürsorge; es war ein Fall von Liebe. Aber Effie bekommt ein Baby, und du weißt so gut wie ich, dass Ada niemals ein Baby bekommen wird. Ich habe dir jetzt von Effie erzählt." Es entstand eine lange Pause und es schien mehrmals so, als ob Peter kurz davor stand, es zu durchbrechen, und jedes Mal änderte es seine Meinung. Alles, was er schließlich als Kommentar zu Effie sagte, war: „Eine gesetzlose Frau", und aus seinem Ton hätte man schließen können, dass er nicht verurteilte, wenn er es nicht, zugegebenermaßen, bewundern konnte.

„Ja, gesetzlos", stimmte Anne zu, „aber es gibt ein Gesetz der gesetzlosen Frauen und sie hat sich nicht daran gehalten." Sie ist keine Breakerin. Sie ist eine Macherin."

Peter senkte den Kopf. Vielleicht wollte er nicht, dass Anne sah, was in seinem Gesicht geschrieben stand. Und es mangelte ihm an Überzeugung, als er erneut versuchte zu sprechen. „Dem Gott sich angeschlossen hat – er begann.

„Aber Gott“, sagte Anne, „ist Liebe.“

Er warf seine Hände in einer verzweifelten Geste der Kapitulation hoch. „Ich verdiene es, dafür entkleidet zu werden“, sagte er, aber er schloss das Buch auf seinem Knie und schnupperte heftig. Es markierte den Übergang einer Krise.

Was Anne betrifft, so vermischte sich mit ihrer Zufriedenheit über seine Zustimmung eine tiefe Verzweiflung über sein Unglück. Sie hatte sowohl verloren als auch gewonnen, und Anne hatte wenig Freude an einem gemischten Sieg. Sie war mit Peter Struggles noch nicht fertig.

KAPITEL XXVI
SCHNEE AUF DEN FELLS

Das LEBEN ist immer noch größer als Maschinen. Maschinen vollbringen Wunder und vollbringen sie weiterhin auf wunderbare Weise, aber das Leben lehnt das Mechanische ab. Es war der Mensch und nicht die Natur, der das Rad erfunden hat, und das Leben dreht sich nicht um eine Achse. Das Leben wird sich nicht wiederholen: und es kann sich selbst übertreffen.

zum Jahreswechsel nach Marbeck zurückkamen, hatten sie nicht gedacht, dass Marbeck besser sein könnte als zuvor. Sie kamen, sagten sie, in der Hoffnung, die alten Gefühle wiederzuerlangen, und brachten Anne mit, um ihr ihr Märchenland zu zeigen. Sie haben die alten Emotionen nicht wiedererlangt, denn es waren junge Emotionen, ein Ferment wie die Jugend selbst, und die Dinge waren nun geklärt. Sie schienen von ihrer ausgeglichenen Sicherheit auf eine wilde Kindheit ihrer Gefühle zurückzublicken, ein tapferes, rasendes, unbeholfenes Zeitalter der Liebe. Natürlich blickten sie glücklich zurück, von einem Ort, an dem die Dinge fröhlich und gelassen waren, zu einem Ort, an dem die Dinge fröhlich und ungestüm waren.

Das Tal war voller Wunder, mit einem Wunder, das jetzt unfehlbar zur Tatsache gehörte und in der Realität gemildert war.

Für Anne war es ein hübscher Ort, aber „einsam", und was für sie erstaunlich war, schmerzte es sie, ihn zu verlassen. Anne hat die Feiertage nicht gern geduldet.

Sie hatten Anne gepriesen, sie hatten es nicht für glaubhaft gehalten, dass sie bei irgendetwas scheiterte, und es beunruhigte sie zutiefst, dass sie dabei scheiterte. Sie hatten eifrig und sogar großzügig geplant, sie mit nach Marbeck zu nehmen – großzügig, weil sie allein sein wollten, und selbst Anne, die ihr schuldig war, was sie taten und sie sein konnte, was sie konnte, war ein Eindringling. Aber sie wollten, dass sie ihr Wunderland mit ihnen teilte. Marbeck gehörte ihnen, ganz allein ihnen, ihr heiliger Ort, und sie konnten sich nichts Schöneres vorstellen, nichts, was ihrem Verdienst näher kam, als sie in ihre geheime Verehrung einzuweihen.

Sie machten sie von Marbeck frei, erlebten ihre Woche für sie ebenso wie für sich selbst noch einmal, zeigten ihr, wo diese und jene liebe Torheit passierte, brachten sie zu Aussichtspunkten, von denen aus sie die Gipfel der Hügel sehen konnte, die sie erklommen hatten, und nutzten die Landschaft als Orientierung Grundriss einer Ekstase, die sie zu teilen einluden, und waren bestürzt, als sie feststellten, dass Anne, die offensichtlich ihre

Begeisterung für sie anstrengte, über Marbeck , ihr Marbeck , nur sagen konnte: „Ich bin sicher, es ist sehr schön."

Mit schwachem Lob verdammte sie ihr verzaubertes Tal, in dessen jedem Baum sie inzwischen eine so große Freude empfanden, als hätten sie ihn erschaffen, und in ihrer Verzweiflung schleppten sie sie, als letzte Hoffnung, zum Allerheiligsten ihrer Allerheiligsten, dem Gipfel Hartle Pike. Wenn sie dort scheiterte, wenn sie die Schönheit und Anmut, die durchdringende Bedeutung und die absolute Heiligkeit von Hartle Pike nicht sah, dann war ihre Größe schief und resultierte wie eine Prunkchrysantheme aus der Verkümmerung anderer Möglichkeiten.

Es war ein großartiger Tag für die Fjälls, an dem eine gefrorene Oberfläche elastisch unter den Füßen drückte und man überall trocken bleiben musste , und sie gingen in frostiger, sonnenverwöhnter Luft, die belebend und dennoch würzig warm war. Schnee bedeckte die größeren Höhen und schien die bereits klare Atmosphäre zu klären, aber die Täler waren schneefrei und nie besser zum Wandern geeignet als jetzt, wo ihre sumpfige Oberfläche ausgetrocknet und durch knusprige, körnige Reifpartikel bis auf die Stufen aufgeraut war.

Anne gestand sich ein, dass diese großzügige Aktivität fast zu einer Nebensache wurde, wenn man Urlaub machen musste. Diese Hänge zu erklimmen war für ihren Körper fast genauso befriedigend wie das Waschen einer langen Treppe, und als sie den Gipfel erreichte, fühlte sie sich so angenehm müde, als hätte sie einen halben Tag mit dem Verkohlen verbracht.

Dennoch war sie nicht verkohlt, und es gab tatsächlich nichts, was einer Verkohlung bedurfte, nichts außer einer Sauberkeit, die sie regelrecht irritierte. Es juckte sie, etwas zu tun, und es gab offensichtlich nichts anderes zu tun, als sich zu amüsieren. Und wenn Anne Branstone gerade nicht gerade einen Job erledigte, wollte sie auf jeden Fall wissen, dass ihr nächster Job vor der Tür stand. Zum ersten Mal in ihrem Leben empfand sie eine gewisse Freundlichkeit gegenüber Schmutz. Inmitten dieser ausufernden Anmaßung triumphierender Sauberkeit sehnte sie sich nach ein wenig humanisierendem Ruß. Sie hätte ihren lebenslangen Feind lieben können, und er erschien nicht ... es war kein bisschen wie in Manchester.

Weit im Westen, hinter einer Barriere aus glänzendem Schnee, sah sie eine trübe Rauchwolke dort, wo der üble Stiefel des Industrialismus auf die Küste des Lakelands stampfte – eine Botschaft und ein Ruf. Es sprach für sie von natürlichem Schmutz in dieser großen Einöde von makelloser Reinheit; Es machte sie krank nach Hause und zu dem, was sie tun musste.

Effie und Sam standen da und starrten auf die Hügel, gebannt von der Schönheit, und als sie ihre tanzenden Augen losrissen, sahen sie einander in die Augen. Sie brauchten keine Worte: Ihre Augen jubelten über die glänzende Pracht der Szene und mit doppeltem Jubel jeder über die Freude des anderen. Dann wandte sich Sam hoffnungsvoll an Anne und sah, dass sie mit verzückter Intensität nach Westen blickte. Endlich, so schien es, hätten die Hügel sie berührt.

„Wo ist du?" Sie fragte: „Dein Rauch?"

Als er es ihr erzählte, verzog sich sein Gesicht, aber er sah, dass dies eine Erklärung für Annes Versagen war. Sie hatte Marbeck nicht genossen, weil sie es nicht gesehen hatte. Sie hatte nicht auf Marbeck geschaut , sondern die ganze Zeit auf etwas anderes.

Und warum, fragte er, warum muss Anne jetzt, da sich die Dinge so wunderbar geordnet hatten, immer noch in Gedanken in Manchester leben? Es schien ihm, als gäbe es kein Gesetz, nichts, was ihre Aufmerksamkeit ablenken könnte, nichts, was nicht mit freundlicher Endgültigkeit ordentlich zu Ende gebracht worden wäre. Natürlich standen ihnen dumme Rechtsgeschäfte bevor, aber das lag noch in weiter Ferne und sollte sie auf jeden Fall nicht beunruhigen.

Sie konnte sich sicherlich keine Sorgen um Ada machen. Er war es, der dort für Ärger gesorgt hatte und darauf bestanden hatte, dass Ada „sein Job" sei.

Er beharrte so sehr darauf, dass er sich ihr im Haus von Peter Struggles fast buchstäblich aufdrängte, und erinnerte sich jetzt mit einem Stich an dieses trostlose Interview, wenn man es überhaupt Interview nennen könnte, und an sein befreiendes Ende; wie Ada ihn angeschaut und nicht auf seine unterwürfigen und leidenschaftlichen Bitten geantwortet hatte (er fragte sich, wie er sie hätte äußern können, aber er war verzweifelt aufrichtig), wie er für die Vergangenheit gefleht und sich entschuldigt und für die Zukunft gefleht hatte, alles in allem der beherrschende Griff seines Marbeck -Glaubens und wie sie geschwiegen hatte, bis sie sich gegen Peter wandte und ihm sagte, sie müsse ein Haus verlassen, das sie nicht vor der tödlichen Beleidigung durch die Anwesenheit dieses Mannes schützte. Er erinnerte sich an die gute Frau, Mrs. Grandage , die Ada zu einem Hydro in Southport getragen hatte, und schrieb an Peter, dass Ada dort ganz glücklich schien, „ihren Kummer wie ein Kind stillte" und nach einem Haus suchte. Er hatte etwas Rätselhaftes an der Intervention von Mrs. Grandage gefunden : Gutmütigkeit, gestärkt durch ein schlechtes Gewissen, war sein Versuch, ihre Haltung zu erklären, aber aus den Briefen, die sie an Peter schrieb, ging klar hervor, dass Ada nicht die Absicht hatte, nach Manchester zurückzukehren: und als er an Southport dachte, wurde ihm klar, dass es ihr Zuhause war. Er hatte sich seiner Aufgabe nicht entzogen; er hatte vor ihr Dreck gefressen in seiner Angst, seinen Job zu machen; und er durfte nicht. Sie musste bleiben, was sie war, und Southport schien der geeignetste Ort für sie zu sein. „Nur", wie Mrs. Grandage schrieb, „ muss sie Geld haben."

Das war nicht schwierig, und das Geld hätte auf viele Arten kommen können: Tatsächlich kam es auf eine Weise, die Effie hasste und die Sam für vollkommen richtig hielt. Es kam durch Stewart, den treuen Verbündeten des Verlagsgeschäfts in seinen Anfängen.

Dubby war in Effies Zimmer, „dort", sagte er, „hat dein Bruder ein Recht darauf."

„Mach weiter so", lächelte sie.

„Soll der arme Hund keine bekommen?" er hat gefragt.

„Er soll haben, was er will", sagte sie.

„…so geht's", vervollständigte er ihren Satz.

„Ja", sagte Effie, ohne jetzt zu lächeln, und küsste ihn ganz einfach, um seine Bruderschaft zu besiegeln.

Er schwieg einen Moment, dann schnitt er mit einer Kopfbewegung sozusagen seinen Verlust ab und wandte sich ihr mit der offenen Zuversicht ihrer festen Beziehung zu. „Jetzt können wir reden", sagte er. „ Erzähl mir von dem alten Sam. Was wirst du mit ihm machen? Und mit seinem Geschäft?"

Sie wich seiner ersten Frage aus. "Das Geschäft? Oh, das wird er verkaufen."

„Dann lass mich kaufen."

"Du! Oh!"

"Warum nicht?"

„Du weißt, was ich davon halte."

„Ich bin nur der Hund, mein Lieber. Können Sie Griechisch? Es gibt einen Zusammenhang zwischen Hund und Zynikersein. Unter bestimmten Umständen hätte ich mit dir bis zum Rande des Untergangs gedacht, aber dein Bruder ist ein Zyniker."

„Ich verstehe", sagte Effie traurig. „Aber er wird immer mein Bruder sein, Dubby ."

„Danke, Effie", sagte er. „Das wird mich auf der süßeren Seite der Currishness halten. Aber ein Hund will Fleisch. Du wirst Sam sagen, dass ich die erste Ablehnung dieses Geschäfts erhalten soll. Ich werde in einer Woche ein Syndikat zusammenstellen."

So entstand das Stewart Publishing Syndicate, das mittlerweile schicke Büros in der Nähe von Covent Garden hat, und Ada bekam ihr Geld. Als Sam Effie sagen wollte, dass seine Investitionen außerhalb des Unternehmens lächerlich gering seien, ließ sie sich nicht beeindrucken.

„Es kommt nicht auf die Lebensgrundlage an, Sam. Es geht ums Leben: es ist die Lebensqualität: es ist das, was wir mit dem Leben machen", sagte sie, und Ada bekam die Mittel dazu.

„Sie wird in einem Jahr mit einem Mann aus Liverpool verheiratet sein", sagte Dubby , als er davon hörte.

„Warum Liverpool?" fragte Sam und Dubby zuckte mit den Schultern. Er fand Sams Frage dumm.

„Übrigens, Sam", sagte Dubby , „haben du und Effie irgendwelche Pläne?"

„Nein", sagte Effie, als Sam zögerte, aber die Neugier eines Bruders ließ sich nicht auf diese Weise unterdrücken, und auch Sams Gesicht verriet ihr, dass er an ihrer Antwort festgehalten hatte. Sie ärgerte sich über seine Angst, den Beweis dafür, dass er sein Kalkül nicht aufgegeben hatte. Sie hatten die Frage der Pläne nicht besprochen, weil sie der Meinung war, dass es keine Diskussionsfrage gäbe, und Sam, so dachte sie, verdiente eine kleine Strafe dafür, dass er anders dachte. „Ich nehme an", fuhr sie fort, „wir werden in Manchester bleiben und uns der Musik stellen."

"Oh!" sagte Sam verständnislos.

„Nun, wir müssen Mr. Verity seine Rache geben", neckte sie.

jetzt , wo ich nicht mehr in der Politik bin, kann es mir nicht schaden ", sagte er und gestand durch seinen Tonfall, dass es ihm sehr wehtun würde.

„Es wird ihm aber gefallen", sagte sie.

„Ich hatte... ich hatte darüber nachgedacht, nach Amerika zu gehen", wagte er es.

"Amerika!" spottete Dubby . „ *O sancta simplicitas !* Amerika ist nicht das El Dorado, Sam. El Dorado wurde gefunden. Ich würde sogar sagen, dass es herausgefunden wurde."

„In Amerika gibt es große Dinge", verteidigte Sam seine Idee.

„Tatsächlich, Dubby ", sagte Effie und brachte ihn zum Schweigen, „wir werden für eine Weile nach Marbeek fahren." Es ist ein guter Ausgangspunkt."

Das erfüllte Sam mit großer Zufriedenheit. Sie sollten nach Marbeek gehen ; sie sollten beginnen; und er fragte nicht mehr, was. Er gab seinen Willen nicht energisch auf, sondern erkannte nicht zum ersten Mal die Tatsache, dass Effies Entscheidung strahlend richtig war. Vielleicht war sie von ihrer ersten Entscheidung, Marbeck zu treffen, zurückgetreten , aber wenn dem so war, dann hatte er sich mit Anne, die ihm half, mit ihr zurückgezogen; und sie gingen jetzt nach Marbeek , nicht um zu enden, sondern um zu beginnen, und um gemeinsam zu beginnen.

Als er darüber nachdachte, konnte er den Makel nicht erkennen. Er konnte beim besten Willen nicht verstehen, warum Anne nicht zufrieden war.

Er erklärte halb, warum das Tal sie nicht verzaubern konnte, als ihm auffiel, dass sie es nicht wirklich angeschaut hatte. Worauf könnte sie dann blicken? Und wie konnte sie, wie im Namen der Schönheit konnte irgendjemand aus all dem edlen Amphitheater der Hügel den einen rauchverhangenen Fleck heraussuchen ?

„Mutter", schrie er geradezu entnervt, „bist du hier nicht glücklich?",

„In Manchester wäre ich glücklicher", sagte sie. „Dein Rauch ist zu weit weg, um ihn zu schmecken. Ja, ich denke, ich lasse dich hier und gehe heute.

„Aber du gehst nicht zurück zu Madge – zur Arbeit in den Häusern anderer Leute, meine ich. Das ist jetzt sicher vorbei."

"Vielleicht."

„Mutter, du bist mit der Arbeit fertig."

Sie musterte ihn grimmig. „Nicht, bis ich tot bin, mein Junge", sagte sie.

„Warum sagst du mir nicht, woran du denkst?"

„Ich denke", sagte sie, „an deine Schlampe in Peter Struggles' Küche. Ich werde sie morgen da rausholen."

Er warf einen Blick auf Effie und schaute dann noch einmal hin. Er bildete sich ein, ein kleines Lächeln auf Effies Gesicht überrascht zu haben, und schaute zweimal hin, um sich zu vergewissern. Und als er hinsah, stellte er fest, dass Effie ihn auf die weise, humorvolle Art ansah, die er so gut kannte. „Verstehst du das nicht?" war das, was sie zu sagen schien.

Und er hat es gesehen. Er sah, dass es nicht Manchester war, sondern ein Mann in Manchester; nicht die Frau in Peter Struggles' Küche, sondern der

Mann in Peters Wohnzimmer , der die Vision seiner Mutter von den Marbecker Hügeln störte. Sie verlor ihre Schönheit in einer größeren eigenen Schönheit.

„Und sei nicht ungläubig", sagten Effies Augen.

Sie wandte sich an Anne. „Wir gehen sofort zum Gasthof hinunter", sagte sie, „und Sie werden heute Nachmittag den Zug nehmen."

Anne warf einen kurzen Blick auf Effie, woraufhin beide Sam ausschlossen. Es schien fast, als würde Anne Effie um Unterstützung bitten, und Effie verstand und nickte unmerklich. Und wenn Anne ernsthaft gezweifelt hatte, wurden ihre Zweifel durch einen Blick zerstreut, der ihr verriet, dass Effie, was sie betraf, an die Machbarkeit von allem glaubte.

Nichts in Marbeck wurde zu Anne Branstone so sehr wie ihr Abschied. „Na, Mutter, wie jung siehst du aus!" er weinte, als sie die Treppe hinunter zur Falle kam.

„Es ist genauso gut", sagte Anne und begegnete Effies Blick über seine Schulter.

Dann, nachdem sie gegangen war und sie so sehr darauf geachtet hatte, dass sie kaum noch anständig war, flammte das Leben für sie gnadenlos auf. Die Eile hatte etwas ziemlich Unverschämtes und Gefühlloses an sich, als ob das Leben sich hinter die ältere Generation zurückzog und sich unbeschwert umdrehte, um noch leidenschaftlicher für sie zu brennen. Aber Anne, und das wussten sie, hätte es ihnen nicht gedankt, dass sie Mitleid mit ihr gehabt hätte. Sie war zu Peter Struggles gegangen, der sie brauchte.

Sie konnten das halbamphibische Leben ihrer Herbsttage jetzt nicht wieder aufnehmen, aber die Luft selbst aus den schneebedeckten Hügeln hatte den Reiz eines Bades. Es reinigte und heilte durch Berührung und steigerte ihr Wohlbefinden, bis sie sich in strahlendem Hochgefühl bewegten, bald lautstark vor Freude darüber, bald stumm vor seinem Wunder.

Selbst glücklich, waren sie die Ursache des Glücks bei anderen, nicht in sich selbst versunken vor Freude, sondern sprudelnd in die alte Küche mit den schwarzen Balken des Marbeck Inn.

Sie hatten, wie Sam geschickt bemerkte, die Vorteile eines Privatzimmers in einem Hotel, ohne dafür zu bezahlen – und haben sie aufgehoben. Im Herbst hatten sie ihre Freude vor den anderen isoliert, jetzt strömte sie aus ihnen heraus und berührte alle Menschen im Inn, was die langen Nächte kurz machte. Gute Zuhörer waren im Winter ein Geschenk des Himmels für das Dale, und die Hirten, die weiß wie weit vom Himmel herabstiegen, empfanden eine seltene Befriedigung darin, diesem aufmerksamen Publikum Geschichten über die Fjälls zu erzählen, von Schafwanderern, die so weit wie

Derbyshire umherzogen, und von Hunden, die ... Amok liefen und verheerten die Herden, die sie hüten sollten, vom epischen Biest von Ennerdale , von den Legenden von John Peel und allen Sagen der Seen. Es brauchte wenig, um diese Dorfbewohner glücklich zu machen, nichts weiter als ein geduldiges Ohr für eine langsame, ausschweifende Erzählung – eine lange Kette mit Perlen rassiger Episoden – oder eine Stunde Effie am Klavier, als die Dorfbewohner sie enttäuschten, weil sie keine Balladen kannten, Stattdessen hatte er eine fundierte Kenntnis der neuesten Music-Hall-Songs, die im Schrank im Inn stapelten. Hier, in der Raucherkammer, waren sie wissende Witzbolde, in der Küche waren sie sie selbst, fachsimpelten und waren daher interessant. Effie und Sam waren lieber in der Küche, wo sie ihre langsamen Geschichten erzählten, als sie in ihrer Räuchereistimmung zu sehen, wie sie etwas nachahmten, das es nicht wert war, nachgeahmt zu werden. Aber in beiden Räumen halfen sie ihnen, glücklich zu sein.

Gut gekleidet gingen sie jeden Abend aus der tabakhaltigen Luft der Küche die Straße hinunter zur Brücke über die Marbeck Force. Dort brütete ein großer Frieden. Sogar der Bach floss jetzt leise, während das gesamte Oberflächenwasser seines Sammelgebiets hart gefroren war.

Sie standen dort auf der Brücke, während der Mond über Hartle Pike aufging und Silber auf den Schnee streute. Große Schatten tauchten sofort unter dem Pike auf, dessen hübsche Spitze sich als schwarze Silhouette vor dem aufgehellten Himmel abzeichnete, und die Schönheit des Tals, die man tagsüber mit einer fast alpinen Härte sah, milderte sich im Mondlicht zu einer subtilen Leuchtkraft. Hinter ihnen waren die Lichter des freundlichen Gasthauses; In der Nähe des niedrigen Kirchturms grüßten sie Gott zwischen den Kiefern, und um sie herum breitete sich der strahlende Glanz des mondbeschienenen Tals aus.

Zum hundertsten Mal unterdrückte er seinen Drang, seine Worte zu wiederholen: „Wir werden hier ein Tabernakel bauen", und Effie las seinen Gedanken.

„Wir machen hier einen guten Anfang", sagte sie. „Wir üben und ich denke, wir wachsen."

„Wir werden immer glücklicher", sagte er, was seiner Meinung nach ein gutes Argument dafür war, in Marbeck zu bleiben .

"Ja. Wir wachsen im Glück. Wir werden Marbeck bald entwachsen sein. Wir werden ein robustes Glück haben, das den Städten standhalten kann. Es könnte Manchester standhalten, und ich denke, das wird es auch. Lieben, arbeiten, nach der Stärke anderer Menschen suchen und nicht nach deren Schwächen: das heißt glücklich sein, Sam. Und Glück zählt mehr als alles andere. Es wurzelt und breitet sich dann aus. Es breitet sich aus. Eine Infektion hat nicht nur mit Krankheit zu tun, sie hat auch mit Glück und Jugend zu tun. Es gibt zu viel Alter, zu viele Männer und Frauen auf der Welt, die die Liebe vergessen haben. Wir müssen aufbauen, und zwar auf Glück." Sie blickten in der stillen Nacht in die ungeahnte Zukunft. Gott weiß, dass vor ihnen noch viel Arbeit lag! –

DAS ENDE

www.ingramcontent.com/pod-product-compliance
Lightning Source LLC
LaVergne TN
LVHW040009200726
843493LV00005B/1189